어바웃 번아웃
(About Burnout)

어-바웃 번-아웃

About Burnout

당신의 몸과 마음은
어떤 신호를 보내고 있는가?

박정우 김민주 우성희 이도경
김은화 노희숙 허유미 박현주 지음

Book Insight 북인사이트

차례

011   프롤로그

1장 | 번아웃 관리의 시대

017   번아웃을 말하다
023   전통적인 번아웃
032   번아웃은 진화한다(번아웃 빅뱅의 시대)
040   통합적 관리가 답이다

2장 | 번아웃 리터러시

045   번아웃 현상
051   번아웃 데이터 리터러시(일/직업 편)
061   번아웃 데이터 리터러시(일상생활 편)
073   번아웃 리터러시를 정리하며

3장 | 번아웃, 원인파악이 해결의 시작!

- 079 　번아웃의 원인 파악, 왜 해결의 시작일까요?
- 085 　나의 삶 속에 스며든 번아웃 알아차리기!
- 094 　나의 일 속에 스며든 번아웃 인지하기!
- 103 　번아웃을 부추기는 사회적 현상

4장 | 내 안의 번아웃 탈출 스위치! 몰입

- 109 　번아웃 탈출 스위치를 'ON' 하라
- 114 　몰입 스위치를 눌러라
- 125 　충전 스위치를 눌러라
- 137 　행복으로 이끄는 몰입의 기술

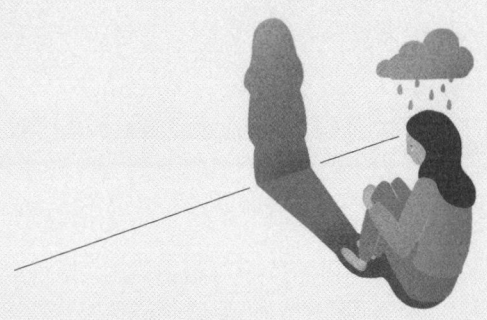

차례

5장 | **나에게도 배터리 충전이 필요해**
145 | 이제는 배터리 충전이 필요해
150 | 생각 충전 WHY 솔루션
161 | 행동 충전 HOW 솔루션
173 | 하루 잠시만 나를 안아 주세요

6장 | **나를 위한 리디자인**
181 | 습관도 밸런싱이 필요하다
188 | 나의 마음 리디자인
197 | 나의 행동 리디자인
209 | 채찍질이 아닌 안정감으로

7장 | 관계 속에서 자신을 지키는 방법

- 217 　번아웃을 불러오는 대인관계
- 224 　관계 속에서 나를 지키기 위한 소(蘇)·화(話)·기(記)
- 237 　관계 번아웃을 예방하는 나만의 소·화·기 만들기
- 248 　관계 번아웃 차근차근 관리가 필요해

8장 | 번아웃 사회, 회복의 불씨를 살려라!

- 253 　'번아웃' 권하는 사회
- 260 　번아웃 예방을 위한 Change 1. 조직이 가야 할 길
- 275 　번아웃 예방을 위한 Change 2. 우리 사회가 나아갈 길
- 287 　킥아웃-번아웃(Kickout-Burnout)

- 293 　에필로그
- 298 　참고문헌
- 304 　저자소개

프롤로그

> 들어가며

프롤로그

충전이 필요한 시기

휴대전화의 배터리, 자동차의 연료 게이지가 바닥을 향하면 불안한 마음이 든다. 이때 제일 먼저 하는 일은 휴대전화를 충전하고 주변의 주유소를 찾는 일이다. 생활과 밀접한 관련이 있는 물건일수록 에너지 관리에 신경을 쓴다. 하지만 그에 비해 우리는 자신의 몸에 대해서는 신경을 덜 쓰고 산다. 사회는 해마다 변화되는 시간이 점점 빨라지고 있고 이에 따른 에너지 소모량은 더 커지고 있다. 또, 코로나 팬데믹을 겪으며 피로의 시간을 보내고 있다. 지금은 변화의 시대이기도 하지만 피로의 시대이기도 하다. 적응과 회복 중 어떤 것이 더 우선순위가 되어야 할까?

빠르게 안정을 찾기 위해서는 변화의 적응보다는 자신의 상태를 먼저 돌보아야 한다. 개인적으로, 사회적으로 성장 위주의 생활에 익숙해 왔던 나에게 제동을 걸어야 할 때다. 아직 많은 사람이 멈추는 법을 모르고 앞으로만 나아가고 있다. 몸과 마음에서 오는 경고등을 무시하면 결국, 번아웃 증후군에 빠지게 되고 오히려 우리의 목적이나 목표를 이루는 데 더 많은 시간과 고통스러운 시간을 보내야 할 수도 있다.

더 늦기 전에...

번아웃은 말 그대로 완전히 다 타 버린 상태를 말하는데, 기존의 '번아웃'이란 단어는 직장인만을 대상으로 썼던 말이다. 하지만 주변에서 번아웃의 증상을 호소하는 사람들을 보면 학생, 전업주부, 노인, 직장인 등 사회 구성원 대부분이다. 이처럼 번아웃 증후군은 누구에게나 올 수 있는 것이다.

건강을 얘기할 때 조기 발견보다 좋은 것은 예방이라고 한다. 인간의 유한한 에너지를 관리하는 가장 좋은 방법은 적절한 충전법을 활용하는 것이다. 이 방법이 곧 번아웃의 예방법이 된다는 말이다. 완전히 다 타 버리기 전에 '번아웃'에 대한 정의를 다시 내리고 모든 사람에게 적용할 수 있는 예방법이 필요한 때이다.

이 책은 번아웃에 대한 기존의 관점과 새로운 관점을 둘 다 제시하여 '제대로 된' 번아웃의 이해를 돕는다. 우리 사회의 현상과 개인의 진단을 통해 현 상태를 점검하고 예방하는 방법을 알아보고 내 삶에 적용해 보자.

'번아웃 증후군'으로부터 멀어지고 더 행복해질 수 있도록 많은 고민과 연구한 결과물을 독자들에게 전한다.

한국 스트레스 교육협회, 번아웃 연구회

1장
번아웃 관리의 시대

요즘 일상생활에서 많이 쓰이는 단어 '번아웃 증후군'. 단순하게 힘듦을 표현하는 것이 아니라 내면의 에너지가 소모되고 있다는 말이다. 기존 번아웃의 개념은 직장 내 스트레스로 인한 것으로 한정했다. 하지만 번아웃의 증상을 호소하는 사람은 직장인뿐 아니라 대부분의 사람에게서 나타난다. 번아웃의 개념이 확대되어야 하고 그에 따른 해결책도 필요한 시기다. 완전히 다 타버리기 전에 스스로 인지하고 생활 속 대책을 찾아보자.

번아웃을 말하다

'번아웃'이란 단어가 더는 낯설지 않다.
번아웃 관리가 필요한 때이다.

낯설지 않은 단어 '번아웃'

"나 요즘 자꾸 힘이 없어. 뭘 해도 재미가 없고…. 완전 번아웃인 거 같아."

최근에 이런 비슷한 말을 들었거나 해 본 적이 있는가? 코로나 팬데믹 상황인 요즘 '번아웃'이라는 말을 더 많이 듣는다. '번아웃'은 오래전부터 써왔던 말이다. 하지만 단순히 '힘들다'는 의미로 쓰지는 않는다. 왜 요즘 '번아웃'이란 말을 자주 쓰는 것일까? 추측해 보면 각 개인의 상황이 예전보다 좋지 못한 여러 가지 원인이 있고, 그로 인해 스트레스의 양이 늘어난 것이 큰 영향을 미친 것으로 생각된다.

이 단어는 어디서부터 시작되었을까? '번아웃'(소진, Burnout)은 1970년대 미국의 정신분석가 프로이덴버거(Herbert Freudenberger)가 「상담가들의 소진」(Burnout of staffs)이라는 논문에서 처음 사용했다. 약물 중독자들을 상담하는 전문가들의 무기력함을 설명하기 위해 '소진'이라는 용어를 사용한 것에서 유래되었다. 번아웃 증후군(Burnout syndrome)의 심리학적 정의는 '의욕적으로 일에 몰두하던 사람이 극도의 신체적, 정신적 피로감을 호소하며 무기력해지는 현상'이다. 목표 달성을 위한 포부가 지나치게 높고 전력을 다하는 성격의 사람에게서 주로 나타난다. 완전히 다 타 버린 상태라는 의미로 연소 증후군, 소진 증후군, 탈진 증후군의 이름으로 불린다.

노력한 만큼 성취감을 못 느낀다거나 피로감이 쌓여서 무기력한 상태를 경험한 사람들이 주로 '번아웃'이라는 말을 사용한다. 가장 많이 들을 수 있는 곳은 언론 매체다. 특히 코로나 4차 대유행 이후 현장에 있는 의료진들에게서 심각하게 들려오고 있다. 의료진의 수고에도 불구하고 늘어나는 코로나 확진으로 인해 오는 허무함, 좀처럼 줄지 않는 코로나 환자로 인해 일의 부담이 더해져 오는 피로감, 열심히 노력해도 상황이 나아지지 않을 것이라는 부정적인 생각이 만들어 낸 무력감들이 원인이다. 2020년 간호사의 이직률은(민간병원, 공공병원을 가리지 않고) 10곳 중 2~3곳은 20%의 이직률을 보였고, 많게는 40%가 넘는 병원도 있었다[1]. 또 보건소 공무원들의 사직이 이전 3년(2017~2019년)에 비해 1.5배, 휴직은 1.4배 늘어났다고 한다[2].

취업 포털 사이트의 조사에 따르면 설문 대상이나 항목, 시기에 따라 결과는 다르지만 평균 10명 중 8~9명은 번아웃 증후군을 경험한 적이 있다고 답했다. 아직 우리나라에서는 번아웃 증후군에 대한 사회적 인식이 낮아 예방하거나 조기 치료 같은 조치가 취해지지 않아 방치되는 경우가 많다. 앞으로 세상의 변화 속도는 더 빨라질 것이고 그로 인한 스트레스 양의 증가로 에너지 소진은 더 커질 것이다. 누구나 겪는 스트레스라고 생각한다면 번아웃 증후군으로 인한 개인적, 사회적 손실이 더 커지는 것은 당연하다.

더는 낯설지 않은 '번아웃'. 적극적으로 관심을 가지고 이를 벗어나기 위해 생각과 행동을 해야 할 때다.

번아웃 증후군은 질병인가요?

평소 걱정과 근심이 많은 이걱정 씨가 있다. 하는 일이 잘 안 되면서 '우울하다'라는 말을 자주 사용했다. 그 이유는 현재 다니고 있는 세 번째 직장에서 맡고 있던 프로젝트가 무산되었기 때문이다. 회사 사정상 어쩔 수 없는 이유라는 것을 잘 알지만 모든 게 자기 탓인 것 같다. 앞서 다니던 회사에서의 실패가 자꾸 생각난다. 전에 다니던 회사에서도 프로젝트 실패 후 사직서를 냈기 때문이다. 열심히 일했으나 성과가 나오지 않았고 직장 동료와의 갈등으로 지속적인 스트레스를 받아 왔다. 더는 일할 마음이 생기지 않고 다른 일을 해도 즐겁지 않다. 항상 피곤하다고 느끼며 일을 해도 능률이 오르지 않는다. 스스로 번아웃이라 생각하고 있지만 약도 없는 심각한 병이라 믿고 있다.

번아웃에 빠지면 계속 부정적인 생각이 꼬리를 물고 떠오른다. 이것을 그대로 내버려 둔다면 잘못된 결정을 할 수도 있고 심한 경우 극단적 결과로 나타날 수도 있다. 하지만 번아웃은 질병이 아니다. WHO(세계보건기구)에서는 2019년 5월에 번아웃 증후군을 '제대로 관리되지 않은 만성적 직장 스트레스 증후군'으로 정의했다. 이는 2022년부터 적용되는 제11차 국제질병표준분류기준(ICD-11)으로 번아웃을 질병이 아닌 증후군으로 정의했다는 말이다. WHO는 번아웃 증후군의 특징으로 에너지 고갈 및 소진(탈진), 일에 대한 심리적 거리감, 업무에 관한 부정적, 냉소적 감정의 증가, 직무효율 저하 등으로 직업과 관련한 맥락에서 발생하는 현상만을 말했다[2].

증후군(Syndrome)은 질병의 증상이 단일하지 않고 그 원인이 불분명할 때 쓰이는 용어이다. 번아웃의 경우 불안장애, 우울증, 피로감, 신체적이나 정신적 상태의 변화 등 몇 가지 증후가 나타나지만, 인과관계가 명확하지 않다. 증후군은 질병(Disease)의 하위 개념이라고 이해하면 된다. 그렇다고 질병이 아니므로 쉽게 생각할 수 있다는 것은 아니다. 다만 잘 관리하면 질병으로 발전하는 것을 막을 수 있다는 얘기다.

번아웃의 축이 이동하고 있다

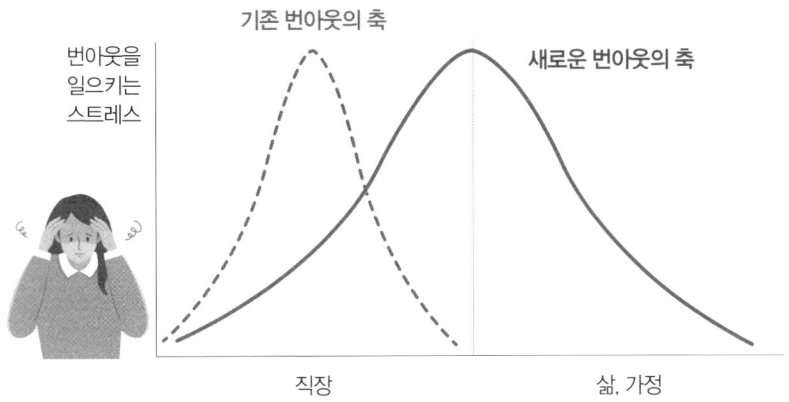

WHO에서는 번아웃을 직장 스트레스라고 규정했다. 즉 다른 삶의 영역에 적용해서는 안 된다는 말이다. 하지만 일상에서 쓰고 있는 '번아웃'이란 용어는 직장인뿐 아니라 학생, 자영업자, 주부, 노년층에까지 다양하게 적용되고 있다. 이제는 번아웃의 의미를 확대해야 할 때이다.

코로나 팬데믹으로 인한 급격한 삶의 방식 변화로 디지털 전환이 몇 배 빨라지면서 일과 삶의 경계가 희미해지고 있다. 번아웃의 개념이 직장만이 아닌 삶의 영역까지 넓어진 것이다.

따라서 번아웃에 대한 정의가 달라져야 하고 새로운 관점으로 이해해야 하므로 이 책에서는 '번아웃 증후군'을 아래와 같이 정의하려고 한다.

번아웃 증후군은
일이나 삶에 몰두하다가 나의 에너지를 모두 소모하여 신체적, 심리적인 균형이 무너진 상태로 무기력, 우울감, 피로감 같은 해로운 증상이 나타나는 것을 말하며 나이, 성별, 하는 일 등에 무관하게 누구에게나 나타날 수 있다.

이러한 조작적 정의를 내리는 이유는 우리의 삶의 질을 높이기 위함이고 번아웃은 직장인만의 문제가 아니라는 것을 알려 주기 위함이다.

전통적인 번아웃

직장 내 스트레스가 만들어 낸 번아웃.
직무소진, 인간관계, 성과와 밀접한 관련이 있다.

직무소진과 직장 스트레스

자기 일을 너무나 사랑하는 일사랑 씨. 남들이 싫어하는 야근을 자처해서 하기도 한다. 그리고 할당된 일을 끝내지 못하면 불안해한다. 일을 시작하면 바로 몰입해서 옆의 동료가 불러도 모르는 정도이다. 그런데 요즘 일사랑 씨가 예전과 달라졌다. 여전히 일은 재미있다고 한다. 하지만 얼굴은 그늘져 있고 한숨을 쉬는 시간이 늘어났다. 늘 유쾌했던 일사랑 씨가 점심시간에 동료들끼리 나누는 농담에도 민감하게 반응하고 버럭 화를 내기도 하고, 부쩍 '우울하다'란 말을 많이 한다.

일사랑 씨처럼 일하는 사람을 두고 '일 중독증(Workaholic)에 걸린 사람'이란 표현을 한다. 자기 일에 과하게 몰두하여 신체적, 정신적 스트레스가 쌓이고 피로가 누적된다. 일 중독은 지나치게 목표가 높은 사람, 가만히 있으면 뒤처진다고 생각하는 사람, 자신의 가치를 인정받지 못하면 안 되는 사람에게서 흔히 나타난다. 일 중독 초기에는 열심히 일하는 것에서 만족감을 느끼지만 매일 자신의 에너지를 소진하게 되면 어느 순간 일에 대한 가치를 못 느끼게 된다. 그리고 직장 동료들과의 관계에서도 신뢰나 존중보다는 경쟁자로 인식해 갈등을 유발하기도 하고 무기력해지면서 외로움이나 우울한 증상을 느끼기도 한다. 직무로 인한 소진이 번아웃 증후군의 가장 일반적인 원인이다.

일 중독증 이외에 근무 시간 자체가 번아웃을 부르기도 한다. 우리나라의 노동 시간은 길기로 유명하다. 우리나라는 2018년 경제협력개발기구(OECD) 국가 36개국 중 33번째로 노동 시간이 긴 것으로 조사됐다. 또, 2019년 고용노동부 고용노동통계연감에 따르면 주 5일 근무하는 근로자의 경우 일주일에 평균 2.3일 야근했고, 3일 이상 야근한다고 응답한 사람들은 43%나 됐다[3]. 과한 노동은 피로 사회를 만들고 번아웃 증후군을 양산해 내는 결과를 낳게 된다. 직무소진은 일의 시간이나 업무량에 따라 신체적, 심리적으로 회복되는 속도보다 피로감이 쌓이는 속도가 빠른 것을 말한다. 직무소진을 그대로 내버려 두면 번아웃의 주요한 요소가 된다. 일 많이 하는 것이 '일 잘하는 사람'이라는 인식이 번아웃 사회를 만드는 데 큰 영향을 준 것이다.

신조어 중에 코로나 번아웃(Corona Burnout Syndrome)이란 말이 있다. 코로나로 인해 재택근무가 늘어나면서 만성 피로에 시달리는 직장인이 늘어났다. 시도 때도 없이 시행되는 화상회의와 퇴근 시간 이후의 잦은 메시지나 업무지시가 피로감을 주고 있다. 재택근무를 하면서 쉬고 있다는 오해를 받지 않으려고 컴퓨터 앞을 떠나지 못해 회사에 출근하던 때보다 더 줄어든 휴식시간도 한몫하고 있다. 미국 마이크로 소프트(MS) 조사에 따르면 우리나라를 포함한 31개국 직장인 3만여 명 중 절반이 넘는 54%가 '과로 상태'라고 느꼈고, 39%는 '소진됐다'라고 호소했다[4]. 재택근무는 출퇴근에 필요한 시간을 아낄 수 있는 것이 장점이지만 아이러니하게도 출퇴근 시간이 불명확해져 오히려 근무 시간이 늘어나고 있다. 이로 인해 만성 피로에 시달리게 됐고 새로운 형태의 직무소진으로 번아웃을 겪고 있다.

집에서의 갈등이 번아웃을 부른다

맞벌이 부부인 진열심 씨. 아이가 초등학교에 들어가면서 육아를 하는 데 더 많은 시간을 낼 수밖에 없었다. 학원을 보내야 하고 아이의 숙제를 봐 주는 등 신경 써야 할 일이 한둘이 아니다. 그렇다 보니 육아 문제로 부부간의 잦은 갈등을 빚고 있다. 각자의 일이 더 바쁘다며 육아를 서로에게 미루면서 시작되었다. 갈등이 깊어질수록 일이 더 손에 잡히지 않았고 직장 내에서도 성과를 못 내는 현상이 일어났다. 이러한 일들이 반복되면서 자연스럽게 직무소진이 커지고 두통, 근육통 등 신체적인 증상과 모든 일에 무기력해지는 심리적 증상이 나타나기 시작했다.

위의 사례는 우리 주변에서 흔하게 볼 수 있는 일이다. 자녀의 나이가 어리면 어릴수록 맞벌이 부부의 갈등은 심해진다. 부모의 역할이 더 필요한 시기이기 때문이다. 부부간의 갈등이 양육의 문제만은 아니다. 고부간의 갈등이나 명절 스트레스 등 부부간에 갈등이 생길 수 있는 문제는 수없이 많다. 맞벌이 가정의 갈등은 가사분담에서 발생하는 경우가 많다. 통계청의 2018년 일-가정-양립지표를 보면 가사분담에 대해서 '공평하게 해야 한다'라는 의견이 59.1%로 과반수를 조금 넘겼다. 하지만 실제 공평하게 가사를 분담하는 비율은 남편이 20.2%, 부인이 19.5%로 여전히 낮은 수준이다. 가정의 갈등이 일에 영향을 주면서 직무 과부하를 만들어 내고 번아웃에 빠진다는 연구 결과가 나왔다[5]. 반대로 직장에서의 갈등이 가정의 갈등으로 전이되기도 한다.

직장이 있는 사람은 누구나 가정에서의 역할과 직장에서의 역할을 가지고 있다. 각각 다른 영역이지만 이 역할을 하는 사람은 한 사람이므로 서로 영향을 주고받는 것은 당연하다. 가정에서는 엄마, 아빠, 자녀의 역할이 있고 직장에서는 직급과 연차에 따른 역할이 있다. 두 역할 중 어느 한 곳에서 갈등이 생기면 다른 한 곳에 영향을 주게 되어 번아웃에 이르는 것이다.

'다중적 자아'를 뜻하는 '멀티 페르소나'라는 말은 김난도 교수가 주도하는 서울대 소비트렌드분석센터의 「트렌드 코리아 2020」에 소개되면서 널리 알려진 개념이다. 페르소나는 '가면'이란 뜻을 가진 라틴어로 개인이 상황에 맞게 다른 사람으로 변신하여 다양한 정체성을 나타낸다는 말이다. 이 중 가장 큰 비중의 페르소나가 가정과 직장(일)에서 나타난다. 하루 중, 이 두 가지의 페르소나로 사는 시간이 대부분을 차지한다. 각 페르소나의 역할이 강할수록 스트레스를 많이 받게 되고 이때 받은 스트레스는 다른 페르소나에 영향을 준다. 각 페르소나는 분리되어 있지만, 이것을 수행하는 사람의 신체와 심리는 분리되지 않으므로 다방면의 사회 활동이 많은 '멀티 페르소나'일수록 번아웃의 확률은 높아진다.

WHO에서는 번아웃을 정의하면서 치료적, 대안적 개념으로 일과 삶의 균형 '워라밸'(Work-Life Balance)을 강조하였다. 우리나라 '일생활균형재단'에서는 'WLB 체계적 모형'으로 워라밸을 설명하고 있다. 균형의 영역에는 일, 건강, 가족, 성장이 있으며 균형 자원으로 시간, 에너지, 몰입, 관계, 재화를 제시하였다.

인간관계에서 오는 번아웃

입사한 지 5년 차인 이답답 씨는 출근할 때마다 가슴이 답답해져 온다. 2년 전 직장 상사인 한갈등 과장과의 관계가 틀어지면서부터 증상이 시작되었다. 같은 프로젝트를 맡아 진행하였는데 사소한 문제로 말다툼 후 서먹한 사이가 되었다. 몇 번의 화해할 기회가 있었지만 서로 자존심을 세우면서 관계는 더 안 좋아졌다. 그 당시는 내 일만 잘하면 된다는 생각이었지만 같은 부서로 배치되면서 일할 때마다 눈치를 보고 불안감을 느낀다. 화가 나기도 하고 소심해지기도 하면서 감정 조절이 잘 안 된다. 일의 성과도 나지 않고 직장을 그만두고 싶다.

인간은 사회적 동물이라고 한다. 인간관계는 태어나서 인생 전반에 걸쳐 영향을 준다. 건강한 인간관계에는 신뢰와 지지가 있다. 신뢰는 힘든 순간에 서로를 의지하게 해 주고 지지는 격려와 위로를 준다[6]. 하루 중 가장 많은 시간을 보내는 직장에서의 인간관계는 더욱 중요하다. 일에 대한 성과뿐 아니라 삶의 질이 결정되기도 한다. 불편한 사람과는 같은 자리에 있는 것만으로도 상당한 스트레스를 받는다. 그래서 직장 내에서 인간관계가 중요한 것을 알지만 어려워하는 것도 사실이다. 2019년 현 직장에서 성공에 가장 걸림돌이 되는 사항 1위가 인간관계(23.6%)로 나타났다[7]. 2020년에는 직장인의 스트레스 주요 원인 중 '상사, 동료와의 인간관계'(25.2%)가 1위로 조사됐다[8]. 직장인을 대상으로 하는 조사 중에 스트레스와 연관된 내용에는 항상 인간관계가 상위권에 있다.

사람은 일반적으로 직장에서의 관계뿐 아니라 가정, 친구, SNS에 이르기까지 여러 방면에서 좋은 관계를 유지하려고 애쓴다. 관계의 홍수 속에서 살다 보니 외적, 내적으로 타격을 받게 된다. 이것을 피하려고 '착한 아이 증후군'(Good Boy Syndrome)으로 살아가면서 스트레스를 받기도 한다. 착한 아이 증후군은 '부정적인 정서, 감정을 드러내지 않고 타인에게 착한 사람으로 평가받으려고 욕구나 욕망을 억누르면서 지나친 노력을 하는 것'을 말한다. 본인 내면의 감정을 누르다 보니 스트레스를 받게 되어 번아웃이 오기도 한다.

인간관계에 지친 사람에게는 인간관계 맺는 것을 더는 하지 않고 혼자만의 시간을 중요하게 여기는 현상이 나타난다. 이것을 '관태기'(관계 맺기 권태기의 줄임말)라 부른다. 관태기에 있는 사람은 직장 내에서 '자발적 아웃사이더'가 되기도 하는데, 이러한 세태가 계속되면 회사 조직 내의 갈등 원인이 되기도 한다.

직장에서 가장 중요한 것은 업무 역량이지만 관계 관리가 되지 않는 사람은 자신의 역량을 제대로 발휘할 수 없게 되어 좋은 성과를 낼 수 없게 된다. 수많은 자기계발서에서 인간관계를 다루는 이유도 이 때문이다. 이제는 성과만의 문제가 아니라 인간관계 측면에서의 번아웃도 중요하게 관리해야 한다.

번아웃 관리가 성과를 만든다

번아웃은 개인적으로 신체적, 심리적 유해뿐 아니라 직장에서의 태도와 행동에 부정적인 영향을 주게 된다. 그로 인해 이직률과 결근율이 올라가고 생산성의 저하를 유발한다. 또, 자존감이 감소하고 우울, 무기력, 분노 등의 반응을 일으킨다. 이것은 심각한 스트레스를 받았을 때 나타나는 증상과 매우 유사하다. 신체적으로는 불면증이나 두통, 소화 장애 등의 증상이 나타난다.

번아웃인 사람은 직장에서 인간관계의 문제를 일으키기 쉽다. 사회적 관계를 회피하려는 성향을 보이기 때문이다. 그리고 높은 수준의 직무 불만족, 낮은 수준의 조직 몰입, 성과 저하 등과 관련이 있다는 사실이 확인되었다[9].

직장 생활의 일잘러(일 잘하는 사람)는 역량 관리나 업무 수행 능력과 함께 자기 관리도 잘하는 사람이다. 신체적인 관리를 위한 운동이나 긍정적 습관을 만들기 위한 노력이 필요하다. 일과 개인의 통합적 관리가 되는 사람이 일잘러가 될 수 있다.

번아웃을 개인적인 문제로만 보기에는 파급되는 부정적 효과가 크기 때문에 조직 차원의 조치가 있어야 한다. 조직의 시스템 변화보다 우선되어야 하는 것은 리더들의 의식이다. 번아웃의 원인이 될 만한 요인을 발견하고 예방하는 것이 리더의 자격요건이라 할 수 있다. 성과를 내기 위해서 반드시 번아웃은 관리되어야 한다.

성과를 예측하는 새로운 지표로 번아웃 관리법을 정량화해야 한다. 개인적인 측면과 조직적인 측면의 행동 지침이 필요하다. 번아웃으로 인해 소모되는 인적, 물적 자원의 낭비를 막는 것만으로도 성과를 낼 수 있다. 하지만 대부분 기업에서는 번아웃 관리를 직장 복지 차원에서 하는 사례가 있다.

A 기업 부장	우리 회사는 직원들의 직무 만족도를 위해 언제든 마음껏 먹을 수 있는 간식거리를 제공하고 있습니다. 직원들의 작은 부분까지 세심하게 챙기고 있는 것이죠.
B 기업 팀장	우리 회사는 직원들의 워라밸을 위해 신경 쓰고 있습니다. 야근을 하면 1분 단위로 그 시간을 인정해 주어 보상해 주기 때문에 불만이 없습니다. 이런 체계를 갖춘 회사는 별로 없습니다.

| C 기업 본부장 | 우리는 직원을 위한 휘트니스 클럽을 운영합니다. 전문 트레이너가 상주하고 있어 직원들에게 도움이 많이 될 겁니다. |

위와 같은 회사에서는 번아웃이 예방되고 있을까? 제도가 나쁘다는 것이 아니다. 여기에는 한 가지 전제 조건이 필요하다. 직원들이 눈치 안 보고 이용할 수 있는가? 혹은 직원의 의지대로 활용이 가능한 제도인가를 보아야 한다. 복지 차원의 제도는 근본적인 번아웃을 예방할 수 없다. 문제(근원적인 요인)를 해결해야 하는데 증상(현황)을 해결하는 방식으로는 번아웃을 예방할 수 없다.

번아웃은 진화한다
(번아웃 빅뱅의 시대)

번아웃의 범위는
점점 확장되고 있다.

하얗게 타 버린 연탄재에는 불이 붙지 않는다

오늘도 열심히 살아가고… 아니, 살아내고 있는 사람이 주변에 너무나도 많다. 열심히 사는 이유는 '좀 더 나은 미래를 위해서'라고 말할 수 있다. 현재에 머무르지 않고 앞으로의 삶을 위해 노력하는 것은 당연하다. 그렇지만 너무 과한 에너지를 써 버린다면 내가 원하는 미래가 오기 전에 지쳐서 그 삶을 누릴 수 없을지도 모른다.

번아웃 증후군을 아주 쉽게 표현한다면 완전히 타 버린 하얀 연탄재로 비유할 수 있다. 사용 전의 연탄은 무게도 제법 나가고 색도 검은색이다. 여기에 불을 붙이면 빛과 열을 내며 에너지원으로 쓰인다. 점점 타 들어갈수록 색깔은 하얀색으로 변하기 시작한다. 완전히 하얀색이 되면 모양은 유지되지만, 본래의 검은 연탄보다 훨씬 가벼워지고 더는 사용할 수 없는 재의 형태가 된다. 사람도 마찬가지이다. 사람마다 가지고 있는 에너지의 양은 정해져 있는데 그 에너지가 완전히 연소(燃燒)되면 하얗게 변해 버린 연탄재와 같아진다. 그렇게 되면 원래의 역할을 제대로 수행하지 못하게 되고 어떠한 자극에도 동기부여를 받지 못하게 된다.

이제는 '열심히 사는 것'이 잘 사는 게 아니다. 삶의 완급을 조절하며 살아가는 것이 현명한 방법이며 내 삶의 질을 올리는 데 더할 나위 없이 좋은 방법이다.

직장인에게서 개인으로

직장인들에게만 적용되던 번아웃은 요즘 시대에 맞지 않는 말이 되었다. 번아웃이란 표현은 직장인뿐 아니라 주부, 학생, 은퇴한 사람에게도 적용되는 말이다. 많은 학생이 학업과 생활의 균형이 무너져 스트레스를 관리하지 못한다고 말한다. 학우들과의 관계나 학교생활에 흥미를 갖지 못하고 오로지 대학 진학을 목표로 학창시절을 보내고 있다. 제대로 쉬는 시간과 학생 때만 누릴 수 있는 추억 쌓는 시간도 없이 에너지가 고갈되고 완전히 소진되어 힘들어하는 학생이 많다. 직장인의 워라밸과 같은 학생들의 스라밸(Study-Life Balance)이 필요한 이유다[10].

WHO에서 말하는 '번아웃 증후군'에는 해당하지 않는 학생이지만 신체적, 심리적으로 나타나는 증상은 거의 같다.

초1, 초4 학생을 자녀로 둔 주부 나한탄 씨는 자신의 신세를 한탄하는 말을 자주 한다. 코로나 19로 인해 비대면 수업이 진행되면서 아이들에게 시간을 더 많이 빼앗기게 되면서 자신을 위한 시간이 없어졌다. 매일 아침 아이들을 깨워서 밥을 먹이고 수업 준비를 한다. 그리고 수업이 끝나고 쉬는 시간이 오면 다음 수업 시간을 챙겨 주기에 바쁘다. 그러다 보면 점심시간. 아이들 학교 수업이 마칠 때까지 5분 대기조처럼 긴장하고 있다. 거기다 재택근무를 하는 남편까지 신경 쓰다 보니 몸이 두 개라도 모자랄 지경이다. 하루가 쳇바퀴 돌 듯 반복된다. '돌밥돌밥(돌아서면 밥하고, 돌아서면 밥하고)' 하는 자신을 생각하니 몸에 힘이 빠진다.

2020년 10월 서울대학교 보건대학원에서 수행한 '코로나19 국민 의식' 조사에서 전업주부가 직업별 코로나19 스트레스 1위(3.71점)를 기록했다[11]. 가족을 위해 헌신적으로 일하지만, 전업주부의 노력을 당연하다고 여기는 사회적 분위기가 한몫했다. 엄마라는 이름으로 자신의 이름을 포기하고 사는데 그만한 보람이 따라오지 않아 지치게 된다. 직장인이 열정적으로 일하는 것에 비해 성과가 미치지 못해 오는 번아웃과 같은 것이다.

직장에서 정년을 맞이하거나 은퇴하는 사람도 예외는 아니다. 기존에 오랫동안 익숙했던 일상생활이 바뀌고 새로운 삶의 패턴이 시작되면서 번아웃 증상을 호소하는 사람이 많아지고 있다. 특히 운동선수에게서 많이 나타나는 것으로 나타났다. 선수 시절에는 무한 경쟁의 체재에서 뒤처지지 않으려고 무리하게 했던 운동으로 번아웃이 왔고 은퇴 후에는 목적의식이 모호해지고 현역시절보다 망가진 몸, 상대적 허탈감을 느껴 번아웃 증상이 온다고 한다. 미국의 야후스포츠는 영국 스포츠의학 저널에 실린 빈센트 구테바르주의 연구를 인용하여 현역 선수 34%, 은퇴 선수의 26%가 불안과 우울증을 앓고 있다고 전했다.

20대 후반의 취준생 왕이력 씨는 아무것도 하지 않고 그냥 쉬고 싶다. 모 카드 회사의 '아무것도 안 하고 싶다. 이미 아무것도 안 하고 있지만, 더 격렬하게 아무것도 안 하고 싶다.'라는 광고문구가 격하게 공감된다. 취업을 위해 이력서를 넣은 곳만 30곳, 면접을 본 곳만 10곳이 넘는다. 한 취업 사이트에서 구인 광고를 봤지만 '어차피 또 떨어질 텐데….'라는 생각이 먼저 들고 마음에서 미리 포기한 상태이다.

취업이라는 일에 지나치게 몰두하다 보니 극도의 피로감을 느껴 무기력과 우울감을 느끼는 20~30대가 늘어났다. 코로나19와 맞물려 좁아진 취업문을 뚫기 위한 과도한 경쟁에서 노력의 결실을 보지 못해 자괴감에 빠지고 있다. 원하는 일자리는커녕, 아르바이트조차 구하기 힘든 상태다. 그렇다 보니 고용을 포기하는 '니트족'(NEET, Not in Education, Employment or Training_일할 의지가 없는 구직 단념자)이 늘어나고 있고 이들에게 '번아웃 증후군'이 나타나고 있다[12].

멀티 페르소나가 소진을 부른다

평생직장의 개념이 희박해지면서 이제는 'N잡러의 시대'라고 말한다. 여러 가지 일을 동시에 해서 경제적인 안정을 꾀하려는 현상으로 흔히

'부캐(부 캐릭터)'라 부르기도 한다. 멀티 페르소나를 다르게 표현한 것이다. 한 예능 프로그램에서 '부캐'의 모습을 보여 주면서 긍정적인 측면으로만 생각될 수 있는데 일반 사람에게는 오히려 독이 될 수 있다.

여러 직업을 가진 N잡러들은 직장마다 다른 근무방식, 일, 역할 등으로 살아간다. 어떤 사람은 오전, 오후로 나누어 일하기도 하고 요일별로 다른 일을 하기도 한다. 역할에 따라 다른 '부캐'를 꺼내야 한다. SNS에 이런 삶의 방식을 자랑하듯 소개하며 다른 사람이 부러워하는 반응을 즐기기도 한다. 하지만 여기서 중요한 사실 하나를 놓치고 있다. 직업은 여러 개를 가질 수 있지만 몸은 하나라는 것이다. 한 사람이 사용할 수 있는 에너지는 한정되어 있다. 또, 나이가 들어감에 따라 에너지는 점점 줄어든다. 매번 다른 일에 집중하다 보면 자신이 갖고 있는 에너지를 관리하기 힘들어진다. 그리고 일의 종류가 많아질수록 에너지 소모는 급격히 늘어난다. 오랜 시간 멀티 페르소나로 활동하면 에너지가 충전되는 시간보다 소모되는 시간이 빨라져 소진의 상태가 된다. 신체적, 심리적으로 에너지 고갈 상태가 되면 자연스럽게 '번아웃 증후군'의 증상이 나타나게 된다.

번아웃 증후군을 의학적으로 보면 코르티솔 호르몬의 고갈 현상이다. 코르티솔은 스트레스에 대항해 신체를 보호하는 대표적인 호르몬이다. 원래 역할은 스트레스를 방어하는 것이지만 적절한 관리를 하지 못하면 오히려 몸을 상하게 만든다. 이것으로 인해 코르티솔은 스트레스 호르몬으로 불리고 있다. 이 호르몬의 또 다른 이름은 '활력 호르몬'인데 아침에 일어났을 때 우리의 몸에 활력을 주어 정상적인 활동을 할 수 있도록 도와

주는 호르몬이기 때문에 붙은 이름이다. 이런 코르티솔 호르몬이 고갈된 다는 것은 몸의 활력이 떨어진다는 얘기이고, 피로감을 쉽게 느낀다는 걸 의미한다. 즉, 다 타 버린 재가 된다는 것이고 정상적 생활에 큰 영향을 주게 된다.

디지털 전환 속도와 번아웃

'아날로그'라는 단어는 '옛날', '라떼는~'과 같은 의미로 쓰이고 있다. 추억팔이 할 때나 과거의 감성을 얘기할 때 많이 사용되는 말이다. 이와 반대인 '디지털'은 '요즘은~', '편리한~', '빠른~'을 얘기할 때 쓰인다. 아날로그에서 디지털로, 구(舊) 디지털에서 신(新) 디지털로 바뀌는 속도가 점점 빨라지고 있다. 직접 방문해서 일 처리를 해야 했던 관공서나 은행 업무도 컴퓨터나 스마트 폰으로 처리가 가능해졌고 배달 앱의 발달로 직접 나가서 외식하는 수가 줄어들었다.

디지털 기술은 인간이 적응하는 속도보다 항상 빠르게 변화하고 있다. 점점 많은 일상이 디지털의 세상으로 들어가고 있다. 세대를 따지지 않고 아침에 일어나면 스마트 폰 확인부터 한다. 모든 일상이 디지털과 함께하고 잠자리에 들기 전까지 스마트 폰을 놓지 못하다. 처음 SNS가 소개되었을 때 신문물을 보듯 신기해했지만 이제는 종류도 많아지고 유행에 따라 툴(Tool)도 바뀌고 있다.

모든 것을 디지털로 처리하다 보니 생활은 분명 편해졌고 시간을 아낄 수 있게 되었다. 단, 그 디지털 기술에 익숙해졌을 상황에 해당하는 말이다. 시대에 뒤처진다는 말을 듣기 싫어 너도나도 열심히 디지털 기술을 익히기에 바쁘다. 새로운 기술이나 유행이 나오면 적응하는 데 많은 에너지를 소비하게 된다. 이런 에너지 소비가 사람을 번아웃으로 몰아가고 있다. 디지털 유행을 따라가지 못하면 스트레스를 받고 시대에 뒤떨어지며 번아웃으로 가는 지름길이 된 시대가 된 것이다.

심리적 소진과 신체적 소진의 신호

번아웃의 심리적 증후에는 우울, 무기력, 강박, 자존감 하락, 무관심 등이 있다. 여기에 나열한 것은 꼭 번아웃 증후군에만 해당하는 것이 아니므로 번아웃의 신호인지 알아차리지 못하게 한다. 번아웃의 신체적 증후 또한 마찬가지이다. 근육통, 두통, 피로감, 근·골격 질환 등으로 나타나기 때문에 정확히 번아웃이라고 말하기가 모호한 면이 있다.

위의 증후가 나타날 때마다 전문의나 전문 상담사를 찾아갈 수 없으므로 미리 예방하는 것이 최선이다. 구체적인 예방 방법은 뒤에서 제시할 것이다. 여기서는 서울대병원에서 번아웃 증후군을 점검하는 방법으로 제시한 자가진단법을 먼저 알아보자.

번아웃 증후군 증상 점검

- ☐ 일하는 데 정서적으로 지쳐 있다.
- ☐ 일을 마칠 때 완전히 지쳤다고 느낀다.
- ☐ 아침에 일어나 출근할 생각만 하면 피곤하다.
- ☐ 일하는 데 부담감과 긴장감을 느낀다.
- ☐ 업무를 수행할 때 무기력하고 싫증이 난다.
- ☐ 업무에 대한 관심이 크게 줄었다.
- ☐ 맡은 일을 하는 데 소극적이고 방어적이다.
- ☐ 나의 직무 기여도에 냉소적이다.
- ☐ 스트레스를 풀려고 폭식이나 음주·흡연 등을 즐긴다.
- ☐ 짜증과 불안이 늘고 여유가 없다.

10개 중 3개에 해당하면 번아웃 증후군에 해당한다. 직장인을 기준으로 제시된 점검표이지만 학생이라면 일을 학업으로, 주부라면 일을 집안일로, 은퇴한 사람이라면 현재 하고 일을 빗대어 점검해도 좋다.

04
통합적 관리가 답이다

일과 삶의 균형이 아닌 공존의 시대이다.
통합적 관리법을 알아야 한다.

일과 삶의 균형이 아닌 공존의 시대

현재까지 많은 전문가가 번아웃 증후군 예방의 대안으로 워라밸(Work-Life Balance)을 제시하고 있다. 우리나라(고용노동부)에서는 2017년 워라밸을 위한 '일·가정 양립과 업무 생산성 향상을 위한 근무혁신 10대 제안'을 발간하고 '워라밸 실천 기업'을 선정했다(하지만 이 개념은 이미 50년 전에 나온 것으로 지금의 시대에 맞는 것인지 생각해 보아야 한다). 일과 삶의 영역의 경계를 분명히 하여 개인의 삶을 보장하겠다는 것이다.

하지만 이제는 워라밸에서 얘기하는 양립의 차원이 아닌 공존으로 생각을 바꿔야 한다. 워라밸보다는 워라코(Work-Life Coexistence)가 지금 시대에 맞는 말이다. 번아웃의 개념도 직장(조직)에서 개인으로 확장했듯이 일과 삶의 영역을 나누는 게 아니라 합리적이고 슬기롭게 공존할 수 있는 기술이 필요해졌다.

코로나로 인해 재택근무가 늘어났고 코로나 팬데믹이 종식되더라도 재택근무와 사무실 근무를 병행하는 '하이브리드 근무' 방식을 채택하려는 기업이 늘고 있어[13] '일과 삶의 공존 기술'은 더 중요해질 전망이다. 그리고 '하이브리드 근무'가 제대로 운영되려면 '재택근무 증후군' 관리가 선행되어야 한다. 재택근무를 하는 사람 10명 중 3명이 '재택근무 증후군'을 겪고 있다고 한다[14]. 출퇴근의 경계가 모호해지면서 계속 일하고 있다는 기분, 긴장 상태의 유지, 비대면 소통 스트레스, 장시간 한정된 공간에 앉아서 근무하면서 생기는 거북목, 어깨, 허리 통증 등이 그 예이다. 이런 증상은 내버려 두면 번아웃으로 발전할 수 있으므로 주의가 필요하다.

통합적 관리의 기술

번아웃 증후군을 예방하는 이유는 앞으로의 삶의 질을 높여 모든 사람이 행복한 삶을 살아갈 수 있도록 하기 위해서다. 개인으로는 신체와 심리, 주변사람과의 관계의 통합적 관리 방법을 이야기하고, 조직으로는 회사와 리더의 역할에 대해 제언할 것이다. 우리나라는 경제발전지수보다 행복지수가 한참 뒤처져 있다. 그 이유 중 중요한 요소에 해당하는 게 바로 번아웃 증후군이다. 우리가 좀 더 행복해지려면 앞으로의 이야기에 주목해 보자.

여기서 제시하는 통합관리의 기술은 크게 3가지로 나눠 볼 수 있다. 첫 번째는 번아웃의 새로운 개념과 우리 사회의 지표와 지수를 이해하고 진단해 보는 것이다. 두 번째는 개인적인 번아웃 솔루션에 대해 알아보고 실천방법을 따라 해 보는 것이다. 신체와 심리의 충전법, 몰입을 통한 번아웃 탈출법, 자신을 위한 삶의 리디자인법, 관계 속에서 나를 지키는 법 등이 그것이다. 세 번째로는 조직적인 번아웃 예방법으로 사회 회복을 위한 리더의 생각과 제도의 개선법 등이다.

많은 사람이 어바웃-번아웃(About Burnout)에서 킥아웃-번아웃(Kickout Burnout)으로 되기를 희망한다.

2장
번아웃 리터러시

데이터 리터러시란 데이터를 수집하여 목적에 맞게 분석하고 가공하고 데이터를 기반으로 문제를 바라보며 인사이트를 찾는 것을 말한다. 번아웃 리터러시는 번아웃에 대해 개인적인 현상이나, 주관적인 관점이 아닌 데이터를 기반으로 보다 객관적인 관점으로 문제를 바라보고자 한다. 데이터로 바라본 번아웃은 성별, 생활 주기 등 다양한 원인들로 나타나고 있음을 알 수 있고 직장, 가정 등 특정 집단에서만 일어나는 현상이 아닌 사회전체에서 문제가 되고 있음을 나타내 주었다. 이제는 객관적인 지표를 통해 번아웃에 대한 사회적 문제의 심각성을 인식하고 그에 따른 대책을 실행해야 할 때이다.

01

번아웃 현상

우리나라는 번아웃 현상을
얼마나 겪고 있을까?

인간이 AI스피커에 가장 많이 한 말은 무엇일까?

   SK텔레콤은 2020년 1월부터 11월까지 인공지능 서비스 누구(NUGU) 이용자들이 가장 많이 말한 키워드를 뽑아 랭킹을 선정, 공개했다. 누구(NUGU)에게 가장 많이 한 말은 의외로 '고마워'와 '사랑해'였다. AI 서비스를 이용하면서 사람에게 하는 것과 같은 대화를 한 것이다. 10대~20대는 '월요일이 싫어', '또 혼밥 했어', '슬퍼' 등 위로받고 싶은 모습을 보였고, 40~60대는 누구(NUGU)에게 끝말잇기·퀴즈 등 간단한 게임을 요청하는 등 재미 요소를 찾는 사용 형태를 보였다[1]. 사용자들은 AI 서비스를 감정대상자로 인식하고 있으며 누군가에게 얻고 싶었던 위로나 말 못 할 고백, 또는 심심한 일상에서 찾고 싶은 재미를 AI 서비스에서 찾은 것이다. 이러한 데이터는 대중의 가공되지 않은 가장 솔직하고 현실적인 모습을 나타낸다고 볼 수 있다.

2016년 미국 대통령 대선 당시 대부분 여론조사기관이 힐러리 클린턴이 당선될 것으로 예측했다. 그러나 당선자는 도널드 트럼프였다. 여러 조사기관 중 유일하게 트럼프 승리를 예측한 기관은 '빅데이터'를 기반으로 데이터를 분석한 곳이었다. 분석결과 트럼프의 SNS 계정은 1,170만여 명의 구독자를 두었지만, 힐러리의 계정은 744만명에 그쳤고, 구글 검색 또한 '도널드 트럼프' 검색 횟수가 '힐러리 클린턴'보다 많았다[2]. 공개적인 여론조사에서는 힐러리가 앞섰지만, 비공개적인 온라인공간에서는 트럼프의 계정을 구독하고 기사를 검색하면서 트럼프에 관한 관심을 솔직하게 행동한 것이다. 인종차별과 막말 등의 트럼프의 부정적인 이슈들로 인해 트럼프 지지자들은 공개적으로 의사를 밝히지 못했고 그 대신 대선투표에서 본인의 진심을 드러냈다. 이런 트럼프 지지자들을 '샤이(shy) 트럼프'라고 부른다.

우리도 샤이 트럼프처럼 비슷한 모습을 보이는 때가 있다. 회의 때 반대의사를 표명하지 못하거나, 리뷰에 솔직한 답변을 쓰지 못하거나, 대인관계에서 눈치 보느라 내 의견을 표현하지 못하기도 한다. 그렇지만 개인적인 공간이나 채널, 익명의 온라인에서는 좀 더 자유롭다. 눈치 보지 않고 본인의 의견을 솔직하게 꺼내놓는다. 회사나 상사를 험담하기도 하고, 정치적 의견을 표현하거나 어떠한 대상에 대해 솔직하게 평가하기도 한다. 이러한 특징을 활용한 데이터 분석은 어떠한 현상을 솔직하고 현실적으로 이해하는 데 도움이 된다.

번아웃에 대한 연구조사의 경우 특정집단에 한정되어 있는 경우가 많다. 이번 장에서는 대중들이 번아웃에 대해 어떻게 인식하고 있는지 다양한 데이터를 바탕으로 분석해 보고자 한다. 이 과정에서 다양한 집단에서 겪게 되는 번아웃을 객관적으로 바라볼 수 있고 데이터 분석을 통해 다양한 원인을 찾아낼 수 있기 때문이다. 이 데이터 분석을 근거로 통합적 솔루션을 제시할 수 있다.

우리나라는 번아웃 현상을 얼마나 겪고 있을까?

직장인 익명 커뮤니티 앱 블라인드가 한국과 미국 직장인 1만 6,906명을 대상으로 설문조사를 했다. 국내 직장인 10명 중 9명이 번아웃 증후군에 시달리는 것으로 나타났고, 미국 직장인은 10명 중 6명이 시달리는 것으로 나타났다. 번아웃 증후군을 가장 많이 겪는 회사는 한국은 EY한영(글로벌회계컨설팅)이 91.03%로 1위였고 미국에서는 크레딧카르마(신용재무관리)가 70.73%로 가장 높았다[3].

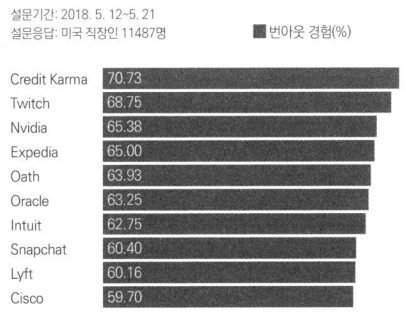

'최근 번아웃 경험' 응답
상위 10개 회사(한국 1~10위)
설문기간: 2018. 6. 21~6. 25
설문응답: 한국 직장인 5419명   ■ 번아웃 경험(%)

EY한영	91.03
KEB하나은행	91.02
딜로이트안진	91.02
스타벅스	89.31
현대모비스	87.63
셀트리온	87.36
BGF리테일	86.86
이랜드월드	86.86
Smilegate	86.45
아모레퍼시픽	86.45

'최근 번아웃 경험' 응답
상위 10개 회사(미국 1~10위)
설문기간: 2018. 5. 12~5. 21
설문응답: 미국 직장인 11487명   ■ 번아웃 경험(%)

Credit Karma	70.73
Twitch	68.75
Nvidia	65.38
Expedia	65.00
Oath	63.93
Oracle	63.25
Intuit	62.75
Snapchat	60.40
Lyft	60.16
Cisco	59.70

'최근 번아웃 경험' 응답 하위 10개 회사(한국 11~20위)

설문기간: 2018. 6. 21~6. 25
설문응답: 한국 직장인 5419명   ■번아웃 경험(%)

회사	%
NHN엔터	83.42
우리은행	83.42
삼성디스플레이	83.09
LG디스플레이	82.88
넷마블게임즈	82.73
대웅제약	82.73
삼성엔지니어링	82.33
LG전자	81.64
현대자동차	81.52
GS건설	81.42

'최근 번아웃 경험' 응답 하위 10개 회사(미국 11~20위)

설문기간: 2018. 5. 12~5. 21
설문응답: 미국 직장인 11487명   ■번아웃 경험(%)

회사	%
Pinterest	53.85
Google	53.83
Salesforce	53.25
Adobe	50.77
Booking.com	50.00
Uber	49.52
Facebook	48.97
Twitter	43.90
Paypal	41.82
Netflix	38.89

번아웃 증후군이 낮은 회사로 한국은 GS건설이 81.42%, 미국은 넷플릭스가 38.89% 응답을 나타냈다. 데이터 결과 한국 직장인은 미국 직장인보다 더 잦은 빈도로 번아웃을 겪고 있으며 미국 기업 중 가장 높은 기업이 70.73%인 데 비해 한국은 가장 낮은 기업이 81.42%로 심각성을 드러냈다.

유의미하게 봐야 할 점은 미국은 기업마다 편차가 발생하지만, 한국은 편차 없이 전체적으로 높게 측정되었다는 점이다. 미국기업의 이러한 편차는 번아웃에 대한 기업의 노력으로 보인다. 가장 낮은 번아웃 지수를 나타낸 넷플릭스는 직원들에게 자율을 극대화하여 주체적인 의사 결정을 장려하였고 휴가와 출근 또한 자유롭다. 자율성만큼 책임을 강조하지만, 그에 따른 높은 연봉을 제공하여 번아웃을 일으키는 주요 요인들을 예방하였다.

한국은 대부분 기업이 번아웃에 시달리고 있지만 각 기업의 노력은 효과가 없는 듯하다. 1위부터 10위까지 별다른 편차가 없기 때문이다. 각 기업은 직원들을 위한 다양한 제도들이 효과가 없음을 인정하고 직원의 번아웃이 기업에게 미치는 부정적인 영향을 보다 심각하게 받아들일 필요가 있다.

이러한 결과의 원인은 무엇일까?

 번아웃 증후군에 대한 원인 규명에 대해서는 각국의 환경 및 문화 차이 등 여러 가지 요인에 따라 다르게 나타날 수 있다. 이 장에서는 직무소진으로 인해 번아웃을 일으키는 주요원인 중의 하나인 근무시간과 최저 급여 데이터만 비교해 보기로 하겠다. 미국과 한국의 문화적 차이라고 생각할 수 있어 먼저 유사한 문화권을 가지고 있는 데이터를 비교해 보았다. 스몰비지니스프라이스에 따르면 유럽 국가의 경우 번아웃 증후군을 많이 겪는 나라는 포르투갈이 1위를 차지하였다. 포르투갈은 유럽 국가 중 가장 긴 근무시간과 최저 급여를 받는 나라다. 긴 근무시간과 낮은 급여가 직무소진을 일으키고 그 결과 포르투갈의 번아웃을 높이는 데 주요 원인으로 작용한 것으로 보여진다.

 미국과 한국을 비교해 보자. OECD 데이터(2016-2020 통계)에 따르면 우리나라의 경우 평균 노동시간이 1,908시간이고 미국은 1,767시간이다(OECD 국가 평균 노동시간 1,687시간). 평균 임금은 한국은 41,960달러 미국은 69,392달러이다(OECD 국가 평균 임금 49,165달러). 근무시간은 미국보다 141시간이나 길지만, 임금은 미국이 1.65배 많다. 우리나라는 포르투갈과 마찬가지로 노동시간은 더 길고 그에 따른 보상은 적다.

OECD 국가와 비교해도 평균 근무시간보다도 더 길게 일하고 있으며 임금은 평균보다 낮다. 노동 대비 충분하지 못한 보상이 직무소진으로 이어지고 이는 번아웃으로 연결되어 한국 직장인이 미국 직장인보다 번아웃이 높은 이유가 설명된다. 이러한 번아웃 현상은 반드시 또 다른 문제를 발생시킨다. 업무에 대한 집중도 하락, 무기력증, 성과 저하, 냉소 반응 등이다. 결국 조직에도 악영향으로 나타난다. 이에 대해서는 개선을 위한 연구와 노력이 필요하다. 하지만 각 나라의 연구 방향은 다른 모습으로 나타난다. 번아웃에 대한 국내 선행연구는 주로 경영/경제학 관련 학술지와 교육학 관련 학술지에서 게재되는 반면, 국외 선행연구는 대부분 의약학 관련 학술지에 게재되고 있다[4]. 국내는 조직적 측면에서 접근하는 반면 국외에서는 개인적, 회복적, 치료적 측면으로 접근한다는 점이다. 이와 같은 차이는 번아웃 증후군을 바라보는 사회적 인식이 다르기 때문이다. 일부 유럽 국가에서는 이미 번아웃 증후군이 의학적 진단용어로 사용된다. 재정적인 보상이나 직원을 위한 재활 서비스가 있을 만큼 심각한 사회적 문제로 인식하고 있으며 사회 전반적인 관심과 대응을 하고 있다[4].

반면 우리나라의 경우 OECD 국가 중 번아웃 위험이 큰 나라이지만 성과와 효율성 측면에서만 인식하는 단편적인 면만 보고 있으며 치료나 예방에 관한 연구나 조직적 사회적 제도개선을 위한 노력은 부족한 실정이다. 또한, 개인적 번아웃, 가정에서의 번아웃, 더 나아가 번아웃 전이 현상에 의한 사회적 손실이나 피해에 대해서는 고려하지 않고 있다. 이어서, 번아웃이 사회 곳곳에 어떻게 나타나고 있으며 그 현상이 어떤 문제를 일으키는지 데이터를 통해 분석해 볼 것이다.

번아웃 데이터 리터러시
(일/직업 편)

번아웃은 누구에게
더 많이 찾아올까?

'번아웃'에 대한 다양한 소셜분석

- "요즘은 일도 너무 많고 번아웃 와서."
- "한 번씩 직장생활 현타 오네요."
- "구질구질한 가난에서 언제쯤 벗어날 수 있을까요?" "육아 번아웃일까요?"
- "늘 100미터 달리기를 하듯히 살다 보니 번아웃이 되어…"

번아웃이라는 키워드로 분석해 본 소셜 검색 결과이다. 소셜 분석은 블로그, 페이스북, 트위터 등 소셜 미디어상의 빅데이터를 분석해 필요한 정보를 가공하는 것을 의미한다. 소셜 네트워크는 여과되지 않은 대중의 솔직한 본심을 가장 빠르게 접해 볼 수 있어서 마케팅, 위기 대응, 선거철 민심, 제품 선호도 조사 등에 다양하게 활용되고 있다. 차별되는 특징은 대중이 직접 작성한 글을 통해 텍스트 분석과 감성 분석 등, 다양한 해석이 가능하다는 것이다. 이러한 특징을 이용하여 '번아웃'이라는 키워드가 대중에게 어떻게 사용되고 있는지 솔직한 모습을 들여다봤다.

소셜에서는 업무에서 겪는 증상, 육아, 시험, 대인관계, 신체적 증상 같은 다양한 상황이나 원인을 통해 번아웃을 겪고 있음을 볼 수 있다. 인스타그램이나 트위터 등 SNS에서 나타난 특징은 번아웃을 겪게 된 상황이나 개인의 감정이 리얼타임으로 표현되었고 카페 커뮤니티는 공감이나 도움을 요청하는 글이 주를 이루었다. 뉴스나 블로그는 번아웃에 대한 정의와 이에 따른 방안 및 대응, 치료에 관한 내용이 많았다. 이러한 특징들을 미루어 볼 때 번아웃 증상을 경험하면 본인의 생각과 느낌을 가장 먼저 SNS에 표현하고 이 상황이 지속되는 경우 카페나 블로그를 통해 도움을 요청하거나 해결방안을 찾아보는 것으로 파악된다.

[썸트렌드에서 분석한 번아웃]

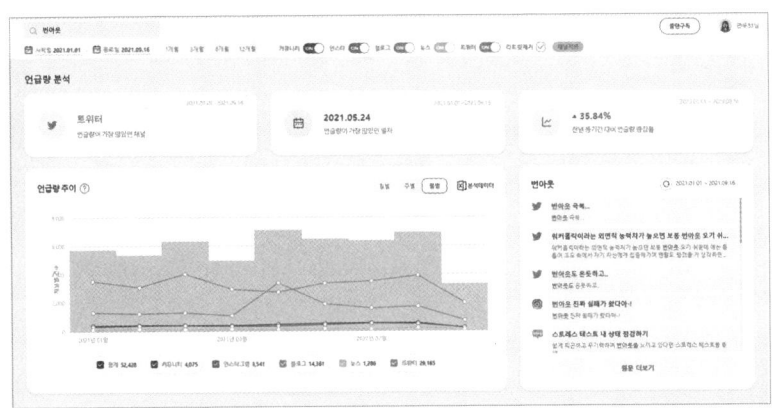

소셜 분석에서 번아웃 검색 횟수는 대중이 겪는 번아웃 증후군과 비례한다고 볼 수 있다. 번아웃에 대한 언급량 추이를 보면 2018년 24,273건, 2019년 39,817건, 2020년 65,049건으로 점점 증가하고 있다. 2021년은 9월까지 집계한 수치임에도 불구하고 52,428건이 집계되었으며 연말까지 더하면 2020년보다 훨씬 많아질 것으로 예상된다. 다양한 채널에서 언급량이 많다는 것은 그만큼 사회 전반적으로 번아웃에 대한 위험도가 높아졌다는 것을 의미한다. 여러 가지 원인으로 인해 위험도가 높아졌겠지만 주요한 원인 중 하나는 코로나를 들 수 있다. 코로나 발생 이후 번아웃에 대한 언급량이 전년도와 비교해 1.5배 이상 급증했고 2020년 11월~12월에는 언급량이 큰 폭으로 상승했는데 이 시기는 코로나 3차 대유행 시기와 일치한다.

코로나로 인해 불안감과 우울감이 심리적, 감정적 소진을 일으키고, 코로나가 2차 3차 확산함에 따라 통제할 수 없는 상황에 따른 무기력감이 번아웃을 더욱 증가시킨 것으로 보인다. 2021년 하반기부터 4차 대유행이 시작됐다. 방역에 종사하는 모든 분과 의료진은 심각한 번아웃을 겪게 될 것으로 우려된다. 국민 또한 장기간의 불안과 피로감으로 번아웃 증후군은 더욱 악화할 것으로 예상된다.

번아웃 키워드~! 여성과 남성 중 누가 더 많이 검색했을까?

번아웃 2020.09.04 - 2021.09.04 | 전체기기 | 전체성별 | 전체연령 | 전국지역

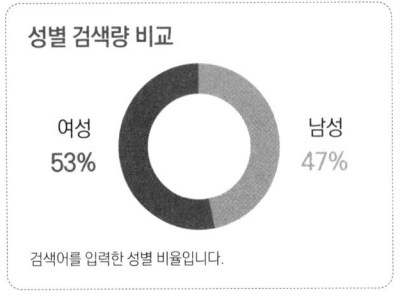
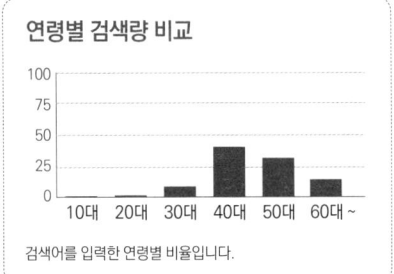

전체적인 수치로는 여성이 남성보다 더 많이 검색했고 나이별로는 40대가 검색량이 가장 높았다. 이 데이터의 흥미로운 점은 연령대별 남녀비율이 다르게 나타난다는 점이다.

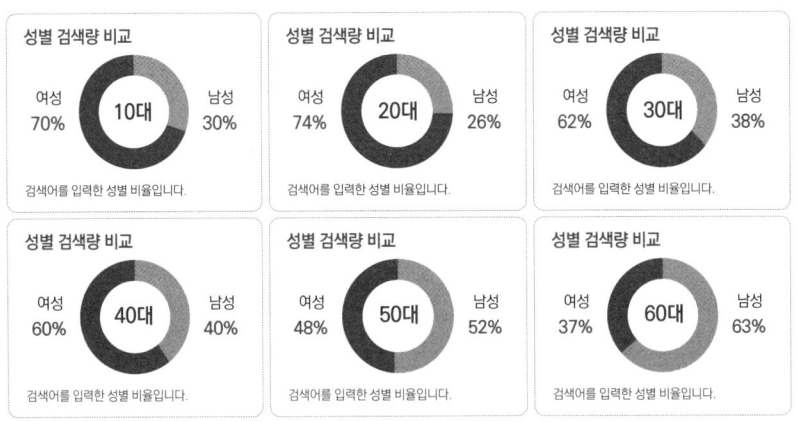

여성의 경우 10대부터 높은 비율로 번아웃을 검색하였으며 20대에 가장

높은 검색량을 보였다. 그리고 30대부터는 점점 줄어드는 양상으로 나타났다. 반면 남성의 경우 연령대가 높아질수록 검색량이 늘어났고 50대에 이르러서는 남녀비율이 역전되었으며 60대에 가장 높은 검색량을 나타냈다. 여성은 왜 20대에 가장 높고 남성은 60대에 높게 나타났을까? 번아웃 원인 중 하나인 '감정적 소진'의 측면으로 본다면 그 답을 찾을 수 있다.

23살에 첫 사회생활을 시작한 김순수 씨. 병원으로 취업한 그녀는 늘 환자들에게 친절한 원무과 직원이었다. 시간이 지날수록 밤낮이 바뀌는 야근으로 체력은 바닥났고 잠깐 마스크를 내리고 물을 마시는 순간 마스크를 벗었다며 환자에게 민원까지 받게 되었다. 늘 환자를 대면하는 자리에 있어야 하며 물을 마시러 자리를 비울 수도 없어서 억울한 감정이 들었다. 그러나 의료서비스를 제공하는 김순수 씨는 억지로 미소 지으며 환자의 불만을 계속 들을 수밖에 없었다. 그녀는 점점 감정이 소진되어 냉소적으로 변해 갔다.

여기서 감정적 소진이란 감정적 자원의 고갈 혹은 유출을 의미한다. 김순수 씨는 직무에 대한 자기 결정권이 없으며, 잠시 물을 마실 자유도 없고 감정까지도 강요당하며 비인격적인 상황을 겪어야 했다. 직업상 일방적으로 주는 자와 받는 자와의 불균형적인 관계는 결과적으로 주는 자의 감정적 소진을 가져오고 이것은 번아웃의 가장 핵심적인 증상의 원인이 된다[5]. 이러한 관계는 대부분 감정서비스 관련 직업에서 존재한다. 예를 들면 의료서비스, 편의서비스, 교육서비스 같은 직업이다.

2020년 통계청 자료에 따르면 감정적 소진을 많이 겪는 직업의 성별 취업자는 여성이 많다. 여성 취업 군 상위 4개 분야가 감정서비스업에 해당한다. 또한, 첫 취업 당시의 평균 나이는 남성이 26세, 여성이 23.9세로 여성이 남성보다 2.1세 정도 빠르다[6]. 여성은 취업이 빠르며 주로 서비스 직종에 취업하는 것이다. 여성의 다른 데이터를 분석해 보면 경력단절 여성은 30~39세가 69만 5천 명(46.1%)으로 가장 많았다. 여성들이 30대에 직장을 떠나면서 번아웃에 대한 관심도가 소폭 줄어듦을 추측해 볼 수 있다.

남성은 여성과는 다르게 나이가 많을수록 검색량이 많아진다. 이러한 결과는 은퇴를 검색하는 그래프의 모양과 유사한 모습을 보였는데 은퇴에 대한 불안감이 번아웃을 겪게 되는 요인이 되는 것으로 추측된다. 직장인 530명을 대상으로 한 설문조사에서 체감 정년 나이는 평균 49.7세였다. 40대부터 정년이나 은퇴에 대한 걱정이 들기 시작한다는 것이다. 직장에서 겪게 되는 실직과 은퇴에 대한 불안감이 직무 효능감을 저하시켜 번아웃으로 이어진다. 그 후 50대부터 60대는 실직이나 은퇴가 현실화되고 일을 할 수 없는 상황에서 오는 자기효능감 저하와 무기력감을 느끼게 된다. 직장을 떠나 돌아온 가정에서는 빈집 증후군(자식들이 모두 자라 집에서 떠나보낸 후 나타나는 우울증을 수반한 허탈감)이 번아웃을 더욱 심화시킨다.

여성은 취업에서 번아웃이 시작되었고 남성은 은퇴 시점부터 시작되었다. 번아웃은 성별에 따라 겪게 되는 연령대가 달랐으며 번아웃을 일으키는 주요 원인 또한 다르게 나타났다. 이러한 복잡한 요인들은 번아웃을 해결하는 데 어려움으로 나타나고 보다 다양한 관점에서 각 대상에 맞는 맞춤형 솔루션을 제공해야 하는 이유이기도 하다.

당신은 아침형인가? 저녁형인가?

"일찍 일어나는 새가 벌레를 잡아먹는다."라는 말이 있다. 그렇다면 일찍 일어나는 벌레는 그와 반대로 일찍 죽는 것인가? 여러분들은 어느 쪽에 손을 더 들어 주고 싶은가? 어떤 삶이 더 적합한 유형인지는 나이, 직업, 업무스타일, 유전적 영향 등에 따라 다르게 나타나기 때문에 어느 쪽이 더 좋다라고 단정지을 수는 없다.

대중들은 아침형과 저녁형 중 어느쪽을 더 선호하는지 소셜텍스트를 기반으로 감정어를 분석해 보았다. 텍스트 분석은 대상에 대한 표현이 긍정적인 감정이 많은지 부정적인 감정이 많은지 분석하여 대중의 선호도를 살펴볼 수 있다. 아침형에는 긍정적인 감정이 66%로 나타났고 저녁형은 긍정적인 감정이 38%만 나타났다. 아침형을 더 긍정적으로 인식하는 것이다. 그렇다면 번아웃은 어느 유형이 더 많이 겪을까? 대중의 선호도와 같은 결과로 아침형은 저녁형보다 번아웃을 덜 겪는 것으로 나타났다.

인하대학교 병원 연구 결과에 따르면 우울 증상을 평가하는 점수가 저녁형이 높았고 스트레스 점수 또한 저녁형이 높았다. 성별로는 아침형은 남성이 많았고 저녁형은 여성이 많았다[7]. 앞서 제시된 남성보다 여성이 번아웃을 더 많이 검색한다는 통계와도 일치한다.

다른 연구 결과에서도 저녁형이 번아웃을 더 많이 겪는다고 나타났다. 메리칸토(Merikanto) 등[8] 연구에 따르면 젊은 성인 대상 중 저녁형이 아침형보다 번아웃을 더 경험하는 것으로 보고했다. 마크로우즈(Mokros)의[9] 연구 결과에서도 의료 직군 중 저녁형이 타인과의 관계나 직업적인 효능감에서 더 어려움을 겪고 있다고 발표했다. 저녁형 인간에게는 아쉬운 결과지만 대부분의 연구 결과가 아침형보다 저녁형이 더 많은 번아웃을 겪는 것으로 나타났다. 또한, 저녁형 인간은 의학적인 측면에서도 건강을 유지하는 데 취약하다. 심뇌혈관질환 위험이 크며 우울증 환자의 경우 아침형보다 극단적 선택 위험이 2.5배 높다는 연구 결과도 나왔다[10].

건강이 취약할수록 번아웃에 빠질 위험이 커지고 뫼비우스 띠처럼 반복되어 회복하기 어려운 상태가 된다. 번아웃 증후군을 자주 겪는 저녁형 인간이라면 아침형으로 생활방식을 바꿔 보는 것도 좋겠다. 이처럼 번아웃은 근무형태나, 일주기, 생활방식에 따라서도 다르게 나타난다. 번아웃에 시달리고 있다면 자신의 생활방식을 점검해 봐야 하며 기업에서는 번아웃을 예방하기 위한 근무 스케줄이나 업무환경을 고려해 봐야 할 것이다.

진화하는 번아웃

직장인들이 '번아웃 증후군'을 경험하는 원인은 다양하게 나타난다. 코로나 발생 이전인 2019년에 직장인 492명을 대상으로 '번아웃 증후군' 경험에 대해 설문조사를 하였다. 그 결과 95.1%가 번아웃 증후군을 경험한 것으로 나타났다. 번아웃 증후군을 겪는 이유는 '일이 너무 많고 힘들어서, 워라밸이 안 좋아서'(46.2%), '매일 반복되는 소모적인 업무에 지쳐서'(32.5%), '인간관계에 지쳐서'(29.3%) 등 업무 및 인간관계에 대한 피로감 때문이라고 답변했다[11].

코로나 이후 직장인 750명을 대상으로 한 설문조사에서는 직무/진로에 대한 회의감(17.3%), 코로나 상황 장기화(13.3%), 일과 삶의 불균형(12.5%), 성과 대비 보상 부족(11.6%), 과도한 업무량/실적압박 (10.9%)의 순으로 나타났다[12]. 비교해 보면 과도한 업무량과 워라밸 부족, 직무 부적합성은 번아웃 원인의 비슷한 요인으로 나타났다. 여기에 2021년에는 코로나 상황 장기화라는 새로운 요인이 나타났다.

번아웃 솔루션은 정답이 아닌 해답이 필요하다. 기존의 방법들이나 다른 나라 매뉴얼을 그대로 답습해서는 안 된다. 번아웃은 어떤 특정한 분야, 현상, 직업에만 국한되어 나타나지 않고 사회적 환경이나 변화에 따라 다르게 나타나기 때문이다. 각 조직과 사회, 개인이 번아웃에 대한 인식을 명확히 하고 문제 해결 필요성을 제기하며 다양한 해법을 찾아보고 해결해 나가야 한다.

지금까지 번아웃 데이터 리터러시를 통해 번아웃 요인에 대한 일/직업적 측면에서 접근해 보았다. 성별의 직업적 특성, 연령대별 나타나는 사회적 경험, 또는 일주기에 따라 번아웃 요인은 다양하게 나타남을 알 수 있었다. 직장에서 겪는 번아웃 증후군에 대한 대책은 개인의 특성과 직무 및 조직 차원에서 분석하고 변화하는 사회·문화적 요인을 고려하여 정형화된 대처보다는 우리나라 조직에 맞는 유연한 대처방안이 필요해 보인다.

번아웃 데이터 리터러시
(일상생활 편)

번아웃은 누구에게
전이될까?

스위트 홈 VS 번아웃 홈

경기도 판교 신도시 내 대기업에 근무하는 함노곤(46세) 씨는 오늘도 7시를 넘겨 퇴근했다. 집이 가까워 그나마 다행이다. 집에 도착하니 8시. 문을 열고 집에 들어가자 이내 아내가 퇴근하고 들어온다. 아내는 서울에 있는 중소기업에 다니는 워킹맘이다. 대중교통을 이용하는 아내는 항상 같은 시간에 퇴근한다. 집에 들어오자마자 세탁기를 돌리고 집 정리를 한다. 그런 아내를 보면 괜스레 눈치가 보여 함노곤 씨는 재활용을 정리한다. 뒤이어 중학생 아들이 학원을 마치고 피곤한 얼굴로 들어온다. 아들은 학교가 끝나면 학원 코스를 돌고 9시가 다 되어 집에 들어온다. 현관문 벨이 울린다. 이번에는 배달 음식이다. 다 같이 앉아 조용히 늦은 저녁을 먹고 함노곤 씨는 거실, 아내는 침실, 아들은 방으로 들어간다.

위 사례는 한 번쯤 들어 봤을 듯한 혹은 우리 집과 별반 다르지 않은 익숙한 모습일 수도 있다. 우리 사회는 급격한 성장과 함께 사회 전반적으로 큰 변화를 겪어 왔다. 2020년에는 GDP 순위 10위라는 성적표를 받았다. 전 세계를 상대로 전체 10등을 한 셈이니 훌륭한 성적이 아닐 수 없다. 하지만 양적인 성장만큼 질적인 성장도 함께 이루어졌을까?

번아웃 증후군을 예방하기 위해서는 일상의 행복감을 통해 감정적 소진을 막고 삶의 질 향상을 위한 개개인 선택의 주체성, 자율성을 높여 비인격화를 낮추어야 한다. 또한, 노력에 따른 공정한 보상이 주어져야 성취와 보람을 통해 번아웃 되는 것을 예방할 수 있다. 행복을 느끼게 하는 여러 가지 요인들은 개인의 삶뿐만 아니라 사회의 질도 높일 수 있고 번아웃을 막기 위한 심리적 방어막이 되어 준다. 그렇다면 우리나라는 행복이라는 심리적 방어막이 잘 형성되어 있을까?

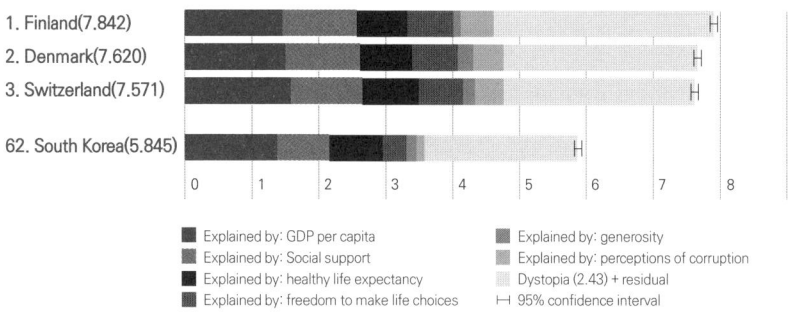

'2021 세계 행복 보고서'에 나타난 우리나라의 순위는 10점 만점에 5.845로 95개국 중 62등이다. 전체 10등 우등생이지만 전혀 행복하지

않다는 것이다. 심지어 2019년 5.872에서 2020년도 5.845로 하락했다. OECD 국가만 비교해 보면 37개국에서 35위로 꼴찌인 셈이다. 비슷한 문화권인 동아시아 국가로 나눠서 비교해 봐도 대만 24위, 일본 56위, 한국 62위, 홍콩 77위, 중국 84위로 꼴찌는 아니지만 역시나 하위권이다.

세계 행복 보고서의 국가 순위는 1인당 국내 총생산량, 사회적 지원, 건강수명, 삶을 선택할 자유, 포용성, 부패인식 등으로 결정된다. 행복지수가 높은 나라와 비교해 보면 삶을 선택할 자유와 포용성, 그리고 부패인식이 매우 낮다는 사실을 알 수 있다. 부패인식지수는 국제 투명성 기구 통계를 보면 이해하기 쉽다. 국제 투명성 기구는 매해 월드뱅크 등 13개 국제기관의 국가분석 전문가들에게 국가별로 공공 부분 부패 정도에 대해 조사하여 발표한다. 2019년 분석 결과를 보면 부패인식지수는 5.9로 37개국 중 27위로 하위권이다.

일은 열심히 하지만 보수적인 조직구조와 성과 위주의 문화 등, 다양한 삶을 선택할 수 있는 자율성은 낮고 공정한 보상이 주어지지 않는다. 번아웃을 일으키는 주요 요인과 같다. 이와 같은 개인의 행복을 저해하는 요소는 번아웃 위험성을 증가시키는 원인으로 작용한다. 번아웃을 벗어나기 위해서는 행복을 통해 소진된 몸과 마음을 회복시켜야 하는데 채워지지 않는 것이다. 번아웃에서 빠져나올 수 없는 악순환이 지속되는 것이다.

소진되는 악순환에 시달리는 우리는 이 고리를 끊기 위한 휴식과 충전이 절실히 필요하다. 투우장의 황소가 대결 도중 케렌시아로 들어가 숨을 고르고 다시 기운을 얻는 것처럼 자신만의 케렌시아에서 다시 에너지를 얻어야 한다. 케렌시아의 최적 장소는 바로 가정이 될 수 있다. 하루를 열심히 보내고 집으로 돌아와 가족과 정서적 교감을 통해 위로와 힐링을 얻고 에너지를 채우는 것이다.

가족관계에서 느끼는 만족감은 주관적 안전감에 큰 영향을 미치면서 행복한 삶의 조건으로 작용하기 때문이다. 이러한 만족감은 살아가는 데 정신적 육체적 에너지를 얻을 수 있으며 번아웃을 예방하기 위한 심리적 방어막이 되어 준다. 하지만 안타깝게도 우리에게 집은 케렌시아 역할을 하지 못하는 경우가 많다. 통계청이 발표한 '생활시간 조사' 보고서에 따르면 2014년도 전 국민(10세 이상)이 가족과 함께한 시간은 1일 평균 [2시간 7분]으로 나타났다. 가정관리(가족이나 가구를 위한 가정 유지 관리 활동)[1시간 32분], 가족·가구원 돌보기[23분], 관련 이동 시간[12분] 순위이다. 2019년도는 [3시간 32분]으로 14년도에 비교하면 가족과 함께하는 시간은 늘어났다. 하지만 이동 시간[1시간 36분], 가정관리[1시간 34분], 가족·가구원 돌보기[22분]으로 오히려 가족을 보살피는 시간은 줄었다. 즉 가사노동을 제외하고 가족과 함께하는 시간이 고작 22분 정도라는 것이다. 장거리 출퇴근과 교통체증으로 인한 이동 시간은 8배나 늘었다. 스트레스시간은 늘고 행복의 시간은 줄었다. 가족과 마주할 수 있는 시간이 적으니 대화시간도 당연히 적을 수밖에 없다. 각자 바쁜 생활로 소통은 점점 줄고 가족관계를 멀어지게 하여 결국, 가족을 통해 얻어질 수 있는 정서적 안전감 또한 사라지는 것이다.

가족은 개인에게 정서적, 육체적, 재정적 보살핌을 통해 행복을 준다. 번아웃 된 일상에서 서로 돌봄과 심리적 안정을 통해 다시 회복해 나아갈 시간마저 주어지지 않는 실정이다. 최근 코로나로 인해 하이브리드식 근무로 조직이 변화하고 있다. 재택 근무와 사무실 근무를 혼합하여 업무와 직원 웰빙의 조화를 이루는 방식이다. 5년 사이에 이동 시간이 8배나 늘어난 상황을 고려한다면 이러한 혼합형 재택근무를 통해 출퇴근으로 인해 소비되는 에너지를 막고 가족과 함께할 수 있는 시간을 돌려줄 수 있다. 이러한 변화들은 번아웃을 예방할 수 있는 좋은 솔루션이 될 수도 있다.

엄마의 번아웃: 엄마의 시간

가정에서의 행복은 모든 가족이 함께 노력해야 하지만 그중에서 엄마는 심리적 안정감을 제공하는 데 중추적인 역할을 한다. 엄마가 행복해야 자녀가 행복하다는 말처럼 말이다. 그렇다면 엄마는 번아웃으로부터 가족들을 지켜 줄 보호막이 되어 줄 수 있을까?

2020 삶의 질 보고서에 따르면 남성보다 여성이 가족관계 만족도가 더 떨어지고 있으며 나이가 많아질수록 만족도가 낮아진다고 보고했다. 이유를 살펴보면 남성과 여성의 가사노동에 들이는 시간 사용 차이가 하나의 원인이 될 수 있다. 맞벌이 가구의 남편과 아내의 수면시간은 큰 차이가 없으나, 일 관련 시간과 가사 노동시간은 차이가 크게 나타났다.

일 관련 시간은 남편이 아내보다 1시간 13분 더 많았지만, 가사노동시간은 아내가 2시간 13분 더 많았다. 또한, 필수시간(수면, 식사, 개인 유지 등)은 11분, 의무시간(일, 학습, 가사노동 등)은 4분 더 여자가 많았고, 여가는 여자가 15분이 더 적었다. 한마디로 여성이 남성보다 더 많이 일하고 더 적게 쉰다는 것이다. 노동시간은 많고 쉴 수 있는 여가는 부족해 가족관계에 대한 만족도가 떨어지고 나아가 번아웃에 빠지는 원인이 된다. 치유의 공간이 되어야 하는 '스위트 홈'이 가사노동으로 인해 '번아웃 홈'이 되어 버린 것이다. 특히 코로나는 이를 더욱 부추겼다. 재택근무가 이어지고 자녀들은 학교에 가지 않고 온라인 학습을 한다. 그렇다 보니 전업주부 여성의 자녀 돌봄 시간는 3시간이 늘어나 평균 12시간을 넘기게 되었다. 일반 직장인과 비교하면 1일 근로시간 8시간을 채우고도 점심시간, 저녁시간, 쉬는 시간도 없이 밤 10시까지 야간근무를 한 셈이다. 거기다 가사노동은 노력 대비 가치 또한 인정받지 못한다. 번아웃을 겪을 수 있는 다양한 요소를 모두 갖춘 셈이다.

더 최악인 상황은 두 가지를 모두 겪어야 하는 워킹맘이다. 기업용 소프트웨어 리뷰 사이트 '트러스트라디우스(TrustRadius)'가 총 450명의 기술 전문가를 대상으로 한 설문조사에 따르면 57%의 여성 인력은 번아웃을 느끼고 있다고 답했고 남성 인력은 36%가 그렇다고 밝혔다. 팬데믹으로 인해 집과 직장에서 늘어난 책임의 불균형 때문이다. 여성 응답자 가운데 43%는 지난 1년 동안 업무에서 추가적인 책임을 맡았다고 답했고 남성은 33%였다. 집에서는 여성의 29%가 육아 부담을 더 많이 떠맡고 있는 것으로 나타났다(남성은 19%였다). 팬데믹 기간 동안 집안일을 도맡아 했다고 밝힌 비율도 남성(11%)과 비교해 여성(42%)이 높았다.[13]

아직도 사회는 여성에게 더 많은 가사노동과 육아의 책임을 묻고 있다. 이러한 사회적 인식과 기업의 조직문화는 더욱더 여성의 번아웃을 가중시킨다. 가정 내에서 여성은 인정받지 못하는 가사노동에 시달리고 있으며 이로 인한 번아웃을 단순한 투정이나 가벼운 우울증으로 치부해 버린다. 집에서도 쉼을 얻지 못한 엄마는 심리적 보호막이 되어 주지 못하고 번아웃은 가족들에게로 전이된다.

번아웃 전이 현상: 번아웃 되는 아이들

한 마차 기사가 저녁 연회에서 주인에게 꾸중을 들었다. 그는 매우 화가 난 채 자신의 정원으로 돌아왔지만, 제시간에 자신을 맞이하지 못한 관리원에게 한바탕 화를 퍼부었다. 관리원은 마음속에 울화가

> 치밀어 집으로 돌아온 후 별거 아닌 이유로 자신의 아내에게 한바탕 욕을 했다. 억울한 아내는 아들이 침대에서 깡충깡충 뛰는 것을 보고 아들의 뺨을 한 대 때렸다. 영문도 모르고 뺨을 맞은 아들은 기분이 극도로 나빠져 옆에서 뒹굴고 있는 고양이를 발로 찼다.

심리학에서 말하는 '걷어차인 고양이 효과'의 우화이다. 우리도 한 번쯤 누군가에게 화풀이한 적이 있을 것이다. 하지만 어느 쪽이든 긍정적인 감정보다 부정적인 감정이 남아 있게 된다. 불편하고 나쁜 감정은 전염성이 강하다. 지위가 높은 사람이 낮은 사람에게 또는 강자가 약자에게 전달한다. 그렇다면 번아웃 된 부모 밑에서 자라는 우리 아이들은 안전할까?

번아웃은 병원에서 병원균이 감염되듯 사람들과의 관계 속에서 확산한다고 한다. 예를 들어 팀장이 번아웃이 되면 팀원들도 번아웃 현상을 겪게 되고 결국 팀 전체가 번아웃 된다는 것이다. 이것이 바로 번아웃 전이 현상이다. 번아웃 된 남편이 집으로 돌아와 무기력하게 누워만 있게 되면 아내는 독박 육아와 집안일로 번아웃을 겪게 된다. 번아웃 된 부모로부터 자녀 또한 번아웃이 전이될 수밖에 없다. 자녀들에게 번아웃이 전이되지 않도록 하기 위해서는 심리적 방어막이 있어야 하는데 잘 이루어지고 있을까? 심리적 방어막이 되어 줄 '행복'이라는 키워드로 데이터를 분석해 보았다.

2020년 유니세프 발표 어린이 웰빙지수 순위(OECD 및 EU 회원국 중 38개국 대상)

☐ 상위 3분의 1 국가 ▨ 중간 순위 국가 ▨ 하위 3분의 1 국가

순위	국가	정신적 웰빙	신체적 웰빙	학업 및 사회능력
1	네덜란드	1	9	3
2	덴마크	5	4	7
3	노르웨이	11	8	1
4	스위스	13	3	12
5	핀란드	12	6	9
6	스페인	3	23	4
7	프랑스	7	18	5
8	벨기에	17	7	8
9	슬로베니아	23	11	2
10	스웨덴	22	5	14
11	크로아티아	10	25	10
12	아일랜드	26	17	6
13	룩셈부르크	19	2	28
14	독일	16	10	21
15	헝가리	15	21	13
16	오스트리아	21	12	17
17	포르투갈	6	26	20
18	사이프러스	2	29	24
19	이탈리아	9	31	15
20	일본	37	1	27
21	**한국**	34	13	11

자료: 유니세프, 「Worlds of Influence: Understanding What Shapes Child Well-being in Rich Countries」, 2020. 9.

2020년 유니세프가 발표한 어린이 웰빙지수 순위를 보면 한국은 신체건강 및 학업능력은 상위권이나 정신적 웰빙은 38개국 중 34위이다. 열심히 일하지만 행복하지 않은 성인들과 비슷하다. 2019년 한국 어린이·청소년 행복지수 조사 결과를 보더라도 주관적 행복의 지수는 OECD 22개국 중 20위이다. 행복하지 않은 어른들과 아이들이 사는 우리나라의 슬픈 현실이다.

어떻게 하면 행복이라는 심리적 방어막을 만들 수 있을까? 한국 어린이 청소년 행복지수(2019) 연구 결과 보고서에 의하면 행복을 위해 가장 필요한 것으로 관계적 가치(동성 친구, 이성 친구, 화목한 가정)를 뽑은 학생들의 행복점수가 높았다. 개인적 가치(건강, 자유, 종교, 시간), 물질적 가치(돈, 성적 향상, 자격증)보다 초, 중, 고등학교 관계없이 관계적 가치가 중요하다고 생각하는 친구들이 행복감을 더 많이 느꼈다.

안타까운 현실은 고등학교로 진학하면서 관계적 가치를 선호하는 학생들은 줄어든다. 성적 위주의 교육문화 속에서 점점 물질적 가치를 선택하는 비율이 높아지고 그만큼 행복 그룹의 비율도 낮아진다. 진학할수록 학업에 대한 부담감과 압박이 높아지면서 행복을 채울 수 있는 관계 시간은 줄어든 것이다. 자율성이 배제된 학습환경에서 무기력감을 느끼고 노력해도 끝나지 않는 경쟁은 번아웃을 겪게 만들기도 한다.

아이들이 관계적 가치 속에서 얻는 행복감을 통해 더 소진되지 않도록 예방해야 한다. 관계적 가치에는 화목한 가정도 포함되어 있다. 하지만 심리적 안전감을 주어야 가정에서는 함께할 시간이 모자라고 일에 지친 부모는 따뜻한 위로와 응원의 말을 건넬 에너지가 부족하다. 심리적 위안을 얻지 못한 아이들은 또 다른 사회적 문제로 나타난다.

채워지지 않고 누적된 소진은 학년이 올라갈수록 자살 충동 비율이 초등학교 20.1%, 중학교 27.6%, 고등학교 28.7%로 높아지는 하나의 원인이 되기도 한다. 우리나라 10대의 자살률은 4.9명으로 OECD 국가 중 7위로 상위권이다. 2020 자살 예방백서에 따르면 평상시 스트레스를 많이 느끼는 학생은 자살 생각이 그렇지 않은 학생에 비해 26.6% 더 높았고, 우울감을 경험하는 학생은 그렇지 않은 학생과 비교해 자살 생각이 34.3% 더 높았다. 또한, 5시간 미만으로 수면시간을 갖는 학생들은 자살 생각이 19.2%로 가장 높았다. 학업에 대한 스트레스와 우울감은 정서적 소진을, 성적향상을 위한 부족한 수면시간은 신체적 소진을 일으킨다. 번아웃을 악화시키는 주요한 요인이다. 우리 아이들이 모두 다 소진되어 버리기 전에 심리적인 안전감과 충분한 휴식을 제공하여 번아웃을 이겨낼 수 있도록 심리적 방어막을 만들어 줘야 한다.

앞서 관계적 가치를 중요시했던 친구들이 더 많은 행복감을 느꼈다고 했다. 이와 유사한 결과로 어머니와 아버지의 관계성이 높은 친구들이 자살 생각이 더 낮게 측정되었다. 학생들이 번아웃을 이겨내기 위해서는 화목한 가정 안에서 서로 채워 줄 수 있는 관계성을 회복할 시간이 필요하다는 말이다.

아빠의 번아웃은 엄마에게로 엄마의 번아웃은 자녀에게로 전이된다. 가정 내에서 번아웃은 직무에 대한 의욕 저하, 피로감, 무기력함을 느끼며 직장에도 번아웃을 전이시킨다. 번아웃은 연쇄작용처럼 사회 전반적으로 부정적인 영향을 미치고 있다. 이에 심각한 사회적, 개인적, 조직적 문제를 일으킨다. 이는 꼭 해결해야 할 시급한 사회적 문제이며 이에 따른 통합적인 솔루션이 시행되어야 한다.

번아웃 리터러시를 정리하며

번아웃은 언제든 누구에게나 찾아올 수 있으며
쉽게 전이되어 사회전체가 번아웃 될 수 있다.

인풋은 없는데 아웃풋만...

"인풋은 없는데 아웃풋만 힘이 들어가서 번아웃이 오지 않게 뫼비우스 띠를 빨리 끊어야지…"

2021.03.31. 소셜 채널에 올라온 번아웃에 관한 글이다. 현재 우리나라는 인풋 없이 아웃풋만 중요시하는 사회이다. OECD 평균보다 근로시간은 많고 임금은 상대적으로 낮았다. 성장을 위한 아웃풋은 강요되고 공정한 보상과 행복을 위한 자유, 회복의 시간은 적었다. 인풋이 턱없이 부족하다. 또한, 인풋 될 수 있는 가족과의 시간마저 부족하다. 이러한 현상이 OECD 국가 중 삶의 만족도 최하위, 자살률 최상위, 어린이 정신적 웰빙

지수 최하위의 결과를 얻게 하였다.

#1

항상 우수한 성적을 유지하고 친구들과도 사이좋게 지내며 인성도 좋은 김제니 양은 학교에서 누구에게나 인기 많은 학생이다. 모든 게 다 완벽해 보였던 김제니 양은 영어 작문 시험에서 백지를 제출해 모두를 놀라게 했다. 시험 문제는 '최근에 가장 행복했던 경험을 쓰시오.'였다.

#2

대기업에 다니는 이부럽 씨는 동네에서 가장 잘나가는 워킹맘이다. 남편은 IT 기업 과장이고 딸은 예의 바르고 성적도 우수해, 모든 사람에게 부러움의 대상이 되었다. 하지만 그녀는 낮에는 업무에 시달리고 밤에는 집안일과 딸 학업을 관리하느라 늘 시간이 부족해 만성피로에 시달렸다. 성적이 우수한 딸을 위안 삼아 버티고 있었지만, 어느 날 학교에서 딸이 시험지를 백지로 냈다는 연락에 억장이 무너지고 말았다.

#3

IT 기업 과장인 김최고 씨는 조직 내에서 살벌한 경쟁을 뚫고 과장까지 승진하였다. 동기들 사이에서는 초고속 승진이었고 대기업에 다니는 아내와 예쁜 딸을 둔 김최고 씨는 모두 다 가진 완벽한 남자로 불렸다. 하지만 김최고 씨는 실적에 대한 압박과 은퇴에 대한 불안감에 늘 야근을 하며 일중독에 빠져 있다. 어느 날 아내로부터 딸이 시험지를 백지로 냈다는 연락을 받았다. 잦은 야근으로 피곤한 상태였던 김최고 씨는 자녀 교육 문제도 해결하지 못하냐며 아내에게 화를 냈고 결국 일에도 집중하지 못해 몇 달을 준비해 온 프레젠테이션을 망치고 말았다.

드라마 시나리오가 아니다. 번아웃 도미노가 불러온 우리들의 자화상이다. 번아웃 현상은 일과 삶이 서로 상호작용되어 부정적인 영향을 미치며 결국 사회 전체적으로 전이돼 행복하지 않은 국가를 만드는 것에 일조한다. 각 데이터와 통계들은 현재 우리나라가 번아웃 위험도가 높은 나라임을 명확하게 보여 준다. 이제는 아웃풋이 아닌 인풋으로 돌아가야 할 때다. 단, 단기적 관점과 형식적인 방법이나 개인의 문제로만 다루어서는 안 된다.

아이들의 번아웃 예방법은 가족과 함께할 수 있는 시간이다. 일과 육아에 시달리는 여성의 번아웃 예방법은 온전한 쉼과 함께 육아와 살림은 여성이 아닌 가족 구성원 모두의 영역이라는 사회 전체의 인식개선이다. 자살률이 급격하게 높아지는 40대 남성에게는 직무 효능감을 높이고 스트레스와 은퇴에 대한 불안감을 감소시킬 수 있는 조직문화 개선과 사회적 제도지원이 필요하다. 혼합형 재택근무와 유연한 근무시간을 통해 가족이 함께할 수 있는 시간을 돌려주고 서비스직의 감정노동에 대해서는 비인격화를 막을 수 있는 보호막을 만들어야 한다. 이처럼 번아웃은 발생하는 원인도 다양하고 그에 따라 해결 방법도 달라야 한다.

데이터 리터리시를 통해 번아웃이 나타나는 우리나라의 현상을 짚어 보았다. 자녀들은 충분한 돌봄을 받지 못하고 끝나지 않는 경쟁 속에서 소진되고 있다. 여성은 일과 육아라는 두 개의 짐을 안은 채 힘겹게 버텨 내고 남성은 치열한 경쟁 속에서 살았지만 결국 나이가 들수록 찾아오는 무기력함과 허무함에 병이 든다. 번아웃은 개인적 문제를 넘어 조직적, 사회적 문제로 확대되고 있다는 사실을 데이터를 통해 명확하게 확인했다. 단순히 개인적인 문제로만 넘겨서도 안 되며 사회 전체가 적극적으로 나서 예방할 수 있도록 통합적인 관리를 해야 한다. 이제 인풋을 위한 쉼은 선택이 아니라 필수이다.

3장

번아웃,
원인파악이 해결의 시작!

번아웃을 잘 해결하고자 한다면 명확한 원인파악이 우선이다. 스트레스와 비슷한 듯 다른 번아웃의 원인을 개인적, 조직적 측면에서 그리고 관계적, 업무적 측면에서 살펴본다. 같은 상황이지만 다른 결과를 이끌어 내는 핵심요소는 무엇일까? 번아웃의 통합적 관리를 위한 첫걸음! 정확한 원인분석을 통해 알아본다.

01
번아웃의 원인 파악,
왜 해결의 시작일까요?

> 복합적 증상인 번아웃,
> 정확한 원인파악이 우선되어야 한다.

스트레스와 번아웃, 구분이 필요하다?!

"다이너마이트가 터졌습니다."

 2020년 8월 말 연일 언론을 뜨겁게 달군 소식이 있었다. 방탄소년단의 신곡 '다이너마이트'가 빌보드 싱글 차트 1위를 차지한 것이다. '다이너마이트'는 코로나 19로 지친 전 세계인들을 위한 희망과 위로의 메시지를 담고 있는 곡이다. 현재까지도 빌보드 정상은 BTS의 또 다른 곡들로 채워지고 있다. 물론 이런 성과의 이면에는 각자의 성숙의 시간도 필요했다. 평소 이들이 곡 작업이나 무대 준비 시 겪는 스트레스는 잘 알려진 바이다. 특히 멤버 진은 자신의 생일을 맞아 솔로곡을 발표하면서 그동안의 힘들었던 얘기를 담담히 풀어냈다. "어비스(Abyss)는 번아웃을 겪으며 느낀 감정을 써 내려간 곡이다. 슬픈 감정을 팬분들과 공유하고 싶진 않지만 그게 음악이라면 얘기는 다르다."라는 멘트로 진은 본인의 심경을 전했다[1]. 그동안 겪었던 자신의 감정들이 누적되어 결국 번아웃에 이르게 된 것이다. 이렇듯 견디기 힘든 과도한 스트레스는 번아웃을 초래하기도 한다. 진은 상담도 받고 그가 느낀 감정을 노래로 표현하면서 극복했다. 현재 느끼고 있는 본인의 내적 상태를 자신이 하는 일과 결부시켜 잘 승화시킨 사례이다.

스트레스와 번아웃은 누구에게나 삶의 모든 면에서 나타날 수 있다. 또한, 다수의 사람은 이 둘을 비슷하게 이해하고 있다. 스트레스에 지속적으로 노출되면 번아웃 상태가 될 수 있기 때문이다. 하지만 엄연히 두 개념 간에는 차이가 있다.

첫째, 번아웃은 스트레스와 달리 긍정적 측면을 찾아볼 수 없다. 스트레스는 일반적으로 부정적인 면뿐만 아니라 발전적인 요소도 있다. 스트레스로 인해 발생하는 에너지를 잘 활용한다면 우리 삶의 동력이 될 수도 있기 때문이다. 반면, 번아웃은 극심한 무기력으로 내면적 고갈 상태에 이르는 것을 일컫는다. 공허함과 무기력 속에서 긍정적 변화를 위한 돌파구를 찾기란 쉽지 않은 것이다.

둘째, 번아웃은 인식의 전환에 따라 다르게 보이지 않는다. 어떻게 생각하느냐에 따라 달라질 수 있는 차원의 문제가 아니다. 반면에 스트레스는 우리가 어떻게 바라보느냐에 따라 같은 자극이더라도 신체적 반응까지 달라진다. 스탠퍼드 대학의 켈리 맥고니걸(Kelly McGonigal) 심리학 교수는 8년간 미국의 성인 3만 명을 추적한 연구 결과를 발표했다[2]. 스트레스 자체보다 그것을 인식하는 우리들의 관점이 중요할 수 있다는 내용이다. 실질적으로 스트레스의 해로움보다 우리가 '스트레스는 해롭다'라고 여기는 믿음 자체가 더 문제다. 스트레스에 대한 인식을 긍정적으로 바꿀 수 있다면 삶의 에너지로 전환시켜 성장할 수 있다. 최근에 인식의 근원에 초점을 맞추는 연구들이 이어지는 것이 그에 대한 방증이다. 하지만 번아웃은 예방하거나 피할 수 있다면 그렇게 해야 한다.

셋째, 번아웃은 탈진, 냉소, 능률저하를 모두 포함하고 있어야 한다. 극심한 신체적, 정신적, 정서적 피로감인 탈진과 업무에서 심리적으로 멀어지는 냉소, 그리고 성취감이나 생산성 감소와 관련 있는 능률저하를 의미한다. 1981년 매슬라크(Christina Maslach) 교수에 의해 개발된 MBI(Maslach Burn-out Inventory) 기준이다. 조직 심리학자인 마이클 리터(Michael Leiter)는 매슬라크(Maslach)와 함께 쓴 저서 「번아웃에 관한 진실」에서 "번아웃과 탈진을 같은 것으로 간주하는 것이 번아웃에 대한 가장 큰 오해다."라고 했다. 심한 스트레스의 누적이 탈진을 일으킬 수 있지만, 스트레스가 아무리 심하더라도 모든 경우가 번아웃으로 연결되는 것은 아니다. 수시로 환자를 돌보아야 하는 의료계 종사자들은 특히 요즘 엄청난 피로와 스트레스를 경험한다. 하지만 자신이 하는 일이 소중하고 의미 있다고 생각한다면 번아웃은 아니다. 과도한 스트레스 상황과 탈진을 경험하더라도 냉소를 수반하지 않는다면 번아웃으로 볼 수 없다. 이렇듯 번아웃 증후군은 다양한 증상의 복합적 결과이다.

번아웃, 인지하는 것만으로 해결은 시작

"직장인이 다 그런 거지. 뭐."
"요즘 같은 팬데믹 시대에 안 힘든 사람이 어디 있어?"
"현대인의 80%는 번아웃이래."

주변에서 흔히들 하는 얘기다. 번아웃이 다양한 증상으로 찾아오기 때문에 바쁜 삶을 살아가는 사람들은 당연히 겪는 현상이라고 넘기는 것이다. 그러나 가장 큰 문제는 번아웃에 대한 인식이다. 잘 버티다 보면 언젠가는 지나가는 그런 증상이 아닌 것이다. 스트레스는 누구나 경험하지만, 번아웃은 다르다.

번아웃의 표현 자체는 '하루아침에 다 타 버린 재'라는 의미로 쓰이지만, 한 사건을 계기로 어느 날 갑자기 찾아오지는 않는다. 무의식적으로 우리를 괴롭히는 미세 스트레스(Micro Stress)와 같이 번아웃 역시 서서히 진행되는 점진적 현상이다. 큰 대형사고 한 번의 뒤에는 수백 번의 가벼운 징후가 반드시 존재한다는 하인리히 법칙처럼 번아웃 역시 작은 조각들이 수없이 잠재해 있다. 일상적인 삶의 한 부분으로 받아들이고 인지하지 못할 뿐이다. 마이크로 번아웃(Micro Burnout)이라 할 수 있는 이 전조증상을 그냥 넘겨서는 안 된다. 자기 자신을 깊게 관찰하며 의식을 스스로 비추는 연습이 필요하다. 그래야 몸과 마음에서 전해 오는 시그널을 알 아차릴 수 있다.

번아웃의 통합적 관리, 명확한 원인 파악이 먼저

　번아웃의 신호 파악부터 원인 및 해결방안은 통합적으로 관리되어야 한다. 통합적 관리를 위해서는 객관적이고도 정확한 원인 분석이 우선 되어야 한다. 번아웃의 시작점이 개인적 차원인지, 조직적 측면에서 비롯된 것인지를 구분하는 것이 중요하다. 또한, 관계적 문제인지 업무 차원에서 살펴야 하는지를 나누는 것 역시 해결에 있어서 핵심적인 요소이다.

　"회의할 때면 자신의 부서 성과에만 집중해 있고, 전혀 다른 부서의 일에는 관심이 없습니다. 협업해서 일해야 하는 상황임에도 불구하고 굳이 정보를 공유하려 하지 않아 아주 곤란합니다."

　기업의 리더들이 자주 하는 하소연이다. 조직마다 약간의 차이는 있겠지만 구성원이 조직 전체를 보고 자신의 업무를 연결 지어 수행한다는 것이 쉽지는 않다. 자신에게 주어진 일만 근시안적으로 처리하기도 바쁘기 때문이다. 그러나 조직의 경영 측면에서 전체 시스템을 효율적으로 관리하기 위해서는 부서별로 어떤 역할을 하는지, 서로 어떻게 연계되어 있는지 파악하는 일은 매우 중요하다. 연구기획과 개발에서부터 제품 홍보에 이르기까지 모든 부서는 가치사슬로 연결되어 있기 때문이다. 즉, 제대로 된 시스템의 작동원리를 알기 위해서는 각 부서의 역할과 상호작용이 전체에 미치는 영향을 정확히 파악해야 한다. 번아웃도 마찬가지다. 다양한 원인이 얽히고설켜 발생하기 때문에 입체적으로 들여다봐야 함과 동시에 각각의 원인 분석 또한 명확히 할 필요가 있다. 이어서 번아웃에 대한 인지의 중요성을 바탕으로 원인에 대해 구조화시켜 조금 더 자세히 알아보자.

02

나의 삶 속에 스며든 번아웃 알아차리기!

2×2 매트릭스의 사적 분면을 통해 삶 속에서 발생하는
번아웃의 원인을 들여다보자.

번아웃 원인의 다양한 측면

앞에서 언급한 바와 같이 번아웃은 어느 한 가지 원인에 의한 단편적인 현상이 아니라 복합적으로 나타나는 증상이다. 개인적 특성에서 원인을 찾았던 초기 연구와는 달리 최근에는 조직적 차원, 사회문화적 측면 등 다양한 관점에서의 접근을 시도하고 있다. 매슬라크(Maslach)교수와 공동연구자들은 업무 과부하, 업무 자율성 부족, 충분하지 않은 보상, 공동체 의식 결여, 형평성 부족, 일과 가치의 충돌 등 6가지로 번아웃의 원인을 구별하고 있다.[3] 한국형 번아웃 증후군의 형성과정과 대처방안을 다룬 논문에 의하면 개인적 환경, 직무환경, 조직이나 사회문화, 국가적 차원으로 원인을 구분하고 있다.[4] 또한, 한국의 기업 경영자들 관점에서 번아웃을 다뤘던 한 논문에서는 직무 과부하, 인간관계 갈등, 사회적 지지 이슈, 공

정성 이슈, 업무대처 능력 부족, 자율성 및 의사결정 과정의 참여 부족, 보상 이슈, 가치관 갈등 등을 원인으로 제시했다[5]. 그 외에도 학자마다 다양한 기준으로 번아웃의 원인을 분류하고 있다. 이를 종합하여 구조화시켜 보고자 한다.

번아웃 원인 분석을 위한 2×2 매트릭스

번아웃의 원인은 매우 다양하다. 번아웃의 통합적 관리를 위해서는 원인 역시 통합적 관점에서 살펴봐야 한다. 조금 더 체계적인 분석을 위해 번아웃의 원인을 4가지 영역으로 구분하고 2×2 매트릭스로 구성했다.

번아웃 원인 분석을 위한 2×2 매트릭스

조직

② 공적 관계영역	공적 업무영역 ①
심리적 안전감 결여 상사의 리더십 부재 공동체 의식 결여 사회적 지지(상사, 동료) 부족	비합리적 업무량 비전략적 협업 자율성 부족 충분치 않은 보상 형평성, 공정성, 투명성 부족

관계 ─────────────────── 업무

외부를 향한 과도한 인정욕구 지나친 융화력(Yes 증후군) 환심을 사기 위한 욕망 높은 불안감	지나친 타인부여 완벽주의 업무대처 능력 부족 과도한 몰입 및 책임감 목표 중심 주의의 과잉성취 증후군
③ 사적 관계영역	사적 업무영역 ④

개인

가로축은 관계와 업무로 번아웃의 원인을 분류한다. 세로축은 개인적 측면과 조직적 측면에서 원인을 나누고 살펴본다.

1. 공적 업무영역(1사분면)

'아, 또 회의야. 결론도 없는 비효율적인 회의. 맨날 반복이야.'
'일이 많아도 너무 많아. 다 귀찮아!'

조직적 측면에서 업무와 연관되어 번아웃이 일어나는 경우이다. 이는 번아웃을 '장기간 지속하는 직무 스트레스의 특별한 증상'으로 인식했을 때 가장 부합하는 영역이다. 단순한 업무 과부하에서부터 업무처리 과정에서 드러나는 형평성 부족, 자신의 의지대로 일을 진행할 수 없다는 자율성의 한계까지 이 영역에서의 번아웃 원인은 다양하다.

2. 공적 관계영역(2사분면)

"박 부장은 항상 나한테만 트집을 잡아. 아 진짜 회사 다니기 싫어."

조직적 측면에서 관계에 좀 더 집중해서 번아웃의 원인을 정리한 부분이다. 조직에서 대부분 경험하게 되는 심리적 안전감의 중요성, 상사의 리더십 유형에 따른 결과, 동료들을 포함한 사회적 지지의 여부 등이 포함되어 있다. 이런 다양한 요소들이 번아웃을 어떻게 받아들이고 이겨낼 수 있는지의 기준이 되기도 한다.

3. 사적 관계영역(3사분면)

'부모님의 기대가 너무 부담스럽다. 벗어날 수 없을까?'

개인적 측면에서 부딪히는 사람들과의 관계에서 발생할 수 있는 부분이다. 가장 대표적인 원인은 타인에게 의존하는 지나친 인정욕구이다. 그뿐 아니라 모든 사람과 갈등 없이 잘 지내야 한다는 마음이나 누구에게나 친절해야 한다는 압박감이 이 영역에서의 번아웃의 원인이다. 이를 방지하고자 자기인식, 자기신뢰 등이 어느 정도 중요한지도 함께 살펴본다.

4. 사적 업무영역(4사분면)

'아, 더 잘했어야 했는데... 그때 내가 왜 그런 실수를 했을까? 제대로 못 할 바에는 아예 시작도 안 하는 게 낫겠어!'

개인적 측면에서 일 처리 시 갖게 되는 완벽주의의 부정성이 포함된다. 지나치게 높은 목표 설정으로 자신을 갉아먹는 과잉성취 증후군도 이 영역에 해당한다. 또한, 업무에 있어서 과도한 몰입이나 책임감이 번아웃을 일으킬 수 있음을 이 영역은 시사한다.

이렇듯 복합적으로 산재하여 있는 다양한 원인요소를 객관적 기준으로 분류하면 조금 더 명확하게 그 근원지가 드러난다. 이제 조금 더 자세히 위의 네 영역을 들여다보자.

완벽주의를 추구하는 나인정 씨와 너인정 씨, 같은 상황 다른 결과

니체의 초인도 '번아웃 증후군'을 겪었을까? 라는 어느 신문 매체의 기사가 흥미롭다[6]. 니체의 초인(超人)은 스스로에 대한 엄격함으로 끊임없이 자신을 극복하려 노력하기에 완벽주의자라고 할 수 있다. 그렇다면 완벽주의자들이 흔히 경험한다는 번아웃이 초인에게도 왔을까? 충분히 가질 수 있는 의문이다. 개인적 성향 측면에서 번아웃의 원인은 다양하겠지만 완벽주의는 자주 언급되는 요인 중 하나다.

나인정 씨와 너인정 씨는 같은 회사 동료이다. 둘은 탁월한 업무처리 능력으로 같은 팀 동료들에게 평소 인정을 받는다. 그러나 두 사람이 보여 주는 모습은 닮은 듯 다르다. 둘 다 꼼꼼하고 성실하게 일을 진행하지만 결과가 잘못됐을 때의 반응은 차이가 있다. 나인정 씨는 동료들과 함께 건강한 성찰을 통해 지나가지만, 너인정 씨는 사소한 것 하나라도 맘에 걸리는 게 있다면 여러 가지 핑계를 대거나, 자신을 자책하며 며칠을 쉽게 빠져나오지 못한다. 그렇다 보니 나인정 씨는 관계나 업무에 있어서 그 대응이 자연스럽지만, 반면 너인정 씨는 애쓰는 모습이 어딘지 모르게 어색하고 안쓰럽다. 과연 이들의 차이는 어디에서 오는 것일까?

사례에서 보여 주는 두 동료의 다른 모습은 인정욕구나 완벽주의에서 찾아볼 수 있다. 정신치료 전문의인 라파엘 M. 보넬리(Raphael M. Bonelli)는「완벽의 배신」에서 '완벽주의자'에 대해 다음과 같이 말하고 있다. '완벽주의자는 완전무결을 위해 애쓰는 것이 아니라 다른 사람과 불안감으로부터 자신의 안전을 도모하는 것이다.'[7] 즉, 완벽해지려는 것은 기저에 깔린 두려움 때문이라는 것이다. 자신의 기치기 떨어지고 가진 능력의 실체가 드러날 것에 대한 두려움 때문에 자신과 남을 속여 가며 튼튼한 성을 쌓는 것이다.

허비트와 플랫(Hewitt & Flett)은 완벽주의에 대해 높은 기준부여가 누구를 향하는가에 따라 3가지로 구분했다.[8] 첫째는 자기지향 완벽주의다. 자기 내부로 향하여 높은 기준을 부과하고 엄격하게 자신을 평가하는 것이다. 둘째는 사회부과 완벽주의다. 타인이 자신에게 비현실적인 기대를 하고 있다는 자각을 말한다. 셋째는 타인지향 완벽주의다. 이는 외부로 그 시선이 향하며 타인에게 엄격한 수행 기준과 평가를 요구하는 것이다. 이후 연구자들은 적응적, 정상적, 긍정적 완벽주의와 부적응적, 신경증적, 부정적 완벽주의로 표현하기도 했다.

나의 에너지를 모두 소모해 버린 번아웃의 개념과 연관 지어 여기서는 자신의 내면을 바라보는 시선에 집중해 보자. 따라서 높은 기준을 부여하는 주체에 따라 '자기부여 완벽주의'와 '타인부여 완벽주의'로 구분하고자 한다. '자기부여'는 자신의 결과물이나 행동에 있어서 스스로 높은 기준을 부여하는 정도이며, '타인부여'는 자신에 대한 다른 사람들의 과한 기대와 요구를 인식하는 정도라 할 수 있다. 중요한 것은 얼마나 기대를 받는지보다 그 기대를 얼마나 의식하는지이다. 즉, '인지된 기대'라 할 수 있다.

"인정이란 고통도 능히 즐거움으로 바꾸어 줄 수 있는 무엇"
- 크리스토프 드주르

자기부여 완벽주의는 스스로 세운 기준에 집중하기에 학업이나 업무성과에 긍정적 영향을 미치는 경우가 많으며, 여러 논문에서 관련 내용을 쉽게 찾아볼 수 있다. 하지만, 타인부여 완벽주의의 부정적 영향은 자칫 번아웃을 일으킬 수 있다. 주위로부터 받고 싶은 인정욕구와 결합해 기대에 못 미칠 경우 자괴감에 빠질 수 있기 때문이다. 저서 「인정받고 싶은 마음」에서 심리학자 크리스토프 드주르는 인정에 대해 '고통도 능히 즐거움으로 바꾸어 줄 수 있는 무엇'이라고 표현했다.[9] 인정에 내재하는 힘의 크기가 엄청남을 뜻하며, 중독성 또한 강하다는 의미다. 물론 외부로부터 느끼는 기대가 커도 자신이 부응할 수 있다면 문제 되지 않는다. 하지만 자신의 능력 대비 갖게 되는 부담감에 따라 어떤 이는 심리적 감옥에 갇히게 된다. 20년간 인정욕구를 연구해 온 일본의 조직 경영학자 오타 하지메도 "이번 주 인터뷰 기대하고 있겠습니다."라는 말을 들으면 마음이 무거워진다고 고백했다.

　이런 부담을 조금이라도 덜기 위해서는 자신의 불완전함을 인정하는 용기가 필요하다. 타인의 기대와 인정을 요구하는 본인의 마음을 있는 그대로 바라보자. 그리고 그 안에서 자신이 할 수 있는 한계를 정하는 것이다. 누구에게나 있는 자연스러운 인정욕구가 인정강박이 되지 않으려면 외부의 시선에 집중하기보다 내면의 목소리에 좀 더 의식을 비추어야 한다. 그럴 때 비로소 번아웃으로 연결되지 않을 수 있다. 이때 필요한 것은 자신과의 건강하고도 깊은 연결이다. 또한, 자기인식과 자기신뢰, 그리고 자기연민이 함께 수반될 때 비로소 마음의 짐을 내려놓고 자유로워질 수 있다. 중요한 것은 존재 그 자체의 인정이기 때문이다. 아마도 나인정 씨는 건강한 내면의 인정을, 너인정 씨는 끊임없는 외부의 인정을 바랐던 건 아니었을까?

같은 완벽주의를 추구하더라도 인정의 기준이 내부인지, 외부인지에 따라 번아웃 정도는 다르다. 이는 다음의 설문결과에서도 알 수 있다. 한국스트레스교육협회에서 완벽주의의 종류에 따른 번아웃 정도를 알아보고자 직장인, 학생, 자영업자, 프리랜서, 주부 등 다양한 집단을 대상으로 설문조사를 진행했다. 도표를 통해 파악할 수 있듯이 내적 만족도가 중요한 자기부여의 경우보다 외부의 평가에 민감한 타인부여의 경우가 조금 더 완벽주의 성향을 보였다. 그뿐만 아니라 번아웃을 느끼는 정도도 높았다. 이는 자기 내면에서의 만족보다 타인의 외적 기대에 더 비중을 두는 경우 쉽게 지칠 수 있음을 의미한다.

높은 기준부여의 주체에 따른 번아웃 인식 정도

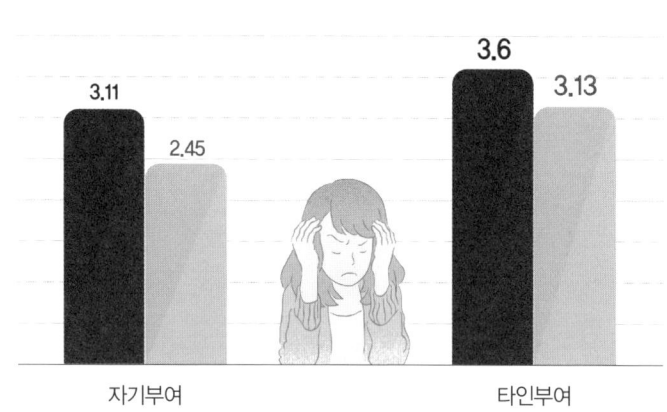

크론바흐 알파 계수: 완벽주의 문항(0.805) / 번아웃 문항(0.940)

물론, 위에서 언급한 요인 외에도 누군가에게 좋은 사람이라는 말을 들고 싶어 하는 유형, 누군가의 부탁을 거절하지 못해 무조건 'yes' 해야 하는 유형, 과도한 책임감으로 자신을 옭아매는 유형 등은 번아웃에 빠지기 쉬우므로 자신을 틈틈이 챙겨야 한다. 이어서, 조직적 측면에서의 관계 및 업무의 영역을 살펴보자.

03
나의 일 속에 스며든 번아웃 인지하기!

2×2 매트릭스의 공적 분면을 통해 업무 속에서 발생하는 번아웃의 원인을 들여다보자.

"나는 주당 120시간 근무했고, 테슬라의 모든 직원은 주 100시간씩 일했다."

전기차 회사 테슬라의 설립자이자 우주개발 기업 스페이스 X의 최고경영자(CEO)인 일론 머스크가 2018년 11월 미국 IT 전문매체 '리코드'와 진행한 인터뷰 내용이다. 그는 테슬라가 살아남기 위해서는 긴 근무시간 밖에 다른 대안이 없다고 주장했다. 이 소식을 접한 미 매체 비즈니스 인사이더는 테슬라, 스페이스 X 등에 의견을 요청했으나 이들은 답변을 거절했다. 이 기사를 읽는 내내 문득 '저 직원들이 인터뷰를 거절한 이유는 뭘까? 그들의 진짜 속내를 어떻게 들여다볼 수 있을까?' 하는 궁금증이 생겼다.

나안전 씨와 나불안 씨의 같은 업무 다른 결과

번아웃의 개인적 측면에서의 원인을 살펴봤다면 이번에는 조직 차원에서 들여다보자.

나안전 씨와 나불안 씨는 직장인 동호회 어플을 통해 만난 사이다. 둘은 하는 직무가 비슷해 처음부터 자연스레 가까워졌다. 둘의 공감 포인트는 사내 무분별한 협업툴 사용으로 너무 피곤하다는 것이다. 하루 동안 본인이 해야 할 업무가 마무리될 즈음 다시 업무가 시작되는 느낌이란다. 이런 생활이 반복된다면 업무 과부하로 점점 지쳐갈 것이 분명했다. 그러나 둘 사이에는 차이점이 있었다. 바로 팀 내 분위기였다. 나안전 씨는 이런 비효율적인 시스템에 대해서 팀원들과 서슴없이 얘기를 나눌 수 있었고, 점차로 팀의 의견이 받아들여지면서 개선의 조짐이 보였다. 그러나 나불안 씨의 상황은 전혀 달랐다. 그의 주변에는 권위적인 팀장과 어느새 학습된 무기력으로 찌든 동료들이 있을 뿐이었다. 사방을 둘러봐도 마음 편히 속내를 털어놓을 수 없는 나불안 씨는 혼자서 끙끙 앓으며 외로운 생활을 이어 갔다.

조직에서의 관계적, 업무적 측면의 중요성을 여실히 보여 주는 장면이다. 앞단의 일론 머스크 일화에서도 짐작해 볼 수 있다. 당시 트위터에는 일론 머스크는 본인 회사기 때문에 그렇나 치나라도 직원들까지 이렇게 고된 시간을 보내는 것에 대해 다양한 반응들이었다. 확실한 것은 과도한 업무량에 대한 객관적 지표는 같을지라도 분명 주관적 인식은 달라질 수 있다. 기준은 바로 조직 내 심리적 안전감, 그리고 상사와 동료들의 지지 여부이다. 나안전 씨와 나불안 씨의 다른 결론 역시 여기서 비롯된다.

심리적 안전감이 주는 힘

"실수는 팀워크가 좋은 병동에서 많이 일어날까? 안 좋은 병동에서 더 많이 일어날까?" 하버드 경영대학원의 에이미 에드먼슨(Amy C. Edmondson) 교수가 대학원 시절 여러 병원의 의료과실을 분석하면서 던졌던 질문이다. 그 당시 팀워크가 안 좋은 팀에서 실수가 더 많이 드러날 것이라는 에드먼슨의 예상과는 달리 실수는 팀워크가 좋은 팀에서 더 많이 발견됐다. 팀워크가 좋을수록 분위기 자체가 개방적이기 때문에 과실을 보고하고 논의하는 일 자체가 활발히 일어났기 때문이다. 실수 자체의 발생 빈도는 양 팀이 비슷할지라도 개방적인 팀은 표면 위로 실수를 드러낼 수 있는 힘이 존재한다.

에드먼슨 교수가 이를 바탕으로 「두려움 없는 조직」에서 제시한 개념이 바로 '심리적 안전감(Psychological Safety)'이다. '심리적 안전감이란 설령 내가 상대방이 불편할 수 있는 반대 발언을 하더라도 그가 나에게 어떤 불이익을 가하지 않을 것이며, 상대방과 나와의 관계가 손상되지 않을 것이라는 믿음'이다. 물론 책에서는 '안정감'으로 번역했지만 최근 학계에서는 안전감으로 통용되고 있다. 그 이유는 한 사람이 안전하게 느끼는 정서와 상태가 개인의 성향보다는 조직의 환경에서 비롯된다고 보기 때문이다. 조직이 어떻게 환경을 조성해 주느냐에 초점을 맞춘 것이다.

구글의 '아리스토텔레스 프로젝트'에서도 증명된 사실이다. 4년에 걸친 조사와 분석에서 최고의 성과를 만든 팀의 비결은 다름 아닌 '심리적 안전감'이었다. 어떤 의견이든 자유롭게 오고 갈 수 있다는 믿음이 팀 전체의 생산성을 높인 것이다. 불편할 수 있는 '방 안의 코끼리'를 표면 위로 자연스레 꺼내

놓고 마주하는 힘은 구성원들의 소통을 돕는다. 반면, 구성원 간에 존재하는 두려움은 다른 관점을 공유하지 못하기에 표면적 대화에 머물 수밖에 없다. 이는 개인적 차원에서만 끝나는 게 아니라 조직에도 부정적 영향을 끼친다.

구성원들은 왜 침묵하는가? 최소한 침묵을 지키면 안전하다고 믿는 개개인의 수동적 마인드, 저마다의 자유로운 의견제시가 자신의 입지를 좁힐 수 있다는 믿음으로 기회 자체를 원천봉쇄하는 리더, 빠르고 정확한 피드백이 이루어질 수 없는 조직적 시스템 등 원인은 다양하다. 조직 내에 두려움이 잠재해 있는 한 개인들은 불필요한 에너지를 쓸 수밖에 없으며 지쳐 간다. 또한, 자신의 업무에 온전히 집중하지 못하기에 번아웃으로 연결될 가능성이 크다. 나불안 씨의 조직환경이 그렇다. 구성원들은 발언에 공포를 느끼며 '어차피 말해 봤자 소용없어'라는 생각에 젖어 있다. 이것이 바로 앞에서 언급한 '학습된 무기력'이다. 본인의 힘으로 무언가를 결정할 수 없다는 자율성 상실은 번아웃으로 이르는 또 하나의 중요한 요소이다. 그에 비해 나안전 씨의 환경은 업무 과부하 상태라도 서로 간의 의견교류를 통해 개선의 여지가 있다는 것이 다른 점이다. 특히, 요즘과 같은 팬데믹 상황에서의 불확실성은 불안을 가중하게 된다. 당신의 조직은 불안을 자유롭게 소통할 수 있는가?

공동체 의식 속의 상사의 리더십 및 동료 지지

직장인 2명 중 1명은 조직 내 스트레스 원인으로 상사를 꼽는다고 한다. 그만큼 리더가 구성원에게 주는 힘은 크다. 영향력은 변함없지만 발휘해야 하는 리더십이 달라졌다. 스킬이나 방법적 측면에서 벗어나 리더 스스로가 가진 내재화된 품성에 집중하기 시작했다. 거래적 리더십, 변혁적 리더십이 직무소진을 완화한다는 연구에서 최근에는 진성리더십 발휘가 구성원이 업무에 몰입하게 하고, 번아웃을 막아 주는 것으로 나타났다[10]. 예측할 수 없는 환경에서 다양한 의견수렴이 절실해진 만큼 진성리더로서 개방성, 투명성, 자신을 내려놓을 수 있는 취약성 인정은 중요한 키워드이다.

사회적 지지 역시 무기력해질 수 있는 상황에서 방패가 되어 준다. 사회적 지지는 다양한 외부 환경, 내부적인 문제나 갈등에 직면했을 때 어려움을 극복해 나가며 성장할 수 있도록 돕는 힘이다. 개인이 다양한 대인관계로부터 받을 수 있는 정서적, 정보적, 물질적 지지를 들 수 있으며, 가족이나 직장동료, 전문가로부터 얻을 수 있다. 조직 내에서 상사와 동료로부터 서로 지지를 주고받을 수 있다면 강한 유대감이 형성될 것이다. 이는 신체적 활력뿐만 아니라 정서적 친근감에도 영향을 미친다. 사회적 지지와 번아웃에 관한 국내의 연구를 살펴보면 실제로 조직 내에서 상사나 동료들의 지지를 받을 때 직무에 대한 스트레스가 줄고, 번아웃을 덜 겪는 것으로 드러났다[11]. 혼자 감당하기 힘든 상황에 부딪혔을 때 함께하는 사람들의 따뜻한 지지는 스스로 회복할 힘을 갖게 하기에 충분하기 때문이다.

조직 측면에서 번아웃의 원인을 탐색할 때는 조직의 특성과 문화를 다양하게 고려해야 한다. 번아웃이 어떤 특정한 요인에 대한 즉각적 스트레스 반응이 아니라 다양한 요소의 누적이기 때문이다. 이렇듯 번아웃 징후는 구성원 개인으로부터 시작하지만, 그 원인은 사적인 요소뿐만 아니라 리더 및 동료와의 소통, 조직 풍토와 문화 등에서도 올 수 있다.

업무 과부하보다 더 심각한 비합리적 업무 상황

업무 과부하는 주어진 시간과 상황, 그리고 자신의 역량에 비해 요구되는 업무와 책임이 너무 과하다는 것을 의미한다. 승진이나 직무변경, 프로젝트 시작 등으로 갑작스럽게 오기도 하지만 개인의 능력에 따라 책임 범위가 늘면서 점진적으로 이뤄지기도 한다. 특히, 역할과 책임이 분명하지 않을 때는 특정 구성원에게 업무가 몰리면서 이로 인한 갈등이 발생한다. 또한, 수평적 문화의 확산으로 다양한 정보 및 관점공유가 더욱 절실해진 요즘 협업은 중요한 가치 중 하나이다. 그러나 업무를 협조함에 있어 비전략적으로 이루어지는 경우가 많아 협업 자체가 구성원들에게는 또 하나의 업무과중으로 다가오기도 한다. 양적 측면에서의 업무 과부하 자체도 문제지만 개개인이 지각하는 업무 과부하의 비합리성이 더 큰 스트레스를 유발한다.

업무환경에 있어서 번아웃을 일으키는 비합리적인 부분은 업무분담이나 평가에서도 드러난다. 과정에서 형평성이나 투명성이 지켜지지 않았을 때다. 아무리 불확실한 상황일지라도 자신이 공정한 대우를 받지 못한다고 생각될 때는 자신의 업무에 몰입하기가 쉽지 않다. 무엇보다도 조직적 측면에서 업무분담이 구성원의 합의를 얻어 이루어져야 하며, 리더는 가능한 모든 정보를 투명하게 공유할 필요가 있다. 쉽게 드러나는 조직문화의 표면뿐만 아니라 구성원들이 조직에 대해 가지는 근본적인 인식이 중요하기 때문이다. '기업문화의 아버지'로 인정받는 세계적인 석학 에드

거 샤인(Edgar H. Schein)은 겉으로 표현되는 제도나 핵심가치보다도 더 중요한 것은 구성원들의 무의식에 깊게 자리 잡은 믿음, 인식이라 했다. 이를 두고 '암묵적 가정'이라 부른다. 조직의 문화를 개선하기 위해서는 어렵지만, 구성원들의 마음속 근본적 가정을 변화시키는 것이 더 중요하다. 자신이 속한 조직에 대해 합리적으로 느낀다면 번아웃으로 갈 확률은 줄어들 수 있기 때문이다.

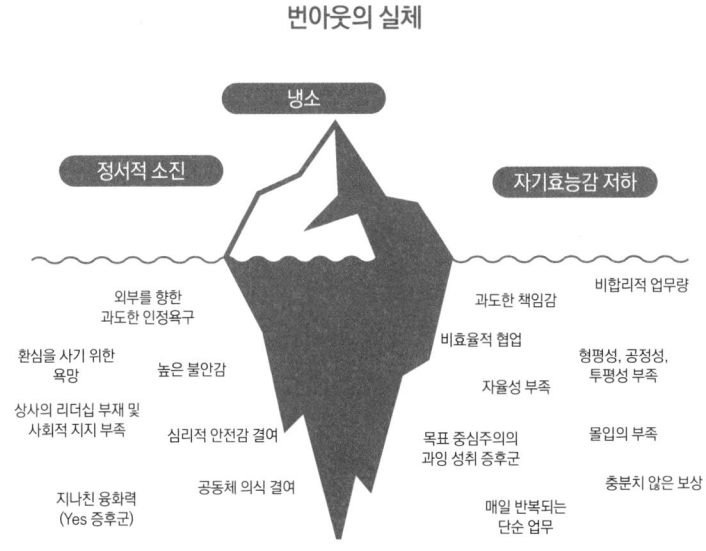

번아웃의 실체

번아웃의 원인을 조직의 관계적, 업무적 측면에서 살펴보았다. 번아웃의 실체는 위 그림에서 보는 바와 같이 개인과 조직, 그리고 관계와 업무 측면의 요소들이 복합적으로 산재해 있다.

이렇게 번아웃의 원인 및 증상이 다양한 만큼 진단을 통해 나의 번아웃 정도를 알아보자.

Burnout Test

	내용	전혀 아니다	약간 그렇다	그렇다	많이 그렇다	매우 그렇다
1	쉽게 피로를 느낀다.					
2	하루가 끝나면 녹초가 된다.					
3	아파 보인다라는 말을 자주 듣는다.					
4	일이 재미없다.					
5	점점 냉소적으로 변하고 있다.					
6	이유 없이 슬프다.					
7	물건을 잘 잃어버린다.					
8	짜증이 늘었다.					
9	화를 참을 수 없다.					
10	주변 사람들에게 실망감을 느낀다.					
11	혼자 지내는 시간이 많아졌다.					
12	여가 생활을 즐기지 못한다.					
13	만성 피로, 두통, 소화 불량이 늘었다.					
14	자주 한계를 느낀다.					
15	대체로 모든 일에 의욕이 없다.					
16	유머 감각이 사라졌다.					
17	주변 사람들과 대화를 나누는 게 힘들게 느껴진다.					
		×1	×2	×3	×4	×5
		총합				

※ 총합이 65점 이상인 경우 상담 및 치료 필요 〈출처: 한국산업안전보건공단〉

자신이 겪고 있는 번아웃 증상을 인지하는 것은 중요하다. 그뿐만 아니라 그 시작이 개인이나 조직을 넘어서 사회현상에서 비롯된 것인지도 살펴보아야 한다. 이어서 번아웃을 부추기는 사회적 현상에 대해 알아보자.

번아웃을 부추기는
사회적 현상

번아웃을 부추기는 사회적 현상도 있음을 인지하고,
나의 뫼비우스 띠를 점검해 보자.

글로벌 번아웃을 촉진한 팬데믹

"다른 사람들은 그래도 나름대로 속도를 내면서 살아가는데 저만 멈춰 있어요."

다정지 씨(23)는 클럽하우스에서 '글로벌화된 번아웃'이라는 제목으로 방을 개설해 진행 중인데 청취자가 다양하다. 일본 명문대를 다니다 코로나로 귀국한 대학원생 진대학 씨, 스페인에서 한인 민박을 하다 접고 들어온 한민박 씨, 국내 패션 기업의 해외 공장에서 근무하다 가동 중단으로 귀국한 나밋짐 씨 등 사연도 다양하다. 진대학 씨는 작은 바이러스 하나가 자신의 삶을 이렇게 송두리째 바꿔 놓을 것이라고는 생각도 못 했다는 반응이다. 특히, 귀국

후 페이스북에서 예전 친구의 타임라인을 발견한 순간 차마 '좋아요'를 누를 수 없었다고 한다. '나는 이렇게 힘든데 얘는 잘 살고 있구나' 주변에 보이는 사람들은 자신의 생활을 유지해 가는데 본인만 제자리걸음으로 심지어 뒤처지고 있음을 느꼈다는 것이다.

개인적으로 설계했던 미래가 한순간에 무너지게 된 지금 누구나 겪을 수 있는 감정이다. 더구나 아무도 예상치 못한 외부요인으로 인한 것이기에 그 무력감은 심할 수밖에 없다. 우리나라만의 문제가 아니다. 코로나19의 전 세계적인 확산이 개개인의 삶까지 파괴하고 있다. 개인뿐 아니라 조직, 국가, 전 세계가 이러한 무기력감과 두려움에 빠져 있는 상태이다. 물론 코로나 이전에도 번아웃은 존재했다. 더 강하게 현상을 촉진했을 뿐이다. 노력이 부족해서, 열심히 살지 않아서가 아니다. 그저 우리는 어쩌면 운이 좋지 않은 시대를 사는 것뿐이다.

이제는 코로나 '사태'라는 표현보다 코로나 '시대'가 더 자연스럽다. 국내에서 첫 확진자가 발생한 지 2년이 되어 가는 요즘 '코로나 블루' 검색어 옆에는 어느새 '열풍', '치료제', '대처법', '힐링' 등의 단어들이 빼곡하다. 인간은 어떤 불안한 상황이 예측될 때도 두려움을 느끼지만, 전혀 앞날을 짐작하지 못할 때의 두려움도 크다. 번아웃은 개인, 조직 차원의 문제를 넘어 사회 전체적인 이슈로 확산되고 일반화되어 가고 있다.

코로나 블루(Corona blue), 레드(Red), 블랙(black)...

코로나 19가 장기화되면서 생겨난 신조어들이다. 우울감을 상징하는 블루(Blue), 분노를 상징하는 레드(Red), 암담함을 상징하는 블랙(Black)이 각각 합성되어 탄생했다. 과연 어느 단계부터를 번아웃이라 부를 수 있을까? 명확히 선을 그어 말할 수 없다. 개인마다 다 다를 뿐 마이크로 번아웃(Micro Burnout)은 이미 생활 속에 자리해 있기 때문이다. 다만 초기에는 코로나 종식에 대한 기대가 있었지만, 이제는 '언제까지 이렇게 생활해야 하지?'라는 분노가 지배적이다. 더 나아가 앞이 보이지 않는 상황에서 처참함을 느끼는 경우도 많다. 사회 전반적으로 우울 위험군의 증가로 개인이 취할 수 있는 마음 방역에도 한계가 온 것이다.

전문가들은 불안한 감정 역시 현재 상황에서는 지극히 정상적인 현상이라며 인정하라는 조언을 한다. 물론, 개인적으로 심리적 유연성을 갖고 내가 통제할 수 있는 요인에 집중하는 것도 방법이다. 그러나 번아웃 관리에 대한 접근을 개인에서 조직, 사회로 더 확장해야 한다. 갑질이나 직장 내 괴롭힘 등 조직에 만연해 있는 건강하지 못한 경우를 비롯해 한국 사회의 독특한 문화도 주의 깊게 들여다봐야 할 때다.

어쩌다 번아웃 사회, 뫼비우스의 띠 속으로...

"월요병이 무한 반복되는 기분이에요."
"톡이나 메신저에 5분 이내에 답을 해야 일 잘한다는 소리 들으니 너무 숨 막혀요."

MZ 세대들에게서 자주 들을 수 있는 볼멘소리다. 일이 끊이지 않는다는 것이다. 물론, 온·오프라인 병행의 업무환경 변화로 효율성이 높아진 측면도 있다. 하지만 쏟아지는 업무와 계획에 없었던 회의로 과로를 호소하는 사람들이 적지 않다. 재택근무도 별반 차이는 없다. 직장과 집의 경계가 없어지면서 일과 쉼이 끊임없이 이어진다. 마치 뫼비우스의 띠처럼 24시간 내내 긴장 상태라 할 수 있다.

마이크로소프트(MS)가 전 세계 31개국 직장인 3만여 명을 대상으로 한 조사에 따르면 한국인의 58%가 높은 생산성에 지친다고 답했다[12]. 글로벌 평균(39%), 아시아 평균(36%), 일본(48%)과 비교했을 때 높은 수치다. 비단, 직장인들만의 문제가 아니다. 자영업자나 주부는 물론이고 취업난으로 인해 힘든 20대도 번아웃은 피해갈 수 없다. 그뿐만 아니라 더는 번아웃 키즈가 생소한 표현이 아닐 만큼 10대에게도 무기력의 증상은 전이되었다.

1장의 조작적 정의에서도 확인했듯이 이제 번아웃은 사회 보편적 현상으로 일반화되고 있다. 이는 번아웃 증후군이 개인적 특성, 조직의 직무환경을 넘어 사회문화적 차원의 문제점 등이 복합적으로 결합해서 개인에게 나타나는 증상이라는 점을 의미한다. 이제는 개인의 문제를 넘어, 조직 차원, 사회 제도적 측면에서 균형 잡힌 움직임이 필요할 때이다. 각각의 톱니바퀴가 맞물려 잘 돌아갈 때 원하는 효과를 볼 수 있기 때문이다. 4장부터는 다양한 측면에서의 솔루션을 제시한다. 개인 차원에서 돌릴 수 있는 톱니바퀴, 방역 조치를 먼저 시도해 보자.

4장

내 안의 번아웃 탈출 스위치! 몰입

번아웃 탈출 솔루션! 몰입에서 찾는다. 번아웃이 에너지가 고갈된 상태라면, 몰입은 집중하고 에너지가 충만한 상태이다. 번아웃 해법으로 집중을 위한 몰입의 개념을 적용한다. 충전을 위한 놀이의 치유력으로 재미와 의미를 찾는다. 번아웃 탈출과 그 너머의 행복을 이끄는 몰입의 스위치를 ON 하기 위한 기술을 알아본다.

01

번아웃 탈출 스위치를 'ON' 하라

디지털 시대의 번아웃 탈출 해법!
몰입 스위치를 ON 하자

디지털 세상과 번아웃

아침형 인간이 되고 싶다. 하지만 오늘도 1분 간격으로 울리는 알람과의 마지막 라운드에서 간신히 잠을 깬 신아침 씨! 떠지지 않는 눈을 비비며 침대를 뒤져 스마트폰을 찾는다. 그렇게 찾은 스마트폰과 아침을 시작한 신아침 씨의 시선은 화장실에서도 밥을 먹을 때도 스마트폰에 고정되어 있다. 복잡한 지하철에서는 유튜브와 인터넷 뉴스를 보느라 손과 눈이 바쁘게 움직인다. 오늘도 회사 앞 카페에서 산 얼음 가득한 아이스아메리카노를 마시며 노트북을 켠다.

10여 년 전 처음 샀던 스마트폰. 손가락으로 화면을 밀며 신기해하던 그 날의 기억이 아직도 생생하다. 그렇게 만난 스마트폰은 상상 이상으로 일과 삶을 스마트하게 업그레이드했지만, 예상치 못한 부작용도 함께 가져왔다. 하루에도 수십 번 무의식적으로 스마트폰 화면을 쳐다보고, 사람을 만나거나, 밥을 먹을 때도 늘 한 손에 스마트폰을 쥐고 있다. 때와 장소를 가리지 않고 수시로 카카오톡을 하거나 페이스북, 인스타그램 등 SNS의 댓글이나 '좋아요'를 확인한다. 인터넷 쇼핑이나, 퇴근 후 만날 친구와의 식사를 위해 블로그에서 정보를 찾는다. 예전에는 모르고 살았을 사람들의 소식도 SNS를 통해 쉽게 알 수 있다. SNS에서 보는 사람들은 나보다 더 멋지고 행복하게 사는 것 같다. 수많은 정보 속에 매 순간 끊임없는 선택을 강요받는다. 그러면서 서서히 '디지털 번아웃' 상태에 빠지게 된다. 독일의 통계학 교수인 알렉산더 마르코 베이츠는 저서「디지털 번아웃」에서 "과도한 스마트폰 사용으로 인해 생산성이 떨어지고 삶의 즐거움을 잃어버리게 되는 상태"라고 '디지털 번아웃'의 정의를 내렸다. "그리고 결국에는 서서히 건강을 잃게 된다."라고 덧붙였다[1].

신종 코로나바이러스 감염증의 등장은 디지털 세상의 급속한 변화를 가져왔다. 사회적 거리 두기로 재택근무가 확산되면서, 온라인 플랫폼을 통해 장소와 공간에 구애받지 않고 온라인 회의와 협업이 가능해졌다. 자율적으로 일하는 문화가 형성되면서 기업의 업무 생산성이 창의적으로 개선되기도 했다. 하지만 '디지털 번아웃'을 호소하는 직원들도 급격히 늘고 있다.

이는 비대면·온라인 업무환경이 가져온 속도감 때문이다. 사람들이 모여서 일을 할 때는 표정이나 몸짓, 목소리 같은 비언어적 요소가 많은 영향을 미친다. 하지만 온라인 환경에서는 신호를 보내는 사람과 받는 사람 간에 의사소통의 왜곡이 발생한다. 생각, 감정, 상황과 맥락, 조직문화에 따른 무형의 가치가 잘 드러나지 않는다.

벗아웃 탈출 스위치! 몰입에서 찾다

"아무것도 안 하고 싶다. 이미 아무것도 안 하고 있지만, 더 격렬하게 아무것도 안 하고 싶다."

카드회사 TV 광고 속 대사다.

"너무 힘들어서 손가락 하나 움직일 힘도 없어요." "출근하면서 퇴근만 생각해요." "주말에는 그냥 잠만 자요."

한 인터넷 기사에 따르면, 미국심리학회(APA)에서는 전 세계 사람들의 스트레스 수치가 '역사상 가장 높은 수준'에 이르렀다고 해도 놀랍지 않은 한 해라고 설명했다고 했다[2].

한 개그 프로그램 시청률이 20%를 넘는 것이 당연한 시절이 있었다. 프로그램도 재미있었지만, 주말을 보내고 월요일 출근하는 직장인들의 애환이 반영된 결과라고 분석하는 사람도 있었다. 아무리 새로 산 성능 좋은 노트북, 스마트폰도 쉬지 않고 사용하면 배터리가 방전된다. 제대로 충전하지 않으면 고갈되고, 그 주기도 점점 짧아진다. 그러다 충전기를 꽂아도 충전이 잘 안 되는 때가 온다. 우리에게도 번아웃은 그렇게 찾아온다.

번아웃의 대표적인 현상은 무기력이다. 일과 삶에 대한 에너지가 고갈된다. 다음은 직업 효능감(Professional Efficacy), 즉 일에 대한 성취감이 급격히 떨어진다. 개인과 조직의 업무 성과에 영향을 미치게 된다. 마지막으로 정서적 회피 반응이 일어난다. 이는 무관심과 냉담한 반응으로 나타난다. 스트레스를 해소하는 방법 중 가장 선호되는 방법은 여행이다. 주위에 스트레스를 심하게 겪는 사람이 있다면 "어디로 여행 가고 싶으세요?"라고 질문해 보라. "넓은 바다가 보이는 해변에서 시원한 바람 한번 느끼고 싶어요."와 같은 대답 대신 "사람 아무도 없는 지구 끝으로 가고 싶어요."라는 답변이 나오면, 번아웃 직전에 와 있는 경우라고 봐도 무방할 것이다.

번아웃이 찾아온 것을 꼭 부정적으로만 볼 것은 아니다. 다르게 보면 인생을 열심히 살았다는 증거다. 필자의 스마트폰은 15%가 남을 때 1차 신호를 보내고 5%가 남을 때 급격히 깜빡이면서 충전해 달라는 메시지를 보낸다. 그 신호를 보고 스마트폰을 버리는 사람은 아무도 없다. 열심히 사용했으니 이제 충전할 때라는 생각으로 충전기를 찾는다. 김근하 작가의 「내 마음은 충전 중」에 나오는 이야기다. 로봇청소기를 사서 청소를 하는데 로봇청소기가 스스로 움직이면서 청소를 하다가 배터리가 많이 소모되면 "충전하고 올게요. 충전하고 올게요."라고 큰 소리를 내며 충전기 쪽으로 간다. 방전되기 전에 스스로 충전을 하는 것이다. 심지어 중간에 장애물을 만나면 "장애물을 만났어요. 도와주세요. 도와주세요."라고 한다는 것이다. 번아웃에서 벗어나는 방법에도 'Self Therapy'가 효과적이다.

번아웃이 왔다고 느끼면 자신에게 맞는 충전 방법을 고민해 보자. 한 번 방전된 배터리는 빨리 충전되지 않는다. 일반충전기가 아니라 급속충전기가 필요하다. '몰입'(Engagement)은 깊이 집중하는 것으로, 완전히 하나의 생각으로 채워진 상태를 말한다. 번아웃을 에너지가 고갈된 상태라고 볼 때, 그 반대는 에너지가 충만한 상태일 것이다. 에너지가 충만한 상태에서는 일과 삶에 더 집중하게 된다. 이제 번아웃 탈출을 위해 '충전'과 '집중'이라는 버튼이 달린 몰입의 스위치를 하나씩 켜 보도록 하자.

02

몰입 스위치를
눌러라

몰입의 기술로 번아웃 상태를 벗어난
집중의 상태를 유지하자.

번아웃 탈출 스위치! 몰입

퇴직예정자의 전직지원을 돕는 컨설팅업체에서 선임컨설턴트로 근무 중인 유마감 씨! 올해도 어김없이 입찰의 계절이 돌아왔고 오늘이 입찰 D-1일이다. 지난주부터 시작한 야근으로 힘들지만 오늘은 모두 사무실에서 밤새울 예정이다. 저녁 먹으면서 나온 1년 전 이야기에 사무실은 이미 긴장감으로 가득하다. 조달청에 서류 제출 마감 시간이 4시인데, 한 업체가 딱 3분 늦게 도착하는 바람에 입찰에 참여하지 못한 것이다. 오늘 밤 초집중 하지 못하면 우리의 이야기가 될 수 있다. 지금부터 몰입의 시간이 필요하다.

아프리카 초원에 사자 한 마리가 숨죽여 몸을 숨기고 있다가, 순식간에 무리에서 조금 떨어져 있던 얼룩말 한 마리를 쫓는다. 단 0.1초의 숨돌릴 틈도 없이 생존을 위해 쫓고 쫓기는 초집중의 시간, 우리는 그것을 '몰입'이라 부른다. 불과 한 달 전 운전면허증을 딴 초보자가 첫 도로연수 중이다. 5분째 차선변경을 하려고 하지만 아직도 직진 중이다. 핸들을 쥔 손과 이마에서는 연신 땀이 흐른다. 잠시라도 딴 생각을 할 수가 없다. 우리는 이것 또한 '몰입' 또는 '몰입경험'이라고 부른다.

몰입이론의 창시자 미하이 칙센트미하이는 몰입을 '플로우(Flow)'라고 이름 붙였다. 몰입은 삶이 고조되는 순간에 물 흐르듯 행동이 자연스럽게 이루어지는 느낌을 표현하는 말이라고 했다. 이는 목표가 명확하고 활동 결과가 바로 나타나며 과제와 실력이 균형을 이룰 때 이루어진다. 우리 말에 '여한 없다'라는 표현이 있다. 우리의 몸과 마음을 여한 없이 쓸 때, 우리는 일 자체에서 가치를 발견한다. 그리고 몰입에서 느끼는 경험이 행복을 이끈다[3].

일상에서의 문제를 해결하려고 며칠 동안 잠도 못 자고 고민할 때, 우리의 뇌는 '뭔가 대단히 중요한 일인가 봐. 이 문제를 해결하지 못하면 큰일이겠다.'라고 진단하고 비상상황으로 받아들인다. 문제해결을 위해 에너지를 집중하게 되는데, 이 또한 몰입경험이라고 할 수 있다.

몰입은 분산된 에너지를 모아 집중하는 것으로, 수동적 몰입과 능동적 몰입으로 나눌 수 있다. 앞 사례의 유마감 씨처럼 마감일에 쫓기어 밤을

새우면서 일을 처리하는 게 수동적 몰입이라고 한다면, 자신에게 의미 있는 목표를 정하고 그에 에너지를 쏟으면서 재미와 보람을 느끼는 것은 능동적 몰입이라고 볼 수 있다.

몰입은 의식이 산만하지 않고, 매우 정리된 뇌의 상태에서 나타난다. 몰입의 원리와 방법을 이해하기 위해서는 뇌에 대한 이해와 과학적 접근이 필요한데, 바로 엔트로피 법칙이다. 몰입의 다른 말은 집중이다. 집중은 의지만으로 되는 것이 아니라 집중의 원리를 이해하는 것이 중요하다. 집중은 곧 뇌의 시냅스에 대한 이야기다.

뇌과학으로 보는 몰입

자연현상에서 예외 없이 적용되는 법칙 중 하나가 엔트로피 법칙이다. 엔트로피 법칙이란, 우주의 모든 현상은 항상 전체 엔트로피가 증가하는 방향으로 진행된다는 것을 의미한다. 즉 더 무질서한 방향으로 흘러간다고 보는 것이다. 예를 들어 일상에서 물건이 어질러지는 것은 자연스럽지만, 저절로 정리되는 것은 자연스러운 현상이 아니다. 정리를 위해서는 특정한 힘(Driving Force)이 따라야 한다. 마찬가지로 의식도 저절로 산만해질 수는 있지만, 저절로 집중되지는 않는다. 몰입은 의식의 엔트로피가 낮은 상태인데, 엔트로피가 낮아지는 상태를 위해서는 의도적 개입이 따라야 한다. 이러한 노력은 거저 얻어지는 것이 아니라 의식적 노력이 따라야 한다.[4]

이제 뇌 이야기를 해 보자. 인간의 뇌에는 뉴런이라는 게 있다. 뉴런은 수천 억 개이고, 수백 조 개의 시냅스 연결을 만든다. 우리가 무엇을 보고, 느끼고 경험할 때마다 수천 만 개의 시냅스가 움직이고, 신경전달물질을 계속 만들어 낸다. 시냅스는 우리가 경험하고 생각하고 행동하는 것 중 우리 뇌에서 중요하다고 여겨지는 것들을 장기기억으로 저장하는 역할을 한다. 즉 우리 몸에서 정보의 저장과 전달, 그리고 감정을 만드는 곳이다. 시냅스를 형성하는 것은 어떤 정보가 입력되느냐에 따라 달라지고 이는 어떤 경험을 하느냐가 중요한 요소가 된다. 즉 경험과 학습을 통해 자신의 시냅스가 어떻게 구축되느냐에 따라 생각과 행동의 변화를 일으키는 중요한 요소가 되는 것이다. 산만하고 몰입도가 낮은 뇌의 상태에서는, 우리 뇌의 시냅스는 무질서하게 활성화된 상태가 된다. 수동적 몰입을 반복하게 되고 그와 관련된 시냅스가 활성화된다. 몰입이 어려운 이유는 엔트로피 장벽을 넘어야 하기 때문이다. 엔트로피 장벽을 넘기 위한 사전 작업을 알아보자.[4]

몰입을 위한 사전 작업

몰입은 준비와 훈련이 필요하고 많은 장애물을 넘어야 하는 어려운 과정이나. 몰입경험을 위해서 사선에 필요한 준비운동을 알아보자.

첫째, '디지털 디톡스'를 하는 것에서 시작하자.
우리의 뇌에 입력되는 무수한 외부 정보를 차단하는 것이다. 디지털 세상에서 우리는 인터넷, 게임, SNS 등의 활동을 통해 쉽게 재미를 느낀다.

이때 뇌에서는 도파민이라고 부르는 신경 물질이 나온다. 재미를 느끼게 하는 활동이 반복되면, 해당 신경조직들이 더 발달하면서 더 강한 자극을 요구하게 된다. 이런 활동들은 어느 정도 스트레스 해소에 효과가 있고 집중하는 것처럼 보인다. 하지만 이는 외부의 강한 자극으로 인한 집중 상태로, 이때 뇌파를 검사해 보면 스트레스받을 때와 비슷한 형태가 나타난다. 이러한 상태가 지속되면 의식이 산만해지고, 심리적 공허감과 피로감이 쌓여, 결국 번아웃으로 이어지게 된다.

심리적 소진 상태인 '번아웃' 증상과 유사한 '디지털 번아웃'은 스마트폰, 컴퓨터 등 디지털 기기의 과도한 사용으로 인해 나타나는 소진 상태다. 신체뿐만 아니라 정신건강에도 영향을 미친다. 특히 잠자기 전까지 디지털 기기를 만지거나, 일어나자마자 스마트폰을 찾는 행동은 우리 뇌에 계속해서 부정적 자극을 주는 것과 같다. 마치 겉은 좋은 전자제품처럼 보이지만 비규격 전기선으로 작업한 것처럼, 우리 뇌의 시냅스 배선을 비규격 부품으로 연결하는 것과 같다. 매일 일정한 시간을 정해 10분이라도 스마트기기, 컴퓨터 알람 등을 끄고 거리를 두는 시간을 가져 보자. '또 다른 세상을 만날 땐 잠시 꺼 두셔도 좋습니다'라는 한 통신사의 광고가 화제된 적이 있다. 스마트폰이 나오기 약 10년 전의 광고지만 지금 나와도 전혀 어색하지 않은 광고이다.

둘째, 명확한 목표를 정하고 집중의 시간을 만들자.
성과를 달성하는 것이 아닌 목표를 달성하는 과정을 통해 어려움을 넘어서고, 자신의 삶을 성장시키는 의미 있는 목표를 정하라는 것이다. 의미

있는 목표는 어려움에도 좌절하지 않고 역경을 견뎌 내게 한다. 그 과정에서 쌓인 역량은 어렵게만 보이던 일상과 업무에서의 문제를 쉽게 해결하게 한다. 아주 작은 성공 경험이라도 만들어 보자. 그것이 번아웃 탈출의 작은 출발점이 될 수 있다. 작은 성공 경험을 통해 더 재미를 느끼고, 자신이 처한 문제를 긍정적으로 풀어내는 시냅스가 잘 구축된다. 그 작은 성공 경험이 어려움 속에서도 도전하는 재미를 주고, 마음의 근육을 튼튼하게 구축해 줄 것이다.

목표 달성은 지속적인 에너지와 시간의 투입이 필요한 과정이다. 그 과정에서 일어나는 몰입경험은 생각의 중심이 흩어지지 않는 것이다. 그런데 현대인의 뇌는 바쁜 일상과 업무로 몰입경험을 하기 어렵다. 처음에는 약한 몰입부터 시작해 보자. 약한 몰입을 하기 위해서는 자투리 시간을 활용해 보자. 여기서 중요한 것은 생각의 끈을 놓지 않는 것이다. 너무 바빠 시간을 내기가 쉽지 않은 일도 목표만 분명해지고, 생각의 끈만 잘 쥐고 있으면 하루 중 목표 달성을 위한 꽤 많은 시간과 에너지를 투입할 수 있을 것이다.[4]

셋째, 성장을 위한 배움 계획을 세우자.

최신 트렌드와 관련된 것을 배워 보자. 사람들을 만나면 "최근 당신의 관심은 무엇인가요?", "요즘 무엇을 배우고 계시는가요?"라는 질문을 해 보자. 이 질문에 대한 답변을 보면 그 사람이 어디에 집중해서 살아가는지 알 수 있다. 무언가에 관심이 있고, 배우고 있다는 것은 내 안에 성장의 에너지가 있다는 분명한 증거다. 배움을 통해 현실에 머물지 않고 조금씩 바꿰고 있다는 것을 의미한다.

　우리가 무엇을 배운다는 의미는 내 안에 지식을 쌓는 것이 아니라, 쓰임에 맞게 사용하고, 누군가에게 도움이 되기 위함이다. 무언가로 채우기 위해서는 비우는 것이 먼저 일어나야 한다. 배우는 과정에서 자신을 돌아보고 불필요한 지식과 감정을 비우는 것도 함께할 수 있으니 배움을 통해 몰입 경험을 넓힐 수 있다. 번아웃은 미래에 대한 불안이 쌓여 생길 수 있으니 최근의 이슈와 트렌드 중 관심 있는 것을 배움으로써 미래의 불안을 기회로 바꾸는 경험도 할 수 있다[5].

무엇에 어떻게 몰입할 것인가?

　칙센트미하이 교수의 연구에 의하면 창의적인 업적을 이룬 사람들의 공통점은 자기 일을 할 때 몰입을 했다는 것이다. 위기감에 의한 수동적인 몰입이 아닌 스스로 삶의 의미 있는 목표를 향한 능동적인 몰입을 했다. 그들을 능동적인 몰입으로 이끈 것은 스스로의 삶에 대한 깊이 있는 질문과 실행이다.

　번아웃 탈출을 위한 몰입의 스위치도 처음에는 충전을 위한 목표로 시작하지만, 궁극적으로는 '인생을 어떻게 살 것이냐'는 문제로 접근해야 긍정적인 몰입으로 이어질 수 있다. 방전된 에너지를 충전시키고 집중의 에너지로 모으는 방법을 제시한다.

첫째, 몸 움직임을 통한 신체의 몰입이다.

주말이면 집에서 뒹구는 게 싫어 모처럼 일찍 일어나 산에 간 이산 씨. '잠이나 더 잘 걸' 하는 후회는 잠시뿐. 산에 도착해 내딛는 발걸음이 점점 가벼워지고, 새소리와 바람 소리에 피로가 풀리고 마음도 편안해진다. 요즘 일보다 사람이 더 힘들었는데, 산에서 만난 사람들은 여유와 에너지가 넘친다. 어제 본 하늘과 오늘 본 하늘이 다르게 느껴진다.

몸 움직임은 몸과 마음을 건강하게 하고, 뇌를 건강한 방향으로 변화시킨다. 규칙적인 몸 움직임은 부정적 사고의 울타리에 둘러싸인 상태인 번아웃을 벗어나는 힘을 길러 준다.

뇌는 우리 몸에서 가장 중요한 기관이며, 몸무게의 2%밖에 되지 않지만, 혈액의 20%를 사용한다. 건강한 뇌를 위해서는 혈액순환이 중요한데 혈액순환을 잘되게 하는 가장 쉬운 방법은 바로 '운동'이다. 운동하면 뇌 활동이 증가하고, 뇌세포들이 서로 연결된다. 서로 연결이 되면 문제해결 역량이 높아진다[4].

'민족사관고등학교'라는 이름을 들어 본 적이 있을 것이다. 많은 학생이 국내외 명문 대학에 진학하는 것으로 유명하다. 이 학교에는 0교시라는 제도가 있는데, 그 시간은 본인이 좋아하는 운동을 취미처럼 땀을 흘려가며 하는 시간이다. 학생들의 건전한 취미와 스트레스 해소를 위한 시간으로 마련했지만, 학습능력 향상이라는 또 다른 성과를 보여 주는 생생한 사례이다. 땀 흘려 하는 운동을 함으로써 기분이 좋아지고, 신체 에너지가 상승하고, 의욕이 넘치게 된다. 규칙적인 몸 움직임이 시냅스 형성을 높이고 긍정적 신경전달 물질을 분비하기 때문이다. 긍정적 신경 물질의 분비가 늘면 긍정적인 몰입을 자주 경험하게 된다.

지식생태학자인 유영만 교수는 너무 공부에만 매진하다 과로로 쓰러진 후 평생 운동을 생활화하고 있다. 그는 "뇌력을 발휘하려면 체력이 먼저 돼야 한다. 운동을 하면 뇌신경 성장 인자인 BDNF(Brain-Derived Neurotrophic Factor)가 생성돼 두뇌발달에 도움이 된다는 결과물들이 많다. 몸이 바로 서야 자신이 하고 싶은 것을 제대로 할 수 있다."라고 한다. 그리고 몸 움직임과 행복에 대해서도 이야기한다. "오늘 사용한 동사가 얼마나 다양하느냐가 행복을 결정합니다. 매일 '오늘도 수학 영어 공부했다. 회사에 갔다, 친구를 만났다' 등 틀에 박힌 동사를 사용하는 사람은 행복하지 않아요. 일상을 바꾸는 것은 자신의 움직임을 바꾸는 것입니다. 어제 안 했던 운동을 해 보고 산에도 오르고, 자전거도 타는 등 어제와 다른 행동을 해야 합니다. 오늘 얼마나 많은 감탄사를 연발했느냐가 행복의 기준입니다. 신체를 움직이면 그게 곧 행복입니다."[6].

둘째, 수면을 통한 생각의 몰입이다. 생각의 몰입은 해결할 문제나 중요한 목표를 향한 끈을 놓지 않고 집중력 있게 생각하는 것이다. 신체 활동 위주의 몰입이 긴장과 활력을 주는 몰입이라면 생각의 몰입은 이완과 여백을 주는 몰입이다.

생각의 몰입에선 수면의 중요성이 강조된다. 뇌과학에서는 낮에 경험한 것은 밤에 잠을 자면서 선별적으로 기억되는 과정을 거친다고 한다. 잠을 자는 동안에는 정보의 입출력이 차단된다. 그리고 해마라는 부분이 낮에 받아들인 정보와 경험을 검색하면서 중요한 정보나 경험은 장기기억에 보관하고, 중요하지 않은 정보와 경험은 기억의 휴지통으로 보내 버린다.

잠자기 전에 편안한 상태의 몸과 마음을 유지하면 뇌에서 세로토닌, 멜라토닌 같은 긍정적인 신경전달물질이 분비된다고 한다. 그런데 잠들기 직전까지 스마트폰과 함께 한다면 각성 물질이 분비되어 잠자는 동안 심신이 이완과 충전의 시간을 갖지 못한다는 것이다. 이렇게 저장된 장기기억들은 인생 컴퓨터에 빅데이터로 축적되어 살아가면서 생기는 다양한 상황과 문제를 해결하는 자원으로 쓰인다. 해마가 정보나 경험 중 우선순위를 나누는 것은 자극의 강도와 반복이라는 기준으로 삼는다. 긍정 경험을 많이 할수록 생각의 집중이 높아진다. 좋은 입력이 있어야 좋은 출력이 있는 것이다[4].

셋째, 재미와 의미가 함께하는 몰입이다. 번아웃 탈출을 위한 가장 쉬운 방법은 일단 충분히 쉬고, 이후에 좋아하는 활동을 하면서 긍정 에너지를 충전하는 것이다. 긍정 에너지 충전을 위해서는 평소 좋아하는 취미나 하고 싶던 일을 하는 게 쉽고 부작용이 없는 방법이다.

번아웃은 심리적 에너지가 완전히 소진된 상태인데, 꺼지기 직전의 불씨를 다시 지피기 위해서는 생각만으로 기분이 좋아지는 활동이 필요하다. 재미있는 일을 하면 시간 가는 줄 모르게 된다. 재미있는 일은 나도 모르게 몰입을 이끈다.

하지만 좋아하는 일만 해서는 깊은 몰입으로 이어지기가 어렵다. 삶은 재미와 의미라는 2개의 큰 축의 조합으로써 이루어지는데 처음에는 재미라는 엔진이 시동을 걸어 삶이라는 배를 움직이지만, 의미라는 이름의 엔진이 함께 작동하지 않으면 넓고 거친 바다를 헤쳐나가기 어렵다. 의미 있는 일은 자신의 가치를 돌아보게 한다. 힘든 일이라도 의미가 있으면 하게 된다. 앞에서 언급한 명확한 목표에 재미와 의미가 잘 어울리면 작은 성공을 자주 경험하게 된다.

재미와 의미는 어떻게 구분할까? '재미'가 나를 위한 것이라면, '의미'는 우리를 위한 것이라고 보면 쉽게 구분된다. 나만의 재미뿐 아니라 다른 사람과 함께 나누는 재미라면 '의미'라는 또 다른 세계의 문이 열리게 된다. 재미와 의미의 적절한 밸런스가 몰입의 두 개의 기둥이 되어 몰입경험을 높인다.

03
충전 스위치를 눌러라

놀이로 생존본능을 회복하고,
충전의 에너지를 채우자.

놀이하는 인간! 호모루덴스

이솝우화는 수천 년에 걸쳐 전 세계 아이와 어른들에게 교훈을 주는 이야기 보물창고이다. 특히 '개미와 베짱이' 이야기는 두 곤충의 상반되는 삶을 통해 개미처럼 열심히 일하지 않고 베짱이처럼 노래 부르고 놀면 춥고 배고픈 겨울을 맞게 된다는 교훈을 전한다. 열심히 일하는 것은 미덕이고 노는 것은 악덕이라는 고정관념을 어릴 때부터 우리 뇌에 장착하게 만든다. 배고픔 탈출이 유일한 목표였던 시절엔, 성실은 삶을 행복으로 이끄는 효과적인 방법이었다.

시대가 흐르면서 수천 년간 이어져 온 이솝우화도 새로운 버전이 나오고 있다. 미국판 개미와 베짱이에서는 겨울에 찾아온 베짱이에게 개미가 기꺼이 먹을 것을 내어준다. 개미가 열심히 일하는 동안 베짱이가 옆에서 열심히 노래를 불러 주었기 때문이다. 한국판 개미와 베짱이는 어떤 모습일까? 열심히 일한 개미는 나이가 들어 허리 디스크가 와서 병원비로 그동안 번 돈을 다 사용하고, 일만 하고 사느라 가족들과 놀지도 못하고, 삶의 재미도 제대로 느끼지 못하고 쓸쓸한 노년을 맞았다고 한다[7].

인간의 삶에서 일(직업)만큼 그 사람을 잘 나타내는 것이 있을까? 지금의 한국경제를 이끈 사람들은 성실이라는 머리띠를 메고 열심히 달려온 사람들이다. 그런데 젊은 세대가 살아갈 세상도 열심히 일만 하는 사람들이 중요한 시대일까? 일도 잘하고 놀기도 잘하는 사람이 더 삶의 밸런스를 잘 유지하고, 창의적이며, 더 많은 성과를 내는 사람이라고 인정받는 세상이 아닐까? 벌써 그런 세상이 온 것은 아닐까? 놀면서 자신의 재능을 발굴하고 그것이 경력과 실력이 되어 성공의 방정식이 되는 게 새로운 시대에 또 하나의 삶의 방식이 될 수 있다. 워라밸은 일과 놀이의 균형을 말하는 것이다. 진정한 워라밸을 하려면 질문이 달라져야 한다. "넌 뭐 하며 놀 때 가장 즐거워?", "넌 뭐 하며 놀고 싶어?" "정말 재미있게 하고 싶은 것은 뭐야?"라는 질문으로. 질문이 달라지면 삶의 방식도 달라진다.

인간을 지칭하는 말 중 '놀이하는 인간'이라는 뜻의 '호모루덴스'란 말이 있다. 네덜란드의 역사가이자 철학가인 요한 하위징아(Johan Huizinga)는 1938년에 출간한 「호모루덴스」에서 놀이에 대한 개념을 완전히 바꾸어 놓았다. 놀이는 문화의 한 요소가 아니라 문화 그 자체라고 주장한 것이다. 놀이는 일하고 남는 시간을 보내는 것이 아니라 놀이를 통해 인류의 문명이 발전한다는 것이다.

사람들은 생각보다 노는 데 많은 관심과 시간을 쏟는다. 밤새워 컴퓨터 게임을 하는 사람도 많고, 코로나로 지금은 어렵지만 대부분 모임의 2차는 노래방에 가는 게 필수코스였다. TV를 틀면 각종 오디션 프로그램이 넘쳐난다. 요리를 못해도 맛있게, 많이 먹는 것만으로 광고가 들어오고, 팬클럽이 생기고, 심지어 공중파 TV에 출연하는 일이 이제 낯선 장면이 아니다.

해외 뮤지션들이 국내 공연을 할 때면 한 목소리로 노래를 따라 부르는 우리 관객들의 반응에 놀라곤 한다. 이렇게 우리는 흥이 많다 못해 넘치는 사람이다. 놀면서 느끼는 재미는 에너지를 주고 번아웃을 예방하는 치유의 효과가 있다. 번아웃 탈출을 위해 놀이 스위치를 지금부터 눌러 보자.

생존 본능을 회복하라

네덜란드의 화가 피터 브뤼겔의 그림 'Children's Games'(1560)에는 마을 광장에서 뛰어노는 아이들의 모습이 나온다. 대략 80여 가지의 놀이가 그림으로 표현된다. 500년 전이나 지금이나 아이들의 놀이는 그대로이다. 이유가 있다. 아이들이 해 온 놀이에는 아이들의 본능이 숨겨져 있다. 즉 놀이는 인간의 본능이자 생존의 기술이다.

유아 때는 부모와의 놀이를 통해 세상을 체험하고 감각을 익힌다. 아동기 때는 골목에서 맺은 인간관계를 시작으로 세상을 체험하고, 해지는 줄 모르고 달리면서 신체의 근력과 균형감각을 익힌다. 놀이 과정에서 성공했을 때의 기쁨과 실패했을 때의 좌절을 통해 찐한 감정의 맛을 느낀다. 강자에게 숙이고 들어가야 모임의 일원이 되거나, 약자를 챙기면서 공동체 의식을 키운다. 승부에서 꼭 지켜야 할 규칙도 익히게 된다. 지더라도 절대 포기하지 않는 승부욕은 먼 미래에 사회생활 할 때 도전 의식의 뿌리가 된다. 놀이하는 동안엔 왕따나 갑을의 문제도 없다. 나이나 성별도 중요하지 않다. 놀이에 완전히 빠져든 '나'만 있을 뿐이다.

놀이의 어원은 놀+이다. '놀'이란 어원에서 놀다, 놀이, 노래 등의 단어가 파생되었다고 한다. 놀+웃에서 '노릇'이라는 단어도 나왔다. 사람 노릇을 하기 위해서는 잘 노는 것이 중요하다는 말이다. 놀이는 영어로 'Play'라고 하고 Play의 어원은 갈증을 뜻하는 라틴어 Plaga에서 유래되었다고 한다. 즉 목마른 이가 물을 찾듯, 살면서 자연스럽게 하게 되는 행동이라는 의미다[8]. 여기에선 놀이에 대한 정의를 넓혀 '자발적으로 하는, 특별한 목적이 없는, 즐겁고 재미있는 모든 활동'이라고 정의하려 한다. 이러한 놀이의 정의로 볼 때, 대한민국에 사는 우리는 "잘 놀고 있나요?"라는 물음에 어떤 답을 할 수 있을까?

한 방송사에서 방송된 놀이 관련 다큐멘터리에서 아이들이 노는 장소를 조사해 보니 71.3%가 집에서 노는 것으로 나타났다. 저출산과 학력 지상주의, 산업화와 개발로 동네 골목 여기저기 뛰어놀던 아이들의 소리를 듣기 어렵게 된 것이다. 제대로 놀려면 놀 시간과 공간, 그리고 함께 놀 사람이 기본 요소인데, 놀 시간도 장소도 함께 놀 친구도 없다 보니 집에서 노는 것이다. 집에서 어떻게 놀까 생각해 보면 장난감, TV, 컴퓨터 게임, SNS 등이 떠오른다. 옆에 친구가 없어도 혼자 놀기에 전혀 지장이 없다. 밖에서 놀 땐 시간이 되면 집에 들어왔는데, 집에서 놀 땐 손에 스마트폰만 들면 언제든지 혼자 놀 수 있는 환경이 구축되는 것이다. 우리가 아이들의 본능과 생존기술을 빼앗고 있는 건 아닐까? 놀이가 없는 아이들의 삶은 어떻게 될까? 그렇게 자라서 어른이 된 삶은 행복할 수 있을까? 놀이를 잃어버린 아이들의 모습이, 지금 번아웃 된 우리의 모습으로 나타나는 것은 아닐까?

급속충전기! 놀이의 치유력

놀이는 이 땅의 아이들과 성인들을 살리는 확실한 해법이라고 말할 수 있다. 아이들의 놀이하기 전과 후를 비교해 보면 '재미', '활력', '자신감', '자기 이해', '관계 증진'이라는 삶의 필수요소들을 놀면서 자연스럽게 익히게 된다. 놀이의 특징은 재미, 자발성, 주도성인데, 이런 특징은 조직에서 원하는 창의적인 인재상과 유사하다는 것을 알 수 있다.

고대 철학자들로부터 현대의 심리학자들까지 사람들이 놀 때 더 인간 본연의 모습이 나타나고, 자유롭고, 창조적이고, 통합적으로 된다고 강조한다. 불안하고 공허한 현대인들에게 놀이는 삶에서 강력하고 긍정적인 힘으로 작용하는 것이다. 프로이트 이후 많은 심리학자는 삶의 두 가지 근본적인 기둥으로 사랑과 일의 균형을 강조했다. 대부분의 심리상담 현장에서 다루어지는 이슈는 이 두 가지의 문제이다. 그런데 최근 마틴 셀리그만을 비롯한 정신건강 전문가들은 여기에 놀이가 포함되어야 한다고 강조한다. 놀이를 인간의 건강한 삶에 있어 일과 사랑만큼 중요한 요소로 보고 있다[9].

우리는 과거에 대한 후회와 미래에 대한 불안으로 수많은 생각을 만든다. 잠재되어 있던 마음의 상처들이 놀면서 무의식과 만나게 되고, 자연스럽게 치유되는 경험을 하게 된다. 이를 통해 나 자신이 주인공이 되는 건강한 마음 여행을 하게 된다. 놀이는 아이들의 것이라는 고정관념을 과감히 깨 보자. 번아웃 되어 가는 당신에게 놀이의 강력한 힘을 경험하게 하자. 모든 것이 변해 가는 새로운 세상에 놀이의 방법도 달라질 수 있다. 우리는 맛있는 음식은 직접 먹어야 한다는 오랜 생각의 틀을 깨고 다른 사람의 먹방을 보면서 재미를 느끼는 최첨단 디지털 인류가 아니던가? 명상은 하기 어렵다는 생각의 틀을 깨고 유튜브를 보고 명상을 하는 응용의 달인이 아니던가?

놀이, 기쁨 그리고 자발성은 우리의 타고난 생존 본능이고, 생존 본능은 우리에게 세상에 대한 호기심으로 다가온다. 호기심 가득한 눈과 마음으로 나를 둘러싼 세상을 탐험하자. 노트북 전원 스위치를 켜지 않으면 노트북은 작동되지 않는다. 나의 생존 본능을 끄집어내는 놀이의 버튼을 지금 당장 눌러 보자.

놀이와 뇌

미국의 행동주의 심리학자 도널드 헵(Donald O. Hebb)은 '뇌의 가소성 이론'을 빌려서 인간은 놀이를 통해서 비로소 뇌가 발달하고, 어른이 되는 과정을 거친다고 말한다. 이를 증명하기 위해 두 가지 조건의 환경으로 쥐를 사육하는 실험을 했다. 한 상자에는 아무것도 넣어 주지 않고, 다른 상자에는 놀이기구를 넣었더니, 뇌 발달에 현저하게 차이가 발생했다. 아무것도 넣어 주지 않은 상자에서 자란 쥐들은 신경세포들이 제대로 발달하지 못하지만, 놀이기구를 넣어 주었던 상자 안의 쥐는 시냅스 연결이 급격히 늘어난 사실을 관찰한 것이다. 이는 다양한 자극과 놀이가 쥐들의 뇌에서 신경세포들이 더 많은 수상돌기와 축삭돌기를 뻗고, 시냅스 연결도 증가하게 한다는 것을 보여 주는 실험이다[10].

이를 사람에게 대입해 보면 놀이를 통한 자극을 주면 뇌의 시냅스 연결이 급격하게 늘어날 수 있다는 것을 알 수 있다. 놀이와 관련된 시냅스가 증가한다는 것은 놀이하는 뇌의 근육이 붙는다는 것이다. 뇌의 근육이 조금이라도 붙게 되면 번아웃된 상태를 빠져나오는 것이 예전처럼 어려운 일이 아닐 수 있다. 단 지나친 인터넷, 게임, SNS 중독과 같은 부정적인 자극은 줄이고, 긍정적인 자극을 늘릴 필요가 있다.

충전 매뉴얼! 어떻게 놀 것인가?

'왜 놀아야 할까?' 정답은 '재미있으니까.'이다. 인간은 생존에 유리한 방향으로 뇌의 발달과 진화를 거쳐 왔다. 뇌가 쾌감을 느낀다는 것은 생존에 유리하기 때문이다. 놀이가 본성이라는 말은 잘 놀지 못하면 문제가 생긴다는 뜻이다. 밥을 먹지 못하거나 잠을 자지 못하면 생존에 문제가 생기듯이, 제대로 놀지 못하면 일도 생활도 문제가 생기는 것이다. 코로나 이전까지 우리는 열심히 일하고, 가끔 쉬고, 맛있는 음식을 먹고, 사람을 만나면서 스트레스를 풀었다. 혹은 해외여행 가는 것으로 번아웃에 빠지지 않으려고 노력을 했다. 그런데 코로나 시국에 만남도, 맛집 탐방도, 여행도 어려운 상황이다. 지금이 번아웃 탈출을 위한 급속충전기가 필요한 때다. 급속충전기의 '놀이 스위치'가 잘 작동되기 위한 매뉴얼을 소개한다.

첫째, 내가 무엇을 할 때 즐거움을 느끼는지 아는 것이다. 무엇을 할 때 재미를 느끼고, 아무 생각 없이 웃음이 나오고, 잠시나마 부정적 감정과 생각을 잊게 되는지 생각해 보자. 재미있게 느끼는 놀이 활동이 내 안에 분명히 있다. 그것을 여가 자원이라고 한다. 좋아하는 것을 내 안에서 찾는 것이 놀이를 통한 번아웃 탈출 스위치의 첫 버튼이 되는 것이다.

내가 좋아하는 놀이를 찾는 가장 효과적인 방법은, 취미 활동을 통해 찾는 것이다. 자연스럽게 재미를 느끼는 취미 활동은 번아웃 탈출을 위한 버튼이 될 수 있다. 힘들이지 않고 몸과 마음이 반응하는 취미 활동을 찾는 모험을 시작해 보자.

취미 활동을 두 가지 기준으로 보면, 하나는 혼자냐 함께냐이고 다른 하나는 신체형이냐 정신형이냐로 나뉜다.

	정신형	신체형
혼자형	독서, 서예, 도예, 종이접기, 뜨개질, 그림 그리기, 음악 감상, 노래 부르기, 악기 연주, 영화 관람	산책, 걷기, 요가, 헬스, 필라테스, 등산
함께형	바둑, 장기, 연극, 박물관 관람, 종교 활동, 봉사 활동, 합창, 밴드 공연, 여행, 답사 모임, 보드게임, 동화 구연	야구, 축구 등의 야외 스포츠 클럽 활동, 배드민턴, 탁구 등의 실내 스포츠 클럽활동, 라인댄스

위 취미 중 몇 가지를 배워 보고 경험해 봤는지 헤아려 보자. 새로운 취미 활동은 새로운 세상을 만나는 재미를 줄 것이다. 새로운 취미 활동에서 재미를 느끼려면 어느 정도의 장벽은 넘어야 한다. 평소에 관심 있던 취미 활동부터 시작해 보자. 요즘은 혼자 하는 취미 활동도 일정 기간 모임을 만들어 잘하고 있는지 공유하면서 격려하는 모임도 많이 있다.

행복한 사람은 소유보다 경험을 더 중요하게 생각한다. 그래서 새로운 것에 호기심을 가지고, 직접 경험하고, 좋은 경험을 통해 행복감을 느끼는 것이다. 물건을 사지 말라는 것이 아니라 소유하는 물건을 통해 다양한 관점의 경험치를 늘리라는 것이다. 뇌의 기억장치에 '삶에서 어떤 새롭고 좋은 경험을 많이 하는가?'라는 질문의 프로그램을 입력하자[11].

둘째, '손'으로 하는 놀이다. 인간이 태어나서 가장 먼저 하는 놀이는 엄마가 반복해서 알려 주는 곤지곤지, 죔죔(죄암죄암) 같은 놀이일 것이다. 이것을 손 놀이라고 한다. 우리의 신체 기관 중 가장 발달한 기관은 손이다. 인간은 직립보행이라는 어떻게 보면 생존에 불리한 진화과정을 선택한다. 손의 사용은 뇌의 발달과 밀접한 연관성이 있다. 손으로 하는 활동을 하면서 손의 감각을 통한 정보전달이 뇌의 시냅스를 연결하고 강화하는 것이다[7].

한국 사람이 머리가 좋고, 양궁에서 많은 금메달을 따는 이유를 어릴 때부터 해 온 젓가락질에 있다고 보는 사람도 있다. 그럼 매일 컴퓨터 자판을 수없이 두드리고, 하루에도 수백 번 스마트폰 화면을 미는 것으로도 충분히 뇌에 자극이 되지 않을까? 그런데 우리에게 필요한 것은 무의식적이고 습관적인 자극이 아니라 긍정적인 영향을 주는 자극이다. 어릴 적 형제들과 했던 실뜨기, 공기놀이 등이 손 놀이의 대표적인 놀이다. 현대의 손놀이는 그림 그리기, 색칠하기, 만들기, 종이접기, 프라모델 만들기, 서예, 도예, 뜨개질, 악기 배우기 등이 있다. 탁구, 배드민턴, 볼링과 같은 구기운동도 확장된 의미의 손 놀이로 볼 수 있다. 최근에는 코로나 영향으로 유행하고 있는 칼림바라는 악기도 손 놀이에 좋은 놀이도구이다. 손을 많이 움직이면 더 재미를 느끼고, 마음 근육도 뇌 근육도 단단해진다.

셋째, '밖'에서 하는 놀이이다. 중년의 남성들이 많이 보는 TV 프로그램이 있다. 자연에서 사는 사람을 찾아가 함께 생활해 보는 콘셉트인 TV 프로그램인데, 한번은 진행자를 당황하게 한 에피소드가 있었다. "이제까지 자연에서 먹어 본 음식 중 가장 맛있었던 음식은 무엇이었나요?"라는 진행자의 질문에 "라면이요."라는 생각지도 못한 대답이 나온 것이다. 자연에서 난 싱싱하고 몸에 좋은 재료를 제쳐 두고, 모두가 알고 있는 몸에 안 좋은 양념으로 맛을 내는 인스턴트 음식인 라면이라니... 순간 실망감과 함께 '이번 방송은 망했구나'라는 생각을 하면서 라면을 젓가락으로 집어 한 입 먹는 순간 본인도 모르게 입에서 감탄이 나왔다는 것이다. 냄비에서 라면을 집어 드는 순간, 자연의 공기와 접한 라면은 도시에서 맛보던 그 라면 맛이 아니었다는 것이었다. 그 이야기를 듣고 보니, MT 가서 먹었던 라면, 펜션에서 먹었던 고기 맛이 더 맛있게 느껴졌던 이유가 이해됐다.

현대화된 인간에게도 자연을 누비고 다니던 동물로서의 DNA가 남아 있었던 것일까? '밖에서 놀아라'라는 말은 정확하게 말하면 흙이 있는 곳에서 놀라는 것이다. 산업화와 개발화 과정에서 우리의 골목은 사라졌다. 아파트가 들어서면서 삶의 편리함은 늘었지만, 아이들의 아토피도 늘었고, 어른들의 심리적 공허감도 늘었다. 번아웃된 마음을 채울 수 없어 흙을 밟으러 멀리 올레길과 둘레길을 찾기도 한다. 더 멀리 산티아고 길을 걷는 것이 버킷리스트인 사람까지 있는 것을 보면, 흙은 인간의 생존에 뗄 수 없는 필요조건이다.[7]

'환경 심리학' 저널에 게재된 로체스터 대학의 연구에 의하면 야외에서 시간을 보내면 강력한 에너지를 얻을 수 있다고 한다. 리차드 라이언 교수는 "이때 중요한 것은 자연과의 교감이다. 신경이 스마트폰에 가 있으면 안 된다. 온전히 자연에 몰입해야 한다."라고 강조한다. 10분 정도 걷는 것만으로도 몇 시간 동안 지속하는 에너지 회복 효과가 생긴다[12].

또한, 흙 속에는 '마이코박테리움 박카이'이라는 박테리아가 포함되어 있는데 이것은 '행복 바이러스'로 불린다. 흙에서 노는 과정에 호흡기를 통해 체내로 들어오고 뇌로 전달되어 세로토닌 분비를 활성화한다. 가까운 공원이나 산에 갈 계획을 세워 보자. 그 잠깐의 시간으로도 번아웃에서 벗어나기 위한 당신의 생존 본능이 깨어나는 소리를 들을 수 있을 것이다.

2년쯤 전 방영된 한 드라마에 나오는 대사에서 놀이의 의미를 새겨 본다. "일만 하면 지루해. 놀기만 하면 지루해. 균형. 나한테는 이게 노는 거야. 노는 거는 중요해. 균형을 위해서. 균형이 없으면 어떻게 되는지 알아? 넘어져. 넘어지면 어떻게 되는지 알아? 아파."

잘 놀자! 삶의 균형을 위해, 몸과 마음이 아프지 않기 위해, 넘어지지 않기 위해!

행복으로 이끄는 몰입의 기술

몰입을 통해 번아웃 탈출은 물론
그 너머의 행복으로 나아가자.

번아웃 탈출을 위한 준비물

21세기는 정답이 없는 시대라고 한다. 그렇다면 변동성(Volatility), 불확실성(Uncertainty), 복잡성(Complexity), 모호성(Ambiguity)이라는 단어로 대변되는 VUCA시대에는 개인도 조직도 새로운 접근법이 필요하지 않을까?

넷플릭스에서 방영되는 화제의 한국 드라마가 있다. 어릴 적 동네에서 했던 놀이 이름을 그대로 사용한 '오징어 게임'이다. 초등학생들이 골목이나 학교 운동장에 오징어 모양의 선을 긋고 하던 놀이로, 옷이 찢어지거나 몸에 상처가 나기도 했던 제법 과격한 놀이였다. 처음 방영되었을 때는 호불호가 갈렸는데, '오징어 게임'은 방영된 지 한 달도 되지 않아 전 세계

80여 나라에서 1위를 기록했다. 몇 년 전 강남스타일이 세계적인 선풍을 끌었듯, '오징어 게임'에 나오는 놀이인 '무궁화꽃이 피었습니다'를 하는 유튜브 동영상이 수도 없이 검색된다. '오징어 게임'의 놀라운 인기의 비결은 무엇일까? 그것은 아마도 '팬데믹 시대에 번아웃 되어 가는 사람들의 생존을 위한 몸부림이 아닐까?'라고 생각한다.

어릴 적 놀았던 놀이와 비슷한 놀이를 다른 나라의 드라마에서 만난 것은, 그 시절의 친구들을 다시 만난 것 같은 시간여행을 하게 한다. 2년 가까이 외출도 제대로 못 한 사람에게 오징어 게임에 나오는 놀이는 그냥 보는 것만이 아닌 직접 해 볼 수 있는 놀이 요소가 많이 있다. 설탕을 녹여서 '달고나'를 만드느라 지구촌 부엌의 국자들은 매일 새카맣게 타고 있다. 드라마에서 공식 이름은 '달고나'이지만 지역마다 '쪽자', '국자', '포또' 등 다른 이름으로 불러도 전혀 반론을 제기하지 않는 것도 심리적 안전감을 높인다.

너무나도 천진난만 모습으로 참가한 오일남 할아버지는 "보는 것이 하는 것보다 더 재미있을 수가 없지."라는 명대사를 남긴다. 오징어 게임은 번아웃에 이르게 한 수많은 정보로 쌓은 몰입 장벽을 뛰어올라 그 너머 세계를 보게 한다.

번아웃 탈출에 제일 효과적인 방법 중 하나는 여행이다. 번아웃 탈출을 위한 일시적인 여행이 아니라 몰입을 위한 여행을 준비하자. 그 여행을 위해 우선 내 몸과 마음의 에너지부터 충전하자. 그리고 여행에 필요한 준비물을 챙기자. 그 준비물은 앞에서 이야기한 수면, 취미, 재미, 의미, 흙, 몸 움직임, 긍정 정서, 성공 경험, 배움에서 찾을 수 있다. 준비물이 잘 갖춰지면 우리의 마음 근육은 단단해지고 일상에 더 몰입하게 되고 행복에 좀 더 가까워진다.

번아웃을 넘어 행복으로

진정한 몰입은 하고 싶은 일에서 느끼는 몰입보다는 해야 하는 일에서 느끼는 몰입을 말한다. 하지만 해야 할 일을 몰입할 때는 수동적인 몰입이 될 가능성이 높다. 그렇기에 어떻게 살 것인가에 대한 진지한 고민이 필요한 것이다[13].

현대인에게 번아웃은 머지않은 시간에 한두 번은 찾아올 손님이다. 손님이 찾아와 문제를 일으킨다고 주인이 그 집을 방치하거나 버리지 않을 것이다. 어질러진 방을 정리하고 그 가운데 필요한 물건과 버릴 물건을 구분하는 데 시간을 할애할 것이다. 그러다가 어느 상자에서 고이 간직했던 어릴 적 소중한 물건 하나를 보며 웃음 지을 수도 있는 것이다.

번아웃 탈출의 스위치는 의외로 가까운 곳에 있다. 방에 불이 꺼져 있으면 자다 일어나 벽을 더듬어 스위치를 켠다. 내 안에 '재미'라는 이름의 스위치를 찾아내는 것, 그 옆에 '의미'라는 스위치도 함께 있는지 확인하기만 하면 된다. 재미와 의미라는 두 개의 스위치를 동시에 누를 때 몰입이라는 전등이 켜진다. 이것 한 가지만 기억하자. 눈에 보이지 않아도 몰입을 위한 에너지는 가까이 있다. 스위치만 켜면 되는 것이다.

　인간은 일하는 시간만큼이나 많은 시간을 노는 데 사용한다. 그리고 어떻게 노느냐가 그 사람을 규정한다. 나를 행복하게 만드는 시간도 바로 노는 시간이다. 놀 때 긍정적 정서를 많이 느끼게 되고, 이는 몰입경험도 함께 찾아온다.

　좋은 질문은 우리를 성장시키고, 그 자체로 커다란 대답이기도 하다. 우선 '번아웃 탈출에 왜 몰입인가?', '놀이가 몰입의 지름길이 될 수 있는가?' '몰입과 놀이로 번아웃 탈출이 최상의 목표인가?'라는 질문이 떠오른다.

　이에 대한 일차적인 결론은 잘 놀 때 뇌가 활성화되어 번아웃이 예방된다는 것이다. 그러다가 결국 '어떻게 사는 것이 잘 사는 것인가?'라는 질문과 '나는 지금 어떤 상태에 있는가?'라는 질문이 계속 머리를 맴돌게 된다.

　행복에 대한 이야기를 잠깐 하면서 이 장을 마무리하고자 한다. 행복이라고 하면 좋은 기분의 상태와 좋은 삶의 상태로 구분할 수 있다. 좋은 기분의 상태는 소극적 의미의 행복을 좋은 삶의 상태는 적극적 의미의 행복이라고 볼 수 있다. 행복한 사람은 삶에서 긍정적인 정서를 자주 경험할 수 있는 환경을 구축하는 데 관심을 두고 에너지를 쏟는다. 번아웃을 넘어 행복으로 가는 과정은 삶에서 충전과 집중을 자주 경험할 수 있는 긍정적인 환경을 구축하는 것이다.

당신은 늘 긴장 속에 살아가는 얼룩말의 수동적 몰입을 원하는가? 여유 속에 목표가 나타났을 때 온 힘 다해 달려가는 사자의 능동적 몰입을 원하는가? 번아웃 탈출을 넘어 충전과 몰입의 세계로 가는 스위치를 ON 하라.

5장

나에게도
배터리 충전이 필요해

우리는 참 많은 것들로 바쁘다. 일, 육아, 사업, 학업에 치여서 눈코 뜰 새 없이 정신없는 하루를 보내고 있다. 그런데 정작 '나'에게 집중하는 시간은 얼마나 되는가? 어제 하루 동안 나를 돌보기 위한 시간으로 얼마나 썼는가? 마음이 지쳤을 때 어떻게 마음을 위로해 주는가? 사실 삶이 바쁘다 보면 우선순위에서 먼저 물러나는 것이 바로 자기 돌봄이다. 번아웃을 막기 위해 이제는 자기 돌봄에 집중해야 한다.

이제는
배터리 충전이 필요해

방전된 몸과 마음의 배터리에
자기 돌봄을 통한 에너지 충전이 필요하다.

오늘도 정신없는 하루를 보냈나요?

예능프로그램에 나온 한 유명가수의 이야기다. 그녀는 연예계 데뷔 후 가수로서 성공하고자 앞만 바라보며 바쁘고 치열하게 살아왔다. 열 가지를 잘해도 한 가지 못하면 그 한 가지로 스스로를 채찍질했고 자신을 잃어가며 오랜 시간 버터 왔다. 그리고 갑작스러운 노래 표절 논란으로 몸과 마음이 지쳐 무너지려 한 순간, 결국 정신과 전문의의 심리상담까지 받게 되었다. 당시 전문의는 이렇게 말했다고 한다. "집에 금은 잔뜩 쌓여 있는데 정작 먹을 쌀은 없어요. 그 금을 빨리 쌀로 바꿔서 먹어야 해요." 이후 그녀는 상담을 통해 '내가 나를 사랑할 줄 모르고 나 자신을 방치했구나.'라고 느끼며 소홀했던 자신에게 사과하며 이제는 본인을 돌아보고 사랑하며 살고 있다고 한다.

자신에게 한번 물어보자.

'이번 주도 정신없이 하루하루를 보냈는가?'

'그렇다면 나를 위한 시간은 얼마나 가졌는가?'

우리는 참 많은 것들로 바쁘다. 일, 육아, 사업, 학업에 치여서 눈코 뜰 새 없이 바쁜 하루를 보내고 있다. 우리는 살면서 부모, 자녀, 조직 내 관리자, 사업 대표 등 다양한 역할을 갖고 그 역할에 충실하려고 노력한다. 또한 인간관계 내에서 좋은 관계를 유지하느라 다분히 애쓰고 있고 미래의 꿈과 목표를 향해 앞만 보며 달려가고 있다. 모든 것에 잘하려 애쓰다 보니 정작 자신을 돌보는 시간은 부족하다. 인간은 항상 성장과 발전을 꿈꾸는 동물이기에 다양한 분야에 집중하고 도전하는 일은 중요하다. 그런데 정작 '나'에게 집중하는 시간은 얼마나 되는가? 어제 하루 동안 나를 돌보기 위한 시간으로 얼마나 썼는가? 마음이 지쳤을 때 어떻게 마음을 위로해 주는가? 사실 삶이 바쁘다 보면 우선순위에서 먼저 물러나는 것이 바로 자기 돌봄이다. 번아웃은 자기 돌봄에 소홀할 때 쉽게 찾아온다.

이 장에서는 번아웃 예방을 위한 '자기 돌봄'을 이야기하려 한다. 자신을 돌본다는 것은 스스로 몸과 마음에 에너지를 채우는 작업이다. 자기 돌봄 없이 사는 것은 우리 몸과 마음의 배터리를 방전될 때까지 끊임없이 사용만 하는 것과 같다. 특히 현대인들은 일상 속에서 발생하는 만성 스트레스로 긴장 상태(투쟁 도피)가 유지되어 심신의 에너지가 더욱더 빠르게 소진, 고갈된다. 그리고 심리, 신체에 증상과 질병이 나타난 후에야 배터리가 완전히 방전되어 스스로 무리하고 있었다는 걸 느끼게 된다. 건강을 놓치면 소중한 가족, 친구를 챙길 수도 없고 지금 하는 일조차 할 수 없게 된다. '건강을 잃은 삶이 과연 의미 있는 삶인가?' 한번쯤 생각해 볼 필요가 있다.

책을 읽고 있는 지금 몸과 마음의 피로도는 어떠한가? 다시 말해 배터리 상태는 어떠한가? 이번 장을 읽을 때만큼은 업무 생각은 내려놓고 SNS도 잠시 닫으며 외부가 아닌 자신에게 집중해 보는 것은 어떨까. 몸과 마음 상태는 어떠한지 돌아보고 인정하면서 진짜 '나'를 만나는 시간을 가져 보자. 인생을 관객처럼 한 발짝 물러나 자신을 바라보는 시간을 가져 보자.

오늘부터 필요한 마음가짐

인디언 구전동화의 한 대목이다. 나이 든 인디언이 손자에게 말했다. "우리 마음속에는 두 마리의 늑대가 끊임없이 싸우고 있단다. 하나는 악한 늑대로 두려움과 분노, 시기심, 욕심, 교만 등을 상징하고 다른 하나는 선한 늑대로 기쁨과 겸손, 자신감, 자애, 진실, 친절 등을 나타낸단다." 이 말을 듣고 손자가 물었다. "그렇다면 어떤 늑대가 이겨요?" 나이 든 인디언이 대답했다. "네가 먹이를 주어 키운 늑대가 이기지."

마음속에 어떤 늑대를 키우느냐는 내가 결정한다. 우리는 몸과 마음을 스스로 치유할 힘이 있다. 의식적인 행동과 생각으로 좋은 호르몬을 활성화할 수 있다. 심지어 우리가 원하는 대로 뇌도 바꿀 수 있다. 성인이 되면 우리의 뇌는 더 변하지 않는다고 생각한다. 하지만 뇌는 나이와 상관없이 계속 바꿀 수 있는데, 이를 '뇌 가소성'이라 한다. 자기 돌봄의 시간이 점차 쌓이다 보면 우리의 뇌는 점차 긍정적인 방향으로 바뀌며 강화될 것이다.

자기 돌봄을 위해 두 가지 마음가짐이 필요하다.

첫째, '자기 돌봄'을 중요한 우선순위로 두자. "그럴 시간이 없어요."라는 말은 그만큼 그 일이 중요하지 않다는 것이다. 앞에서 말했던 것처럼 자기 돌봄 없이는 배터리 방전으로 멀리 갈 수 없다. 금방 지치고 쓰러질 것이다. 번아웃을 예방하고 스트레스와 공생하며 좋아하는 일을 하면서 사랑하는 사람들과 건강하게 잘 살기 위해, 이제는 나를 위한 시간을 내야 한다. 이직한다든지, 인간관계를 끊는다든지, 육아를 그만두는 등 번아웃의 직접적인 원인을 제거할 수 없다면, 내가 나를 지켜야 하기에 자기 돌봄은 매우 중요하다. 이제는 자기 돌봄을 일과의 중요한 우선순위로 두자.

둘째, 지속적인 '자기 돌봄'이다. 며칠에서 몇 주 실천해 보고 몸, 마음 상태가 괜찮아졌다 느껴졌을 때 그만두면 안 된다. 우리네 인생은 단거리 경주가 아니라 마라톤이지 않은가. 지속해서 에너지를 충전하는 시간을 가지면서 속도를 조절해야 한다. 수시로 충전하고 오래 내다보고 가야 한다.

이번 장에서는 몸, 마음의 배터리충전을 위해 '생각 충전법'과 '행동 충전법'을 소개한다. 일터와 삶터 곳곳에서 즉각적으로 실천할 수 있는 번아웃 예방 솔루션들이다. 전류의 흐름이 음에서 양으로 가는 것처럼, 생각부터 시작하여 행동으로 옮겨가는 연습을 해야 한다는 개념으로 '생각 충전법'부터 소개하겠다.

생각 충전
WHY 솔루션

나를 소진시키는 생각들은 버리고,
에너지를 충전시키는 생각들로 번아웃을 예방하자.

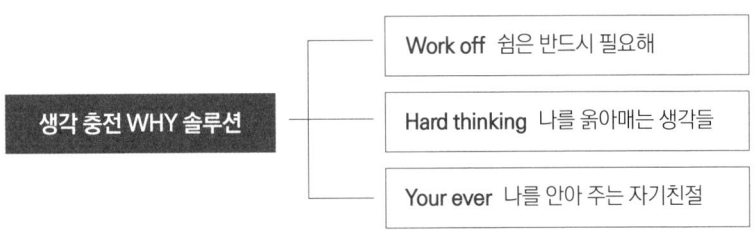

Work off, 쉼은 반드시 필요해

영업팀 대리 나일만 씨는 늘 동분서주다. 일과시간에는 줄줄이 잡혀 있는 미팅 때문에 온종일 운전을 한다. 실시간으로 고객들을 응대해야 해서 언제 울릴지 모르는 전화로 항상 마음은 긴장돼 있다. 주말에도 휴대폰을 꺼 놓을 수 없다. 바쁜 일정에 점심 먹는 시간이 아까워 식사마저도 이동하면서 차에서 인스턴트 음식으로 가볍게 때우기 일쑤다. 직장인으로 쉼 없이 앞만 보고 살아온 지도 7년 차. 매일 피곤하고 벅차지만, 왠지 몸이 힘들수록 남들보다 열심히 산다는 생각으로 지친 마음을 달래곤 한다.

바쁜 일상 속에서 '휴식' 없이 앞만 보고 달리는 사람들이 많다. 번아웃을 만드는 대표적인 일상이기도 하다. 몸과 마음의 에너지는 '무한'한 것이 아니라 '유한'하므로 휴식을 취하지 않으면 결국 심신의 배터리는 점차 고갈되어 방전될 수밖에 없다.

우리는 '과로를 요구하는 사회', '소진될 수밖에 없는 사회'에서 살고 있다. 해야 할 일이 끊임없이 밀려들어 좀처럼 끝이 보이질 않는다. 요즘 워라밸과 52시간 근무제 도입으로 휴식에 대한 인식은 조금 더 긍정적인 방향으로 바뀌었지만, 아직도 우리의 시간은 대부분 에너지를 '쓰는' 것에 집중되어 있다. 에너지를 보충하기 위한 자기 돌봄의 시간은 쉽게 내지 않는다. 쉰다는 것은 부지런하지 못하고 게으르다는 느낌을 준다며 부정적인 생각을 하기도 한다. '죽어서 잠만 잘 건데, 자는 시간도 아까워.', '휴식은 시간 낭비야.' '일하는 동안 틈틈이 시간 쪼개서 자기계발 하고 자격증을 따야지.'라고 생각하는 것이다. 열심히 달리지 않으면 마치 도태될 것 같고 좀 피곤해야 일하는 보람도 있다고 생각한다.

일이 바쁘니 휴가 낼 틈이 없고 하루 중 나를 위해 쉴 수 있는 시간이 턱없이 부족하다고 말하는 사람들도 많다. 또 어떻게 쉬어야 할지 잘 모르거나 잘못된 방법으로 쉬는 사람들도 많다. 어떤 이들은 퇴근 후 지치고 무거운 몸을 이끌고 침대에 누워 잠들기 전 스마트폰을 만지는 시간을 하루의 유일한 낙이자 휴식이라 생각한다.

일과 삶 속에서 충분한 휴식이 없을 때 몸과 마음은 어떻게 될까? 휴식이 없다는 것은 심신이 계속 피곤하고 긴장 상태(스트레스 상태)에 머물러 있는 것이다. 마치 자동차의 시동을 끄지 않은 채 방전될 때까지 그대로 두는 것과 같다. 인체는 스트레스로부터 자신를 보호하기 위해 아드레날린과 코르티솔 호르몬을 활성화한다. 전신의 교감신경은 흥분상태가 되어 혈압과 심장 박동이 계속 증가하고 소화기능을 억제해 소화불량 등을 일으킨다. 승모근을 포함한 긴장된 근육들 때문에 전신 곳곳에 통증까지 나타나기도 한다. 뇌에도 영향을 주어 해마의 기능이 저하되면서 학습 능력과 기억력이 떨어진다. 당연히 일의 능률도 떨어질 수밖에 없다. 이런 다양한 증상들은 좀 쉬라는 몸의 신호다. 이 신호를 무시한다면 그 끝은 질병으로 연결된다. 매일 에너지만 쓰고 정작 충전은 하지 않으니 우리 몸과 마음의 배터리는 방전되어 번아웃에도 점점 가까워질 것이다. 휴식이 시간 낭비라 생각하면 큰 오산이다. 치열한 경쟁, 팬데믹, 일중독으로 지친 우리에게 휴식은 선택이 아니라 필수다.

건강을 위해 양질의 휴식을 취하는 것이 필요하다. 우리의 몸은 오직 휴식을 통해서 회복 및 재생될 수 있도록 설계되어 있기 때문이다. 매일 바쁘게 돌아가는 몸과 마음, 뇌는 반드시 휴식으로써 회복시켜야 한다. 온전히 자신을 위한 휴식은 복잡했던 몸과 마음을 깨끗이 비우게 만들어 정리할 수 있도록 돕는다. 휴식을 통해 뇌를 이완시키면 새로운 아이디어와 문제해결, 창조적인 생각을 발휘할 수 있게 만든다. 정신적인 압박감이 줄어들어 저절로 신선한 아이디어를 창출해 낼 수 있다. 휴식은 시간 낭비나 비생산적인 활동이 아니라 생산성과 창의성을 높이며 주변을 더 또렷이 보게 만든다. 또 적극적인 휴식을 취한 뇌는 행복과 안정감을 주는 신경전달물질인 세로토닌을 분비한다. 이는 몸과 마음에 편안함을 느끼게 해 주며 좋은 수면에도 영향을 준다. 이제 휴식은 꼭 필요한 것이라는 생각으로 바꿔 보자.

실리콘밸리 컨설턴트이자 스탠퍼드대 연구원인 '알렉스 수정 김 방'은 「일만 하지 않습니다」라는 저서에서 '의도적인 휴식'의 중요성을 강조하고 있다. 윈스턴 처칠, 찰스 다윈, 빌 게이츠 등 많은 성공한 사람들의 일과에는 휴식 규칙이 있다고 한다[1]. 일과 쉼의 조화를 위해 일과 중 쉬는 시간을 반드시 넣어 완벽하게 쉬고 집중적으로 일했다고 말한다. 번아웃을 막기 위해 이제 '의도적인 휴식'을 적용해야 할 때다. 우리, 좀 쉬어도 된다. 그리고 쉬어야 한다.

Hard thinking, 나를 옭아매는 생각들

인간은 생각하는 존재다. 그리고 생각들이 살아가면서 겪는 다양한 경험을 통해 신념을 만들기도 한다. 그리고 내가 가지고 있는 생각과 신념들은 여러 문제를 만들기도 한다. 그중 번아웃에 빠지게 만드는 생각들이 있다. 예를 들면 '성실해야 해' '주변으로부터 인정받아야 해' '더 잘해야 해'와 같은 '~해야 한다'는 생각과 '난 역시 안 돼'와 같이 자신을 비판적으로 단정 지어 생각하는 것들이다. 이러한 생각들은 어릴 적 부모님으로부터 받은 영향, 사회가 심어 준 생각, 성인이 될 때까지의 크고 작은 사건의 경험 등이 쌓여 만들어진 것이다.

나를 괴롭히는 생각들은 오랜 기간 형성되어 하나의 신념이 된다. 이것은 살아가는 데 방향을 알려 주는 나침반 역할을 하기도 하지만 때론 스스로를 옭아매어 힘들게 만드는 원인이 되기도 한다. '~을 해야 한다'는 생각은 그 행동을 하지 못했을 때 왠지 내가 잘못한 것처럼 느껴지고 남들처럼 잘 살지 못하는 것 같아 자책하게 만든다. 이 생각이 긴장과 스트레스를 유발하고 마음에 부담감을 주는 것이다. 스스로 번아웃에 빠지게 만드는 생각들을 구체적으로 알아보자.

1. '역시 안 된다'는 자기비판

자신을 갉아먹는 과도한 자기비판 생각이 번아웃을 일으키는 원인이 될 수 있다. 평소 과도하게 자기를 비판하는 사람들은 무엇을 하든 자신에 대해 부정적 평가를 한다. 가령 '왜 그랬지? 그때 이런 결정을 했으면 더 좋았잖아.' '내가 하는 일이 다 그렇지 뭐.' '모든 것이 엉망이야.'와 같은 생각들이다. 이런 비판적이고 부정적인 생각은 더 많은 긴장감을 초래한다. 생각만으로 불필요한 중압감을 만든다. 자신을 객관적으로 바라보고 잘못한 일들에 대해 돌아보는 시간은 분명히 필요하다. 하지만 이런 생각이 지나치면 나를 더 위축시키고 긴장과 불안감이 생겨 번아웃으로 가는 지름길이 된다. 이제는 '나'를 비판할 것이 아니라 내가 가진 '잘못된 생각'을 비판하라.

앞서 뇌 가소성에 대해 이야기했었다. 뇌는 나이와 상관없이 행동과 습관, 생각에 따라 그쪽으로 발전시킬 수 있다. 같은 스트레스 상황에 두 사람이 있다고 가정해 보자. '지금은 좀 어렵지만 결국 잘 끝날 거야.'라고 자주 좋은 방향으로 생각하는 사람과 '망했어. 내가 하는 일이 다 그렇지 뭐.'라고 시시때때로 부정적인 방향으로 생각하는 사람이 있다. 이 둘의 뇌는 시간이 지날수록 서로 다른 뇌 가소성으로 생각의 길이 달라질 것이다. 후자의 경우 부정의 길이 만들어져 작은 스트레스 상황에서도 빠르게 안 좋은 감정과 생각이 쉽게 올라온다. 전자의 경우 뇌 속 긍정의 길이 잘 다져지고 탄탄해서 같은 스트레스 상황에서도 빠르게 긍정적으로 생각을 전환할 수 있다. 이렇게 매일 내가 만들어 가는 긍정적인 뇌의 변화는 부교감신경이나 긍정호르몬 활성화 등으로 결국 마음과 몸에도 영향을 준다.

"사람을 타락시키는 가장 큰 악마는 자신을 부정적으로 생각하는 것이다."

- 독일 철학자 괴테

살다 보면 누구나 잘못하고 실패할 수 있다. 실패도 인생의 일부다. 이때 자신을 비판하기보다는 잠시 숨을 고르고 나를 돌아보고 안아 주며 무엇이 잘못됐는지 생각해 보는 기회로 삼자.

2. '나 중심'이 아닌 '타인 중심' 생각

'착하지 않으면 사랑받을 수 없고 버림받을 것이다.'와 같은 착한 아이 증후군이 대표적인 사례다. 이는 어릴 적 착한 사람에 대한 믿음의 바탕에서 생성된다고 한다. 자신의 욕구보다는 타인의 욕구에 맞추며 최대한 타인과의 갈등을 만들지 않는 사람으로서 어른이 되어서도 감정을 솔직하게 표현하지 못한다. 타인에게 착한 사람으로 남기 위해 욕구를 억압하면서 지나치게 노력한다. 자신의 이익보다는 타인의 이익을 생각하여 받은 것보다 더 많이 베풀고 나누는 사람이다. 이런 사람들은 조직 내에서는 거절을 잘하지 못하고 'yes 맨'으로서 일을 많이 도맡고 부당한 지시에도 따른다. 겉으로는 함께하기에 따뜻하고 좋은 사람이지만 정작 '자신'을 챙기지 못하여 몸과 마음이 너덜너덜해지기도 한다. 즉, 몸과 마음의 배터리가 빠르게 소모된다.

브로니 웨어의 저서 「죽을 때 가장 후회하는 다섯 가지(The Top Five Regrets of the Dying)」에서는 시한부 환자들이 죽기 전 후회하는 것에 대해 서술했다. 그중 하나가 '내가 원하는 삶을 살지 못하고 다른 사람이 기대하는 삶을 살았다'이다. 내가 원하는 삶을 살 것인가?, 타인에게 잘 보이는 삶을 살 것인가? 나는 인생의 주연이지 조연이 아니다. 기준을 내가 아닌 타인에게 맞추다 보면 작은 일에도 울고 웃는 '일희일비(一喜一悲)'의 삶을 살게 된다.

물론 인생에서 이타적인 행동은 필요하다. 하지만 무조건 타인을 배려하고 도우면서 내가 과하게 소진되고 있다면 과연 이런 행동을 잘했다고 할 수 있을까? 타인에겐 즐거움을 주면서 스스로에겐 상처를 주고 있다면 바람직한 행동인가? 혹시 착한 아이 증후군에 빠져 있다면 이제부턴 나에게 '이걸 하면 너무 부담스럽거나 벅차진 않은가?', '나는 나에게 좋은 사람인가?'와 같은 질문을 던져 보자. 내면의 진짜 속마음을 들여다보자. 타인을 먼저 신경 쓰기보다 자신이 가장 중요한 존재임을 마음에 새기고 살아갈 필요가 있다. 내 몸과 마음이 건강해야 건강한 이타적인 마음과 행동도 나온다. 나를 보살피고 안아 주며 심신에 여유가 있을 때 진심으로 남을 배려하고 돕는 자세도 자연스럽게 나오게 된다.

Your ever, 나를 안아 주는 자기친절

열심히 살다 보면 너무 지치고 힘이 들어 어디론가 숨어 버리고 싶을 때가 있다. 그 누구도 만나고 싶지 않고 그 어떤 말도 하고 싶지 않고 듣고 싶지 않다. 이럴 땐 누가 나를 위로해 줘야 할까? 누가 나를 안아 줘야 할까? 누가 나에게 괜찮다는 따뜻한 한마디를 해 줄 수 있을까? 어른이 돼서도 어딘가 기대고 싶고 위로받고 싶을 때가 있다.

이럴 때 필요한 것이 바로 자기 친절이다. 마음의 소리를 듣고 위로해 주고 마음을 안아 주자. 극한의 스트레스를 받는 상황일수록 자신을 잘 안아줘야 한다. 나에 대해 제일 잘 아는 사람은 바로 '자신'이다. 세상에서 가장 좋은 벗도 자신이고 가장 나쁜 벗도 자신일 것이다. 스스로 토닥여 주고 안아 준다는 것, 이것은 몸과 마음의 에너지를 다 써 버린 번아웃 상태를 막기 위해 꼭 필요한 마음가짐이다.

가정해 보자. 가장 친한 친구가 개인적인 일로 매우 힘든 시간을 보내고 있다면, 당신은 옆에서 어떻게 말해 줄 것인가? 설마 "넌 그것도 못 해? 남들 다 힘들어. 너만 힘든 것 아냐. 힘들다고 징징거리지 좀 마."라고 할 것인가? 아마도 일단 친구를 만나서 어려운 상황을 귀 기울여 자세히 들어 줄 것이며, 그 마음에 공감해 주고 어깨를 토닥여 주며 안아 주기도 할 것이다. "힘들면 울어도 돼. 혹시나 도움이 필요하다면 언제든지 말해."라고 따뜻한 말 한마디도 해 줄 것이다.

친한 친구에게는 카운슬러가 잘 되어 주면서 자신에게는 과하게 냉정한 사람이 되지 말자. 주변의 친절한 사람들을 떠올려 보자. 배려심 있고 이야기도 잘 들어 주고 나를 편안하게 만들어 준다. 이것을 스스로에게 하는 것이 바로 '자기 친절'이다. 나의 최고의 벗인 '내'가 직접 내 감정 상태를 자세히 들여다보고 마음속 이야기를 듣고 내 실수와 잘못을 이해하고 자신에게 친절히 대하는 것이다. 힘들어하는 친구에게 옆에서 용기를 북돋아 주듯이 나에게도 친구처럼 다정히 다가가자. 자신의 마음을 제3자로 보며 따뜻한 이해와 공감, 격려를 해 주는 것이 필요하다. 그렇다면 자기 친절은 어떻게 해야 할까? 조금 더 구체적으로 살펴보자.

1. 자세히 '관찰'하기

먼저 친절하게 마음에 다가가자. 내 감정을 이해하기 위해 평소 느껴지는 감정과 부정적인 생각들을 하나하나 살펴보자. 그리고 한 발짝 물러서서 마음을 멀리서 들여다보자. '아~ 지금 불안하구나! 그래서 자꾸 가슴도 답답하고 불편했구나!'라고 마음을 관찰하자. 혹은 '지금 불안함을 느끼고 있구나.'와 같이 내 감정과 마음을 그대로 받아들이자. 이런 것들을 수용해야 '그럴 수 있음'을 인정받을 수 있고 이해할 수 있다. 미세한 차이지만 큰 변화를 일으킬 수 있다.

2. 가만히 '경청'하기

절망과 속상함으로 힘든 친구에게 "힘 내!"라고 했을 때 과연 힘을 낼 수 있을까? '힘 내'라는 말로 마음은 힘을 내지 않는다. 혹은 친구의 잘못한 점을 객관적이고 이성적으로 판단하여 날카로운 조언을 해 준다면 그 친구에게 도움이 될까? 마음이 다친 상태에서 섣부른 충고는 오히려 상처만 더 줄 수 있다. 단지 옆에서 묵묵히 이야기를 잘 들어 주고 언제든 힘들면 또 나를 찾으라고 해 주는 말 한마디가 어쩌면 가장 좋을지 모른다. 내 마음도 마찬가지다. 든든하게 옆에 있어 주며 마음속 이야기를 잘 들어 주자.

3. 따뜻한 '공감'하기

마지막으로 번아웃이 올 정도로 마음이 힘들고 지칠 때 '그럴 수 있다'고 공감해 주고 따뜻한 격려로 다독여 주자. '그깟 걸로 이렇게 힘들다고? 세상에 힘든 일이 얼마나 많은데!'라고 마음을 다그치지 말자. 다음과 같이 말해 보면 어떨까. '많이 힘들었겠다. 네가 잘못해서가 아니야. 인생을 살다 보면 우린 충분히 그럴 수 있어.'라고 이해하고 공감해 보자. 극단적인 선택을 하고 싶을 만큼 힘든 사람에게 진심 어린 관심과 따뜻한 말 한마디는 다시 일어설 수 있게 만든다. '그까짓 말 한마디가?'라고 생각할 수 있겠지만 말에는 우리가 생각하는 그 이상의 힘을 가지고 있다.

마음과 진정한 벗이 될 것인가? 적대적인 관계가 될 것인가? 번아웃을 막기 위해선 마음이 지쳤을 때 스스로 이해, 공감, 친절을 베풀 수 있어야 한다. '나 요즘 많이 힘들고 어렵구나. 이런 어려운 상황 속에서 어떻게 하면 나를 잘 위로하고 자신을 잘 챙길 수 있을까?'와 같이 나를 안아 줄 방법들을 꾸준히 생각하며 진정한 벗이 되도록 노력하자.

행동 충전
HOW 솔루션

몸과 마음은 분리할 수 없다.
몸을 통한 건강한 움직임과 행동으로 지친 마음을 달래 보자.

행동 충전 HOW 솔루션	Holding gaze 뇌를 살리는 멍 때리기
	Observing breath 제대로 된 호흡하기
	Walking slowly 지금 여기에 집중하는 걷기명상

Holding gaze, 뇌를 살리는 멍 때리기

업무상 항상 스마트폰을 달고 사는 김엄지 씨, 10분에 한 번씩은 습관처럼 스마트폰 화면을 열어 보는 것 같다. SNS 알람이 쉴 없이 뜨기에 자꾸 눌러 보게 되고, 오늘의 사건 사고는 없는지 뉴스를 통해 확인해야 하며, 주가는 어떻게 됐는지 주식 차트도 자주 들여다봐야 한다. 어느 날은 스마트폰 인터넷 검색 창을 열었는데 '어랏, 뭘 검색하려고 열었더라?' 하고 갑자기 기억이 나질 않는다. 요새 이런 일들이 종종 있는 듯하다. 지난주에는 업무상 중요한 일정도 기억을 못 해 곤란했던 적이 있었다. 혹시 요즘 젊은 층들이 겪는다는 건망증인 영츠하이머가 아닌가 싶다.

번아웃 증후군을 탈진 증후군이라 한다. 몸과 마음의 에너지를 다 써 버려 기운이 다 빠져 없어진 상태다. 우리의 뇌 역시 극심한 피로함에 과부하가 걸려 번아웃이 올 수 있다. 뇌는 하루 24시간 끊임없이 활동하는 기관인데 요즘 사람들은 안 그래도 바쁜 뇌에 더욱 강한 부하를 주고 있다. 잠들기 직전까지 일 생각, 가족 걱정, 미래에 대한 고민, 지나간 일에 대한 후회 등 우리 뇌는 쉴 틈이 없다. 여기에 만성 스트레스까지 더해지면 뇌는 금방 탈진 상태에 빠질 수 있다.

사례에서 나온 신조어 영츠하이머는 '젊은(Young)'과 '알츠하이머(Alzheimer)'가 결합한 단어로 젊은 나이에 심하게 겪는 건망증, 기억력 감퇴를 뜻한다. 주원인은 스트레스와 우울증, 스마트폰의 과도한 사용으로 뇌 기억 처리 과정에 어려움이 생긴 것이다. '매일매일 해도 쳇바퀴 돌아가듯 끝나지 않는 업무'와 '종일 붙잡고 있는 스마트폰에서 들어오는 방대한 정보들'은 머릿속에 계속 유입되어 어지럽게 넘쳐 난다.

항상 할 일이 쌓여 있다 보니 요즘 사람들은 멀티태스킹도 곧잘 한다. 업무를 하다가도 상사에게 메신저가 오면 곧바로 확인하고 답장을 해야 한다. 잠깐 틈을 내어 화장실을 갈 땐 스마트폰으로 이메일을 열어 보고, 점심을 먹으면서 쌓여 있는 채팅방에 하나하나 답장도 한다. 퇴근길에는 오늘 못 본 여러 SNS를 하나씩 하면서 이슈는 무엇이 있었는지 확인하며 머리와 손은 멈춤이 없다. 뇌는 정리할 시간이 필요하다. 들어온 것을 차근차근 생각하고, 내 것으로 만드는 시간 말이다. 뇌의 쉼 없는 활동과 끊임없는 정보의 유입은 불필요한 긴장과 불안, 만성적인 피로, 반복적인 스트레스를 유발한다. 과부하가 걸린 뇌는 금방 탈진상태에 이르러 번아웃이 더욱 빨리 오기 마련이다.

이때 필요한 것은 바로 뇌가 쉴 수 있는 시간, 뇌를 정리할 수 있는 시간을 마련해 주는 것이다. 언제 어디서든 쉽게 실천할 수 있는 '멍 때리기'를 추천한다. 사람의 뇌는 몸무게의 약 2% 정도에 불과하지만, 몸이 사용하는 에너지의 20% 가량을 사용하는 기관이다. 같은 무게의 근육과 비교하면 혈액과 산소를 10배 정도 더 사용한다. 뇌는 일상에서 생각하고 행동하고 느끼는 모든 활동을 관리하는 등 항상 열심히 일하는 기관이다. 몸 배터리 충전을 위해 몸을 쉬듯이 건강한 뇌를 유지하기 위해서는 뇌도 휴식을 취해 줘야 한다. 그렇다면 뇌를 맑게 하는 '멍 때리기'엔 어떤 효과가 있을까?

멍 때리기가 좋은 이유는 뇌가 DMN(Default Mode Network)값으로 가기 때문이다. DMN은 아무것도 하지 않고 휴식을 취할 때 활성화되는 뇌의 부분을 말한다. 멍 때리기로 새로운 정보를 받아들이기 위해 휴지기를 가지며 뇌가 이제까지 받아들인 정보를 처리할 시간을 벌 수 있다. 머리가 정리되는 것이다. 번아웃이 왔을 때 복잡해지고 힘들어진 머릿속 상태를 원래 상태로 돌려준다는 의미에서 현대인들에게 매우 필요한 행동이다.

멍 때리기로 휴지기를 가진 뇌는 이전보다 정보전달을 더 잘하고, 단기기억이 장기기억으로 넘어가는 과정이 수월해진다. 과거 기억이나 예측을 담당하는 뇌의 전전두엽, 측두엽, 두정엽 부위는 오히려 활성화되어 기억력, 학습력, 집중력 향상에도 도움이 된다[2]. 입력했던 정보를 정리하고 불필요한 것을 지워 새 생각을 하는 환경을 만드는 것이므로 멍 때리기는 단순한 시간 낭비, 비생산적인 활동이 아니다.

이뿐만이 아니다. 멍 때리기는 맥박과 심박수를 낮추기 때문에 심신의 긴장을 완화하고 몸의 피로도를 줄이는 효과도 있다. TV 건강 프로그램에서는 멍 때리기가 실제로 스트레스 감소 효과가 있는지 확인하기 위해 멍 때리기 전의 뇌파와 후의 뇌파를 비교했다. 검사 결과 스트레스 상황에서 나오는 뇌파인 하이베타파(High Beta)의 양이 감소해 멍 때리기로 뇌의 휴식이 가능하다는 걸 알 수 있었다[3]. 외부의 자극에 덜 반응하게 되면서 긴장하거나 불안하고 스트레스 받는 것을 줄여 준다. 몸, 마음의 이완이 뇌파에 반영된 결과라 볼 수 있다.

그렇다면 어떻게 해야 뇌에 도움이 되는 멍 때리기를 할 수 있을까?

1. 하루 일정 시간을 정해 좋아하는 활동들로 구성한다.
한 연구에서 뇌의 DMN값이 잘 활성화되는 방법을 제시하고 있는데 예를 들면 아름다운 자연 풍광을 볼 때, 불멍처럼 모닥불을 멍하니 바라볼 때, 익숙하고 좋아하는 일에 몰입할 때, 명상할 때, 반복적이고 일정한 호흡으로 걷기나 등산 같은 운동을 할 때 등이라고 한다[4]. 실내에 있다면 잠시 시간을 내어 창밖 먼 산을 바라보고 있는 것도 좋고, 잠시 공원에 나가 햇볕을 쬐며 천천히 산책하는 것도 좋다. 아무 생각 없이 온전히 뇌를 쉬게 해 주는 시간은 하루 15분 정도면 적당하다. 참고로 멍 때리기를 너무 자주 하게 되면 오히려 뇌세포의 노화가 빠르게 진행하고 우울증 발병 소지를 높인다고 하니 과하지 않게 해 주는 것도 중요하다[5].

2. 백색소음을 더해 준다.

 백색소음이 있어야 뇌가 힐링할 수 있는 조건으로 더 잘 들어갈 수 있다. 우리가 흔히 알고 있는 자연의 소리와 같은 ASMR(Autonomous Sensory Meridian Response, 자율감각 쾌락반응)이 추가됐을 때, 즉 청각적 자극이 왔을 때 내 뇌의 상태가 DMN값으로 빨리 갈 수 있다. 예를 들어 산책할 때 스치는 바람 소리, 파도 소리, 계곡물 흐르는 소리, 장작 타는 소리를 아무 생각 없이 그냥 듣고 있는 것만으로도 효과가 올라간다. 백색소음은 광역대로 주파수의 영역이 넓기 때문에 실제는 소음이지만 소음처럼 들리지 않는다. 오히려 다른 소음에 관심이 쏠리거나 다른 생각으로 빠지는 것을 막아 준다.

 혹시나 '이 바쁜 현대사회에 넋 놓고 있는 것만큼 시간 낭비하는 행동이 또 있나?'라고 생각할 수 있다. 어릴 적 공부하다가 잠시 멍 때리고 있으면 주변에선 "정신 차려라."라고 말하곤 했다. 하지만 이제 멍 때리기에 대한 부정적인 생각과 개념을 바꿔야 한다. 멍 때리기는 진짜 정신을 차리는 과정이다. 뇌는 멍 때리기를 갈망하고 있을지도 모른다. 이제는 의식적으로 뇌가 쉴 수 있는 시간, 휴식 모드를 켜자. 책상이 아닌 잠시 도피할 수 있는 장소에서 생각을 멈추고 적극적으로 뇌를 쉬게 하자.

Observing breath, 제대로 된 호흡하기

몸은 지칠수록 스트레스에 대응하는 부교감신경이 제대로 작동하지 않는다. 자율신경계는 흥분과 긴장을 맡는 교감신경과 몸을 이완시키고 편안하게 만드는 부교감신경이 있다. 보통 일과시간 중 업무를 할 땐 교감신경이 활성화되고 휴식을 취하거나 잠들기 전에는 부교감신경이 활성화되어 깊은 수면에 들 수 있다. 오랜 만성 스트레스는 자율신경의 불균형을 만드는데, 이는 불필요한 불안과 긴장을 만들어 이유 없이 손에 땀이 나거나 수시로 가슴이 뛰는 증상이 나타나기도 한다.

긴장과 불안은 몸의 배터리를 더욱더 빠르게 소비시킨다. 이러한 것들을 완화시킬 수 있는 방법으로 '호흡법'을 소개하고자 한다. 호흡은 우리가 너무 당연하게 여기고 있어 평소 잘 깨닫지 못하지만, 삶에 매우 중요한 부분이다. 몸속 여기저기 산소를 전달하는 등 유기체가 생명을 유지하는 데 필수적이다. 호흡을 얕게 할수록 몸에서의 가스 흐름이 원활하지 못하고 이로 인해 스트레스 상황에서 대처하기도 어렵게 된다. 심한 경우 부적절한 호흡은 불안, 공황 발작, 우울, 근육 긴장, 피로를 가져올 수 있다[6]. 호흡은 감정과 스트레스에 더욱 예민하게 반응한다. 감정에 변화가 생길 때 호흡에도 무의식적으로 더욱 가빠지는 등의 변화가 생긴다.

스트레스가 호흡에 영향을 주지만 반대로 숨만 잘 쉬어도 스트레스 관리가 된다. 자신이 평소에 어떻게 호흡하는지 인지하고 좋은 호흡법을 위해 의식적으로 연습한다면 몸과 마음이 편해지면서 심신의 배터리 충전에도 큰 도움이 될 수 있다. 숨을 잘 쉰다는 것은 가슴으로 얕게 쉬는 흉식호흡이 아닌 복식호흡 등의 깊은 호흡을 말한다. 이는 부교감신경을 빠르게 활성화하여 몸과 마음의 이완에 매우 효과적이다. 신생아 때는 자연스럽게 복부를 움직이는 호흡을 하지만 점차 성인이 되면서 가슴을 움직이며 짧고 얕은 흉식호흡을 하며 깊은 호흡을 하지 못하게 된다. 흉식호흡은 호흡이 얕고 짧고 급하다. 특히나 스트레스는 몸속 교감신경을 활성화해 호흡을 더욱 얕고 거칠고 빠르게 만든다. 다행히도 호흡은 의식하면서 의도적으로 조절할 수 있다. 호흡만 잘해도 쌓여 있던 스트레스가 분산되면서 긴장이 풀리는 느낌이 든다.

첫 번째 소개하는 호흡법은 긴장과 불안 완화, 번아웃을 예방하고 수면을 유도하는 478 호흡법이다. 이 호흡법은 미국 애리조나대학 앤드류 웨일 박사가 인도 요가의 호흡법을 따라 하기 쉽게 간단하게 변형하여 만들었다. 478 호흡법은 다음과 같이 한다.

1. 자세는 몸에 힘이 전혀 들어가지 않을 수 있는 '누워 있는 자세'가 제일 좋지만, 상황에 따라 앉아서도 할 수 있다.
2. 배를 부풀리며 4초간 코로만 숨을 들이마신다. 하나, 둘, 셋, 넷. 숫자를 세며 복부 가득히 숨을 채운다.
3. 7초간 숨을 참고 멈춘다.
4. 배를 집어넣으며 8초간 입으로 숨을 끝까지 내뱉는다. 숨을 내쉴 때 입술 모양을

휘파람 불듯 반쯤 닫힌 상태를 유지하고 길게 내쉰다.

이 호흡법으로 숨에 집중하는 동안 걱정으로 가득한 하루를 잊고 내쉬는 숨과 함께 스트레스를 날린다고 생각해 보자. 웨일 박사에 따르면 이 호흡법은 일종의 복식호흡으로써 몸에 많은 산소를 공급하고 안정감을 느끼게 해 주는 세로토닌을 촉진한다고 한다. 또 긴장과 흥분의 교감신경보다 안정의 부교감신경이 활성화되어 차분함과 편안함을 느낄 수 있다. 갑작스럽게 마음속 불안이 생겼을 때, 가슴이 두근거릴 때, 일상 속 걱정거리로 머릿속이 정리되지 않을 때 이 호흡법은 마음에 안정과 쉼을 줄 수 있다.

두 번째 소개하는 호흡법은 '한숨 쉬기'다. 보통 '한숨'은 '복이 달아난다', '결례다' 등의 부정적인 편견을 가져다준다. 하지만 정반대다. 한숨 쉴 때의 날숨은 부교감신경을 빠르게 활성화함으로써 강하게 스트레스 진정효과를 가져다주기 때문에 오히려 우리 몸엔 약이 된다. 마음에 불이 났을 때 물을 뿌리며 빠르게 진정시키는 것과 같다.

다음은 한숨을 잘 쉬는 방법이다.

1. 가장 편한 자세를 취한다. 똑바로 눕거나 편하게 앉는다. 이왕이면 내가 스트레스 받는 상황이나 장소에서 잠시 벗어나는 것이 좋다.
2. 숨을 깊게 들이마신 후 한 번에 모든 숨을 내뱉는다. 폐로부터 공기를 밀어내며 '후' 하면서 소리를 낸다. 강하게 내뱉는 것이 중요하다.

3. 8~12번 한숨을 쉬고 정신, 몸, 마음의 이완 정도를 느껴본다[6].

틈틈이 478호흡법과 한숨 쉬기와 같은 깊은 호흡으로 이완반응을 끌어내며 몸의 배터리를 충전하자. '이깟 호흡 하나로 뭐가 달라지겠어?'라고 생각할 수 있다. 화, 불안, 짜증 등의 부정적인 감정이 생겼을 때 잠시만 심호흡해 보면 바로 몸에서 이완반응이 나타날 것이다. 호흡으로 지금, 이 순간 몸의 느낌에 집중해 보자. 쉽게 마음의 평화를 찾을 수 있을 것이다.

Walking slowly, 지금 여기에 집중하는 걷기명상

대부분 직장인은 신체활동이 부족하고 앉아 있는 시간이 길다. 우리나라 40~50대 남성이 하루 평균 8.6시간을 앉아서 보낸다는 조사 결과도 있다[7]. 움직임이 적을수록 어깨나 등이 뻐근하고 몸이 무거워져 더욱더 몸을 쓰는 활동이 싫어진다. 이러다 보면 운동을 시작하기가 갈수록 어려워진다. 몸, 마음은 분리할 수 없기에 스트레스로 지친 마음 관리를 위해 몸을 쓰는 것이 빠른 효과를 볼 수 있다. 호르몬을 예로 들자면, 운동은 스트레스 호르몬 수치를 낮추고 엔도르핀, 도파민, 세로토닌 등의 행복 호르몬을 활성화한다. 그래서 복잡했던 생각들이 정리되고 머리가 상쾌해지며 마음은 저절로 즐거워진다. 실제 운동을 통해서 우울증이 호전됐다는 여러 연구 결과만 보아도 알 수 있다. 행동으로써 뇌와 마음을 바꾸자. 번아웃 예방을 위해선 피곤하고 졸리고 온몸이 무기력해도 지금 당장 운동화부터 신고 밖으로 나가야 한다.

그렇다면 어떤 행동과 움직임이 필요할까? 운동에도 다양한 종류가 있지만, 번아웃 예방에 효과적이며 언제 어디서나 쉽게 실천할 수 있는 '걷기'를 추천한다. 실내에서 하지 않아도 되니 코로나 19 사회적 거리 두기까지 지킬 수 있어 더욱 사랑받고 있는 운동이다. 구글, 페이스북 다수 기업의 임원들은 걸으면서 회의를 진행한다. 스티브 잡스는 아이디어가 잘 떠오르지 않을 때 산책을 즐겼다고 한다. 정신이 맑아지고 스트레스 관리에 효과적이기 때문이다.

걷기에도 여러 종류가 있다. 만보 걷기, 뒤로 걷기, 빠르게 걷기 등 다양한 방법이 있지만 번아웃 예방과 정신건강에 더 효과적인 걷기로 '걷기 명상'을 제안한다. 걷기 명상은 마음과 의식을 발에 집중하여 마치 코끼리가 걷듯이 천천히 걸으면서 매 순간 발동작과 발의 느낌을 놓치지 않고 모두 알아차리겠다는 마음으로 관찰해 가는 것이다[8]. 구체적인 방법은 다음과 같다.

첫째, 자연 속에서 걷는다.
자연이라고 하면 산, 숲속, 도심 속 주변 공원 등을 말한다. 한 건강프로그램에서 '숲속 걷기 명상'이 스트레스 감소에 얼마나 영향을 주는지 알아보는 실험이 있었다[9]. 잡념을 멈추고 지금 몸 곳곳에 느껴지는 감각에 집중하는 걷기 명상을 실시했다. 두세 걸음 걷다가 멈추고, 또 두세 걸음 걷다가 멈춘다. 숲속 걷기 명상을 하기 전과 후를 비교했을 때, 혈관 건강 지수가 개선되고 코르티솔의 농도가 떨어져 스트레스 지수가 감소했다. 특히 정신건강에 효과적임을 알 수 있었다. 효과적인 이완을 위해 자연 속에서 걷는 것을 추천한다.

 둘째, 느껴지는 감각에 집중하며 천천히 걷는다.
 자연스럽게 '지금 여기'에 집중할 수 있다. 스트레스를 낮추고 번아웃을 예방하는 데 명상은 효과적이다. 명상이라고 하면 가부좌를 틀고 앉아 오랜 시간 움직이지 못하고 눈도 감고 있어야 하니 처음 해 보는 사람들에게는 어색하고 답답할 수 있다. '지금 여기'에 집중해야 하는데 명상을 시작하는 순간 머릿속에서는 수백 가지의 생각이 들면서 오히려 평소에 떠오르지 않았던 것들도 머릿속에 가득 차 마음을 더 어지럽게 만든다. 다행히 '걷기 명상'은 명상을 처음 시도하거나 어려워하는 사람도 비교적 쉽게 접근할 수 있다.

 느껴지는 감각에 오롯이 집중하는 것이 좋다. 우리가 가진 시각, 청각, 촉각 등의 감각을 적극적으로 활용한다. 초록색의 풀과 나무를 보고, 지나가는 바람과 발의 감촉을 느끼고, 새소리와 풀벌레 소리에 귀 기울여 본다. '오늘은 새로운 꽃이 피었구나.', '오늘 하늘은 구름도 없이 참 높고 깨끗하다.' 등 앞에 펼쳐진 모든 것들을 하나하나 인지하고 받아들이면서 천천히 걸어 본다. 걷다가 혹시라도 어떤 생각에 빠진다면 다시 모든 감각에 집중한다. 과거의 일, 미래에 대한 걱정이 자연스럽게 줄어들고 '지금 여기'에 집중이 가능해지며 명상의 효과를 볼 수 있다.

 셋째, 햇볕을 쬐는 시간을 갖는다.
 창가에서 햇빛에 노출된 사람과 그렇지 않은 사람의 수면 상태를 비교한 연구 결과가 있다. 자연 햇빛에 노출된 사람들이 매일 밤 평균 46분 정도 잠을 더 자는 것으로 나타났다[10]. 햇볕을 쬐게 되면 깊은 수면에 도움을 주는 세로토닌이 활성화되기 때문이다. 번아웃 예방에 숙면은 매우 중요하다. 잠이 부족하면 다음 날 스트레스에 더 민감하고 예민하게 반응하게 된다. 평소 같았으면 무시했을 작은 일에도 부정적인 감정이 빨리 올라오고 온몸이 더 무기력해진다. 일과 중에는 점심시간에 틈을 내어 주변 공원을 잠시만 걸어 보자. 따뜻한 햇볕을 만끽하며 걷노라면 편안한 마음이 들면서 숙면에도 큰 도움이 될 것이다.

'퇴근하고 나면 손 하나 까딱할 힘도 없는데 움직이라고?'라고 생각할 수 있다. 처음엔 뭐든 어렵다. 하지만 앞서 뇌 가소성에 대해 말한 것처럼 우리의 뇌는 의식적인 행동을 할수록 그 방향대로 더 강화된다. 첫날 성공하여 성취감을 느끼고 그다음 날도 해내다 보면 점점 쉬워진다. 몸을 움직이는 데 처음 100만큼의 에너지가 필요했다면 일주일 뒤에는 80, 한 달 후에는 60의 에너지만 있어도 된다. 점차 몸에 활력이 생기기 때문에 더욱더 쉽게 해낼 수 있다. 이러한 움직임은 몸의 배터리를 소진하는 것이 아니라 급속 충전시키는 좋은 움직임이 될 것이다.

하루 잠시만 나를
안아 주세요

지친 나를 위해 스스로 안아 주는 배터리 충전의 시간,
이제는 선택이 아닌 필수다.

음극과 양극이 함께 채워져야 충전되는 배터리

번아웃은 마음의 배터리, 몸의 배터리가 방전된 상태이다. 그래서 나를 안아 주는 배터리 충전에는 '생각'과 '행동'이 모두 필요하다. 생각 솔루션만 실천해서도 행동 솔루션만 실천해서도 부족할 수 있다. 빠른 충전을 위해서는 함께 병행되어야 한다.

생각 솔루션에서 언급했던 것처럼 자신이 가지고 있는 생각들이 번아 웃을 포함하여 여러 문제를 만들 수 있다. 반대로 의식적인 또 다른 생각과 말들로 나를 돌아볼 수 있게 만들고 마음과 몸도 긍정적으로 바꿀 수도 있다. 예를 들어 어떤 일에 실수했다면 '괜찮아, 살다 보면 실수할 때도 있지.'라고 생각하는 순간 답답했던 마음이 한결 나아질 수 있다. 일에 지쳐 고단했던 나에게 '수고했다'라는 말을 하는 순간, 좋은 결과가 나오지 않았더라도 최선을 다했다는 생각만으로도 긴장이 풀리며 마음이 편해질 것이다.

여기에 '움직임'과 '행동'으로 몸과 마음을 바꾸는 것도 필요하다. 주말에 주변 둘레길을 걸으며 깊은 호흡으로 좋은 공기를 들이마시고 내쉬다 보면 한결 머리가 가벼워진다. 하루 일정 중 잠깐이라도 내가 좋아하는 커피 한 잔과 함께 푸른 하늘이 보이는 창밖을 바라보며 잠시 멍 때리기를 해 보자. 머리를 비워 보는 시간을 가진다면 한결 마음이 정리되고 가벼워질 것이다.

오늘부터 배터리충전을 위해 생각 솔루션과 행동 솔루션을 함께 실천해 보자. 배터리는 음극과 양극이 함께 충전해야 완충되는 것처럼 생각과 행동이 함께 충족되는 것이 좋다. 일터와 삶터에 녹여 언제 어디서든 할 수 있도록 적용해 보자. 처음엔 자기 돌봄 자체가 어색하고 시작 자체가 어려울 수 있지만 뭐든 실천할수록 강화된다.

이제는 '어떻게 나를 돌볼 것인가'로

해외여행과 관련하여 재밌지만 조금 슬픈 이야기가 있다. '아침 일찍부터 바삐 움직이는 사람들, 빡빡한 일정으로 숨 돌릴 틈 없이 종일 돌아다니는 사람들, 손에 휴대폰을 놓지 않고 어디를 가든 계속 사진을 찍는 사람들은 한국인이다.'라는 것이다. 여행의 목적은 '힐링'일 텐데 비행기를 타고 멀리 훌쩍 떠나서도 한국인들은 잘 쉬지 못한다. '잠시 멈춤' 없는 부지런함은 그곳에서도 발휘되어 몸과 마음을 혹사하는 것 같다.

앞만 보며 정신없이 해치우듯 일을 하면서 살다 보면 '지금 뭘 하고 있지?', '무언가를 계속하긴 하는데 잘 살고 있는 건가?' 하는 생각이 들 때가 있다. 분명 바쁘게는 살아왔지만 결과물은 없는 것 같고 내일이 전혀 기대되지 않고 쳇바퀴 같은 인생을 사는 것 같다. 지금까지 우리는 '무엇을 할 것인가'에만 관심을 두며 성과를 내기 위한 삶을 살아왔다. 이제는 '어떻게 쉴 것인가', '어떻게 나를 돌볼 것인가'에도 관심을 두어야 할 때다. 사랑하는 가족을 잘 돌보는 것, 일을 성공적으로 해내는 것 모두 중요하다. 하지만 내 삶이 건강해야 장기적으로 이런 모든 것들도 잘 해낼 수 있다. 방전된 우리의 몸과 마음 배터리에 충전할 시간이 필요하다.

> "모든 행복과 불행은 나의 마음가짐에 달려 있다."
> – 프랑스 철학자 몽테뉴

지금부터 마음가짐을 달리해 보자. 아끼고 안아 주며 나에게 친절한 사람이 되고자 마음먹어 보자. 어떻게 생각하고 행동하느냐에 따라 행복은 가까이, 번아웃과 불행은 점점 멀어질 테니 말이다. 나를 위해 하루 5분 호흡하는 시간, 하루 10분 멍 때리는 시간, 퇴근 후에는 30분 정도 공원을 천천히 걸어 보며 치유하는 시간 등 하나씩 실천해 보고 조금씩 늘려 가 보자. 이 책에서 제시하는 자기 돌봄은 꼭 많은 시간과 특별한 장소가 필요한 것이 아니다. 일터와 삶터에서 순간순간 잠깐의 충전 시간을 갖는 것이 우리에게 큰 영향을 미친다. 작은 스트레스가 오랜 시간 모여 번아웃으로 오듯이 힐링과 치유, 쉼 역시 조금씩 모여 큰 힘을 발휘할 것이다. 처음에는 쉽지 않겠지만 시간이 지날수록 심적 여유가 생길 것이다.

삶에서 일이나 돈보다 중요한 것은 무엇일까?

번아웃은 앞서 나온 것처럼 근육통, 두통, 만성피로, 대사증후군, 혈관질환 등의 신체적 후유증과 우울증, 수면장애 등의 정신적 후유증 문제를 일으킬 수 있다. 만약 방전되고 있는 배터리를 충전하지 않고 그대로 둔다면 결국 여러 문제로 건강을 해치고 지금 하고 있는 일도 할 수 없게 된다. 돈을 벌기 위해 했던 일로 자칫 번아웃이 온다면 나빠진 건강을 회복하는 데 더 많은 금액을 쓰게 될 수 있다.

자신에게 한번 물어보자. '혹시 목표를 위해 선택한 수단이 목표보다 우위에 있진 않은가?' 삶에 열심히 매진할수록 나를 잃어버릴지 모른다. 삶의 목적이 무엇인가? 정말 중요한 것이 무엇인가? 다시 한번 생각해 보자. 어떻게 보면 요즘 사람들은 하루하루를 보내는 것이 아니라 하루하루를 버티고 있는 꼴이다. 인생이 나를 끌고 가는 것이 아니라 내가 인생을 운영할 수 있도록 해야 한다. 앞만 보고 달리다 보면 배터리는 계속 닳기 마련이다. 외부로 향하는 관심을 잠시 내려 두고 매일 조금씩 자신의 배터리 충전 시간을 가져 보자.

'안아 준다는 것', 참으로 따뜻하고 포근한 말이다. 나를 안아 준다는 것은 자신의 내면을 들여다보고 이해와 공감을 바탕으로 어루만져 주는 일이다. 매일 조금씩만 나를 안아 주자. 실수한 나에게 '그럴 수 있어'라는 말 한마디, 열심히 살아온 나에게 '지금까지 잘 살아왔다'는 말 한마디와 함께 따뜻하게 토닥여 주자. 하루 10분 안아 주는 것만으로도 배터리는 충분히 충전될 수 있다.

인생은 장기전이다. 에너지를 충전하는 시간을 가지면서 앞으로 나아가는 속도를 조절하자. 더 먼 미래를 내다보며 자기 돌봄을 통해서 나를 안아 주는 시간을 가져야 한다. 나를 불안하게 만들었던 스트레스는 줄어들고 훨씬 더 명료하고 또렷한 정신으로 일도 삶도 더 건강하고 풍성하게 살 수 있을 테니 말이다.

6장

나를 위한
리디자인

'리디자인'이란 자신을 현재보다 더 긍정적으로 변화시킨다는 말로 정의 내린다. 무기력, 우울 등 번아웃으로 자신이 어떤 상황인지 이해하지 않고 넘어갈 것인지, 솔루션을 찾을 것인지는 자신의 선택에 따라 결과가 달라질 수 있다.

마음의 병은 삶의 질을 떨어지게 하므로 균형 잡힌 삶을 살아가는 데 도움 되는 방법들을 아는 것이 중요하다. 현재보다 더 나은 모습으로 에너지를 올릴 수 있도록 디자인하는 방법을 알아보도록 하자.

습관도
밸런싱이 필요하다

일상에서 반복되는 습관은 나에게 긍정 에너지가 되는가?
아니면 생활에 방해가 되는가?

당신의 습관은?

'습관은 우리 삶에 어떤 영향을 끼칠까?'

"사람이 습관을 만들지만, 나중에는 습관이 사람을 지배한다."라는 말처럼, 매일 무의식적으로 반복했던 행동들은 습관이 돼 생각보다 훨씬 더 우리의 삶을 지배한다. 기상할 때도 알람을 한두 시간 전부터 여러 번 맞춰 일어나는 사람도 있고 한 번 만에 일어나는 사람도 있다. 우리의 삶은 하루의 시작부터 걷고, 마시고, 사람을 만나는 일까지 습관으로 시작해서 습관으로 매듭지으며 반복된다.

일상에서 도움 되는 반복된 습관은 긍정 에너지를 주지만 좋지 않은 습관이 영향을 끼친다면 생활에 방해요소가 된다. 따라서 새로운 습관을 형성하려면 평소에 내 몸에 자리 잡은 익숙한 습관들 사이에 원하는 모습을 넣어야 한다. 이를 반복적으로 실행하면 자연스럽게 습관으로 자리 잡는다. 번아웃 되지 않으려면 나를 보호해 주고 행복을 줄 수 있는 습관을 만들어야 한다.

습관이란 일상생활에서 익히고 받아들여서 생각과 말, 행동으로 반복해서 나타나는 모습이다. 뉴욕타임스 전문기자 찰스 두히그는 저서 「습관의 힘」에서 우리에게 '누구나 원하지만 뜻대로 되지 않는 일들의 중심에는 습관이 있다'고 알려 준다. 또한 아리스토텔레스가 '지금의 우리는 반복적인 행동의 결과물'이라고 습관의 중요성을 강조한 것처럼, 습관은 우리 삶에 절대적인 영향을 끼친다[1].

그러므로 앞으로 행동의 결과가 좋게 나오기 위해서는 평소에 도움이 되었거나 고쳐야 할 반복된 모습들을 생각하면서 나를 관찰해 보아야 한다.

습관은 좋은 습관, 불안한 습관, 평범한 습관 이렇게 세 가지로 나눌 수 있다. 우선 '아침형'(새벽형) 인간으로 전환하여 생긴 시간에 자기계발 하는 습관을 들이는 좋은 습관이 있다. 반면, 거의 정각에 도착하는 출근 습관으로 돌발 상황이 생기면 지각을 하게 되는 불안한 습관이 있다. 이럴 때 짜증이 나거나 예민해지면서 나를 위한 보상심리나 스트레스를 풀기 위해 폭식이나 폭음, 과도한 흡연으로 이어지기도 한다. 그러나 본질적으로 마음에 '보상'이 되는 것이 아니라 피곤함이나 체력고갈로 '이상'이 생긴다.

또한, 일상생활에서 좋지도 불안하지도 않을 무의식적 습관인 평범한 습관도 있다. 좋은 습관과 불안한 습관 차이는 처음에는 미미하지만, 시간이 지나면 습관에 따라 성공과 실패, 행복과 불행이라는 결과를 결정하게 된다. 좋은 습관들은 만족하는 결과로 이어지기에 마음에 편안함과 뿌듯함이 따른다. 반면, 불안한 습관들은 안 좋은 결과로 이어지는 경우가 많아 짜증, 예민 등 자신의 부족함을 크게 느끼며 자존감이 떨어지고 활력 있는 모습과 멀어지게 된다. 쉽게 만들어지지는 않지만 익숙해지면 고치기 힘든 것이 습관이므로 내가 어떤 행동을 반복하여 익숙하게 만드느냐에 따라 번아웃 상태가 될 수도 되지 않을 수도 있다.

습관적인 반복강박은 번아웃으로

'난 모든 사람한테 인정받아야 해.', '뭐든지 잘해야 비판을 듣지 않아.' 등의 강박으로 힘들어하는 사람들이 많다. 현대인들이 일상생활에서 많이 가지게 되는 대표적인 강박 세 가지는 다음과 같다.

첫째, 일에 대한 강박이다. 이는 불안감을 해소하기 위한 일중독으로 나타난다. 보통 불안감을 해소하기 위해 계속 일을 한다. 잠을 포기하며 일을 하거나 업무 성과에 대한 집착, 빠르게 끝내야 다른 일을 할 수 있다는 생각에 시간을 쪼개고 시계를 쉬지 않고 보는 생활을 한다. 또한, 쉬는 날이나 휴가를 내고 여행을 가서도 일에 대한 걱정과 불안으로 스트레스를 받는 경우가 모두 강박으로 인한 일중독의 증상이라고 볼 수 있다. 일과 관련된 사람들, 주어진 업무, 여유 없이 지나가는 시간이 힘들다고 느껴져도 항상 경쟁해야 하는 현대사회 속에서 다른 사람들보다 뒤처지면 안 된다는 생각이 강박으로 이어져 자신을 지치게 하는 것이다.

둘째, 이상적인 삶에 대한 강박이다. 자신은 다른 사람들보다 항상 행복해야 한다는 강박으로 자신의 상황을 고려하지 않고 억지로 행복을 만들어 가는 경우이다. 경제적, 심리적으로 여유가 없어도 여유가 있는 사람들의 행동을 따라 하거나, 자신의 행복에 혹시나 스크래치가 날까 봐 주변에 대해 항상 예민하게 반응하는 행동 등을 예로 들 수 있다. 이것은 생활 속에서 찾고 느낄 수 있는 자기만족과 행복이 아닌 남들에게 행복하게 보이기 위한 모습일 수 있다. 물론 적당한 선을 지키며 행동한다면 실보다는 득이 될 수도 있지만 자신이 가지고 있는 환경에서 무리하게 행동한다면 과연 행복함이 오랫동안 지속될 수 있을까?

셋째, 건강에 대한 강박이 있다. 적당한 선에서 예방하고 관리한다면 나에게 도움이 될 수 있지만, 너무 집착하게 되면 자신에게 좋지 않은 영향을 끼칠 수 있다. 예를 들어 손에 세균이 있다는 생각이 일상생활에 방해가 될 정도로 계속 떠올라 불안해지고 그 불안을 잠재우기 위해 하루에도 수십 번씩 손을 씻게 되는 강박장애가 된다. 이것이 만성화되면 우울증, 기분장애가 동반될 수 있다. 건강을 위해 한 행동들이 오히려 건강을 해치는 경우가 되는 것이다. 이처럼 무언가 해내야 한다는 생각으로 필요 이상의 반복적인 행동을 한다면 삶의 여유는 점점 줄고 결국 번아웃에 이르게 된다.

나를 지키는 면역력=자존감

좋은 습관으로 나의 면역력인 자존감을 높일 수 있도록 관리해야 한다. 면역력이 떨어지면 만성 피로, 대상포진, 감기 등의 증상을 겪는다. 면역력을 높이기 위해 운동, 장내 세균 건강 증진, 수면 등으로 정비를 하며 노력해야 한다. 몸의 면역력처럼 번아웃으로부터 나를 지키는 마음의 '면역력'이 있다. 바로 자존감이다. 자존감이 떨어지면 자기비하를 하거나 무기력하고 부정적인 태도를 보인다. 몸의 면역력만큼 자존감이라는 마음의 면역력을 함께 높여야 하는 이유다.

이 장에서는 번아웃에서 나를 지킬 수 있는 자존감 향상 솔루션을 제시하고자 한다.

자존감이 낮을수록 우울과 불안을 느끼게 되고 이로 인해 정신적, 신체적 문제를 겪게 된다. 그리고 사람들의 말에 예민해지면서 비판으로 받아들이게 되고 거절에도 평소보다 지나치게 민감해지기도 한다. 또한 자존감이 낮아질수록 사람들에게 인정받기를 원한다. 인정을 받아도 그 순간은 좋지만 '다음에도 인정을 받을 수 있을까'라는 불안감을 계속 가지게 된다. 반대로 자존감이 높을수록 세상을 여유 있게 바라보게 된다. 생각과 마음이 건강해지면서 '나는 할 수 있다'라는 마음으로 강점과 행복을 늘려 간다. 그리고 사람들의 말과 시선을 신경 쓰는 것이 아닌 자신을 믿고 따르며 예민해지지 않는다. 자존감이 높으면 행복하고 행복하면 자존감이 높다.

좋은 습관을 위한 준비

나부정 씨는 바쁜 일상으로 피곤함과 짜증이 늘었고 결국 번아웃으로 연결이 되었다. 이 모습을 본 동료는 정신적으로나 육체적으로 좋은 에너지를 줄 수 있는 행동을 반복하여 습관을 만들어 에너지를 다시 끌어올리면 좋다고 조언했다. 하지만 바쁜데 어떻게 일일이 신경 쓰면서 반복을 하냐며 동료의 말을 이해하지 못했다.

사람은 자신이 편하고 싶을 때, 감정을 숨기고 싶을 때, 사람들에게 나를 어필할 때와 같이 여러 상황에서 자신을 위한 반복된 말과 행동을 한다. 이런 모습이 자존감을 올리기 위한 습관이라면 좋지만, 나부정 씨처럼 반복적으로 짜증 내고 귀찮아하며 노력하지 않는다면 부정적인 모습으로 바뀔 수 있다. 그 누구도 아닌 나를 위한 것이기에 좋은 습관을 만들어 가는 것이 중요하다는 것을 항상 인지해야 한다. 그리고 긍정의 기운을 가지고 자존감이라는 면역력을 높여야 한다. 스트레스를 잘 관리하고, 무기력해지는 증상을 예방하는 습관을 기르는 것도 중요하다. 많은 사람이 이 사실을 알고 있지만 시작하지 못한다. 혹은 실행에 옮기지 못한다. '할 수 있을 거야'라는 생각보다 '할 수 없을 거야'라는 생각이 더 앞서기 때문이다. 자신의 의지도 중요하지만, 시간과 환경 같은 외부의 영향으로 적극적으로 행동하지 못하기도 한다.

    매번 의식하며 반복적인 행동을 한다면 지치고 힘들 것이다. 반대로 무의식으로 행동을 할 때는 신경을 곤두세워서 하는 것이 아니기에 지치지는 않는다. 무의식적으로 나에게 도움 되는 행동을 할 수 있는 습관이 필요하다. 지금부터 제시하는 습관 솔루션으로 나를 치유하고 다시 자신의 삶을 설계한다면 번아웃으로부터 탈출할 수 있을 것이다. 그리고 더 많이 웃을 수 있을 것이다.

02
나의 마음
리디자인

나의 마음에 집중하여
좋은 결과로 가는 방법을 제대로 찾아보도록 하자.

나에게 필요한 선택과 집중

신입사원인 다예민 씨는 인정받기 위해 어떤 일이든 잘할 수 있다고 항상 자신감을 보였다. 김 과장은 그런 모습을 보고 여러 업무를 맡기고 응원하였다. 다예민 씨는 인정받는 것 같아 좋았지만, 시간이 지나면서 제출 시간도 늦어지고 부족한 결과물로 혼나기도 했다. 점점 자존감이 낮아지고 자신에게 모든 일을 떠맡기는 것 같은 김 과장이 얄미워 보였다. 그러다 동기가 자신과 같은 상황에서 잘 해내는 모습을 보게 되면서 짜증나고 자존감이 낮아졌던 진짜 이유를 알게 되었다. 많은 업무를 한꺼번에 하기에는 역량이 부족했던 자신에게 짜증이 났던 것을 김 과장 탓만 했던 것이다.

이렇게 다예민 씨처럼 스트레스 원인을 정확히 파악하지 못하고 관리하지 못하면 번아웃이 올 수 있다. 먼저 정확한 원인을 파악하여 신중하게 자기 이해를 하는 것이 중요하다. 어떤 부분에서 예민하고 자존감이 낮아졌는지 제대로 알고 난 후 내 마음을 새롭게 디자인해야 번아웃으로부터 나를 지켜낼 수 있다. 환경이나 다른 사람 탓만 하며 자기 자신을 이해하지 않고 넘어갈 것인지, 스트레스를 받는 진짜 원인을 찾아 솔루션을 찾을 것인지 자신의 선택에 따라 결과가 달라질 수 있다. 자기 이해를 하지 않는다면 어떤 상황이든 짜증이 나고 억울한 모습으로 부정적인 생각만 하게 될 것이다. 반대로 '나는 부족한가 봐'라는 부정이 아닌 잘했던 모습들을 떠올리며 지금도 '잘할 수 있어'라는 긍정적인 생각은 자존감을 높이는 출발점이다. 우울하거나 낮아진 자존감으로 멈춰 버린 나에게 집중하여 긍정으로 다시 움직이게 해야 한다. 자신에게 집중했을 때 좋은 결과로 가는 방법을 제대로 찾을 수 있기 때문이다.

또한, 만능이 되고 싶고 잘해야 한다는 마음만 가득하면 부담만 쌓이고 좋은 성과가 없을 시에는 자존감이 낮아질 수 있다. 현재 잘할 수 있는 하나의 일에만 신경 쓰거나 평안함을 줄 수 있는 취미나 안식처를 찾아 잘해야 한다는 강박에서 벗어나는 것이 중요하다.

나를 위한 환경 체인지

한 예능프로에서는 정신건강의학 전공의 노규식 박사에게 상담을 받는 방송인 부부의 12세 아들 모습이 그려졌다. 아버지는 업무상 가족과 자주 떨어져 있기에 첫째 아들은 가장이 없는 빈자리를 생각하면서 어떤 일이든 무조건 하려고 하는 '부모화' 심리상태라는 것을 상담을 통해 알게 되었다. 이 얘기를 들은 이미니는 "저도 아이들한테 화가 많다. 아이들이 잘못되면 다 내 책임 같은 거다. 신랑 책임은 하나도 없고 100% 다 제 책임 같다는 생각이 든다. 가족이 늘다 보니까 자꾸 구멍이 보이는 거다. 그게 제 책임 같으니까, 제가 다 수행하지 못했다고 생각하니까 본인에 대한 실망감이 크고 더 잘하고 싶으니까 오히려 아이들한테 화를 더 많이 내게 된다."라고 눈물을 보였다.

이에 노규식 박사는 "이게 바로 번아웃이다. 이전에는 충분히 내가 감내할 수 있던 스트레스였는데 이게 점점 버거워지는 거다."라며 "번아웃 인정 후 조절이 필요하다. 우선순위를 다시 정하셔야 한다. 살면서 포기해야 할 걸 정해야 한다."라고 당부했다[2].

압박감과 책임감으로 매우 버거워하는 상황들을 겪는 현대인들이 많다. 인지조차 못하고 이렇게 계속 생활을 한다면 나뿐만 아니라 주위 사람들까지 힘들어질 수 있기에 내가 해야 하는 일들을 중요도에 따라 정리하여 버거운 환경이 아닌 숨 쉴 수 있는 환경으로 만들어 줘야 한다. 일이 잘 안 되면 내 책임 같고 잘하려고 할수록 부족해 보이는 자신의 모습이 보기 싫어 주위를 살피지 않고 직진만 한다면 점점 더 힘들게 되고 현재 중요한 부분을 놓치게 된다. 따라서 중요도에 따라 일을 나눠 보고 내가 감내할 수 있는 환경을 만드는 것이 좋다. 편안함을 주는 공간을 만드는 것도 중요하다.

직장인 492명을 대상으로 조사한 결과 95%는 '번아웃 증후군 경험이 있다'고 응답했다. 직장생활을 하면서 충분한 휴식을 취하고 있는지에 관한 질문에는 절반 가까운 44.5%의 직장인이 '휴식이 부족하다'고 답변했다. '보통이다'는 38.2%, '적당한 휴식을 취하고 있다'는 17.3%로 나타났다. 그리고 번아웃 증후군을 극복했다는 직장인은 전체의 23.6%였다. 재미있게도 번아웃을 극복하는 방법으로 '충분한 휴식'이라는 응답이 52.6%로 가장 많았다. 이어 '운동 등 취미생활에 몰두' 38.8%, '국내·해외 여행' 21.6%, '지인과 상담·대화' 18.1% 순으로 답변했다.[3]

실제로 휴식 시간이 부족할 수도 있지만, 제대로 쉬지 않거나 쉬는 시간에도 다른 일을 만들어서 편안하게 쉴 수 있는 환경을 만들지 못하는 경우가 많다. 짧은 휴식이라도 내 몸과 마음이 피곤함을 주는 요소로부터 방해받지 않고 편안하게 쉴 수 있는 환경을 만드는 사람들은 번아웃에서 멀어질 수 있다. 휴식이 필요하다고 느낀다면 다음과 같은 방법으로 환경을 만들어 마음을 치유할 수 있는 시간을 가져 보자.

- 일단 하루에 내가 할 수 있는 일의 한계를 정하여 그 외의 일로 쉬는 시간까지 불안감에 떨지 않도록 한다.
- 쉴 때는 내가 하는 일과 정반대의 방법으로 쉬어야 한다. 일할 때처럼 스마트폰이나 노트북 앞에 있다면 결국 내 몸을 혹사하는 것이다. 그러므로 최대한 전자기기를 멀리하는 것이 좋다.
- 깨끗하고 정리정돈이 잘된 장소는 안정감과 쾌적함을 느낄 수 있다.
- 환기를 시켜 정신을 맑게 해 준다.

- 자신에게 잘 맞는 향기는 기분전환이 된다. 디퓨저 사용이나 아로마 오일을 몸에 바르면 코의 후각신경을 통해 뇌의 변연계에 전달된다. 감정, 기억, 호르몬 분비에 영향을 미치게 되므로 기분이 좋아지거나 편안하게 느껴지면서 안정에 도움이 된다.

무기력에서 유기력으로 체인지

무기력은 원인을 한 가지로 단정할 수 없고 원인에 따른 해결방법도 다르다. 그리고 충분히 극복할 수 있다.

첫 번째, 신체적 측면이다.
모든 것이 귀찮고 힘이 없는 내 몸의 원인을 파악하고 관리해야 의욕을 되찾을 수 있다. 움직이기 싫고 계속 늘어지는 상황이 길어진다면 검진을 통해 건강 상태를 확인하는 것도 좋다. 큰 병은 예방하고 건강으로 불안했던 마음은 가벼워지기 때문이다. 가볍게 걷거나 등산을 하는 등 움직이면서 작더라도 성취하는 경험을 쌓는 것도 좋다. 생각했던 시간에 원하는 코스를 다 돌고 오면 기분이 좋다. 이런 성공의 감정이 오래가면서 긍정의 에너지를 내뿜는 것이다.

두 번째, 정신적 측면이다.
일을 잘 마치고 나태해져도 잠시 충전하는 시간이라고 생각하자. 현재 상황에 집중 못 하거나 게으른 것은 타고날 수도 있다. 하지만 바쁘게 돌아가는 사회에서 다양한 경험을 통해 얼마든지 변할 수 있다. 사람들과의 관계에서 생기는 상처, 낮아진 자신감, 외로움도 정신적인 안정감이 부족해 발생할 수 있다. 이런 상황들로 무기력이 지속되면 자존감이 낮아질 수 있다. 명상은 현재 일에 집중하며 행복을 찾는 방법이다.

하버드 대학의 매튜 A.킬링스워스와 대니얼 T. 길버트라는 과학자는 5,000명을 대상으로 부정기적인 간격으로 하루에도 여러 차례 갑자기 무엇을 하고 있는지, 무슨 생각을 하고 있는지 물어보고 그 대답을 모으는 이색적인 실험을 하였다. 놀랍게도 사람들은 현재 하는 일을 생각할 때 제일 행복했다. 또 무엇을 하며 시간을 보내고 있느냐는 행복과는 크게 상관없었다. 그보다는 정신적으로 현재를 사는 것, 즉 생각과 행동을 일치시키는 것이 훨씬 더 행복과 관련이 높았다. 사실 그것보다 더 행복한 상태는 아무것도 생각하지 않는 것이다. 하지만 우리 뇌를 기능성 자기공명영상(fMRI)으로 촬영해 본 결과 조용히 휴식을 취할 때나 우리 뇌에서 특별히 아무것도 생각하지 말라는 지시를 내렸을 때조차 뇌는 잡다한 생각을 멈추지 못했다. 애미 대학의 심리학과 교수인 아미시 자 교수는 "명상은 개입하거나 반응하는 것 없이 현재의 순간에 주의를 기울이는 것이다."라고 말하며 자신의 마음이 방황하지 않고 현재에 집중할 수 있는 방법이라고 했다[4].

세 번째, 감정적 측면이다.

사람들과의 관계에서 상대방의 힘듦에 공감해 주다 자기 자신이 지치는 경우가 많다. 생활 속에 대인관계는 중요하고 관계 안에서 배려, 나눔, 공감은 꼭 필요하지만 내가 상대에게 해 줄 수 있는 일은 한계가 있음을 인정하고 자신을 힘들게 해서는 안 된다. 사람들의 힘든 감정을 내 감정에 끌고 들어와서는 안 되고 오롯이 나에게만 집중해야 한다.

이 밖에도 자주 무기력이 찾아온다면 일을 나눠서 중간 목표를 설정해 보는 것도 좋다. 처음부터 욕심을 가지고 목표를 크게 잡고 달려가다 보면 시간과 과정이 길게 느껴지면서 당연히 지치기 마련이다. 작은 목표의 성공부터 하나씩 경험하다 보면 의욕과 에너지가 올라가면서 하기 싫은 일도 금세 다시 시작하고 싶어질 것이다.

강박 일상에서 무강박 일상으로 체인지

"이번 프로젝트 결과 기대할게요."
"다음 결과물도 기대되네요."

이런 의례적인 덕담은 부담을 주고 손사래를 치게 만들기도 한다. 말없이 지켜봐 주거나 기대하지 않았으면 좋겠다고 생각하기 때문이다. 그리고 이런 말을 들으면 상대방을 실망시키지 않고 인정받고 싶은 마음이 커지면서 마음이 무거워진다. 인지된 기대에 비해 효능감이 떨어지면 심리적으로 힘들어하며 사람에 대한 강박이 생긴다.

또한 '실수 없이 열심히 일하면 내년에는 승진할 수 있겠지?'라는 일에 대한 기대, '영양제 잘 챙겨 먹으며 운동하면 건강하겠지?'라는 건강에 대한 기대 등 우리 뇌에서는 '기대'라는 신경 물질을 만들어 원하는 바를 이루기 위해 노력한다. 긍정의 신경 물질을 만들어 예측하고 상상하며 준비하는 것은 불안을 없앨 수 있지만, 과도하게 반복된 시뮬레이션은 집착과 강박으로 피로를 유발한다. 강박은 기질적으로 책임감이 과도한 사람, 강박감이 생길 수밖에 없는 사회 분위기, 세로토닌이 분비되는 과정에서 불균형이 생기는 것이 원인이 될 수 있다. 또한, 강박사고나 강박행동으로 인해 사회생활, 대인관계 등에 지장이 오면 이 또한 강박장애로 이어질 수 있다. 강박장애의 발생에는 생물학적인 원인과 심리적인 원인이 모두 관계된다. 생물학적 원인으로는 신경전달물질 중 하나인 세로토닌 시스템의 이상과 뇌의 전두-선조 신경회로의 기능적 이상이 중요한 것으로 알려졌다. 또한, 정신적인 스트레스가 심해지면 강박증상이 악화되는 양상이 여러 연구를 통해 확인돼 심리적인 원인도 관여하고 있음을 알 수 있다[5]. 그러므로 악화된 상태로 이어지지 않게 그때그때 전환이 필요하다.

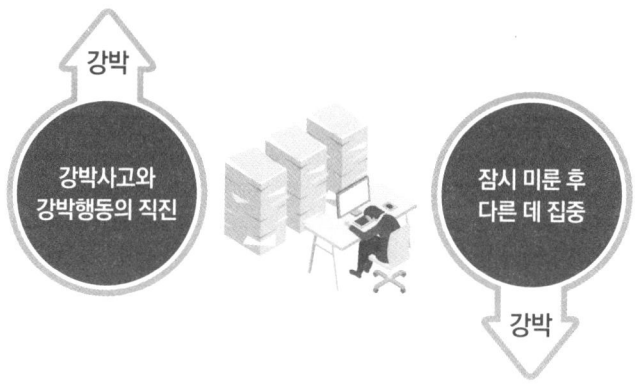

위의 그림처럼 내가 어떻게 하느냐에 따라 강박감이 강화될 수도 있고 약화될 수도 있다. 반복적으로 떠오르는 현재의 생각이나 행동은 잠시 미루고 다른 데 집중을 하는 것이 좋다. 처음에는 꼭 해내야 한다는 생각 또는 행동을 당장 하지 않으면 불안하고 잘못될 것 같아 큰일 날 것처럼 느껴질 수 있다. 먼저 그것이 강박이라는 것을 인식한 후 꾹 참으며 상황에 따라 단 몇 분이라도 다른 데로 집중을 돌려 보자. 참기가 쉽지 않겠지만 긍정적인 방향으로 집중한다면 약화시킬 수 있다. 이런 과정을 연습하다 보면 습관이 되어 강박으로 조급하고 힘들 때마다 바로 무강박으로 전환되면서 마음의 여유를 가질 수 있다.

지쳐 있으나 계속하지 않으면 안 된다는 강박에 시달리다 보면 번아웃으로 이어진다. 그렇게 되기 전에 무강박으로 전환되도록 노력해야 한다.

나의 행동 리디자인

'나에게 힘을 주는 행동이 있는가?'
자신에게 도움 되는 방법을 세 가지로 나눠 볼 수 있다.

습관적인 긍정 움직임의 중요성

뮤지컬 배우 왕배우 씨는 사람들의 박수를 받으며 공연을 할 때마다 행복했다. 그러나 극단에 문제가 생겨 한동안 공연을 할 수가 없게 되었다. 처음에는 휴가라고 생각해서 좋았지만, 시간이 길어질수록 무대에서의 쾌감을 느끼지 못하니 불안함과 우울함이 몰려왔다.

위 사례의 왕배우 씨처럼 자극적이고 극도의 쾌감을 갈구하는 삶은 결국 교감신경을 항진시키고, 우리의 몸과 마음에 긴장감을 유발한다. 이런 상태가 지속된다면 감정 습관으로 굳어지게 되는데 교감신경계의 흥분을 마음껏 즐기다가 멈춰 버리니 극도로 불안해진 것이다. 그런데 뇌는 유쾌

하고 행복한 감정이라고 해서 더 좋아하지는 않는다. 어떤 감정이든 상관 없이 익숙한 감정을 선호한다. 불안하고 불쾌한 감정이라도 그것이 익숙 하다면, 뇌는 그 감정을 느낄 때 안심한다[10].

따라서 나의 감정이 부정적인 감정 습관으로 굳어지면 부정적인 움직임으로, 긍정적인 감정 습관으로 굳어지면 긍정적인 움직임이 습관적으로 나오게 된다. 이제부터 자신을 긍정 모습으로 디자인하는 방법을 알아보자.

자존감을 높이는 긍정 루틴

루틴은 매일 똑같이 실행하는 습관적인 행동을 의미한다. 좋은 루틴은 멋진 나를 만들어 주며 또 하나의 장점이 되어 자존감이 상승한다. 예를 들면, 진학 및 취업을 위한 준비, 원활한 직장생활을 하기 위한 일과 삶의 균형 등, 내가 원하는 방향으로 가는 길에 도움이 되도록 규칙적으로 반복하며 긍정적인 하루를 보내려고 노력한다.

이런 루틴은 경기장에서도 많이 볼 수 있다. 반복적인 최상의 컨디션을 발휘하기 위해 크고 작은 루틴을 가진 스포츠 선수들이 생각보다 많다. 올림픽이나 스포츠 경기 시즌이 되면 선수들이 경기하기 전 반복적으로 하는 다양한 루틴을 보는 재미가 쏠쏠하다. 여자 배구가 인기가 많아지면서 저자는 선수들의 반복된 행동에도 시선이 갔다. 스트레칭하면서 긍정 확언으로 보이는 혼잣말이나 서브를 넣기 전 바닥에 공을 튕기는 높이와 횟

수도 선수마다 달랐다. 인터뷰에 응해 준 KGC 인삼공사 배구단의 이영택 감독은 "선수들이 경기 전 몸에 밴 루틴을 통해 마음이 안정되면서 자신감도 높아지는 모습을 많이 보았다."라고 말하며 "루틴을 통해 경기에 집중이 잘되며 끝날 때까지 긍정적으로 자신을 잘 이끌어 가는 것 같다."라고 하였다.

또한, 한 프로그램에서 양궁 금메달리스트 안산 선수가 출연하여 루틴카드를 공개했다. 자신만의 생각을 키워드로 정리해서 갖고 다니는 것으로 루틴카드에는 '중심, 조준, 1초 탕'이라고 적혀 있었다. 이에 안산은 '중심 잡고 조준하고 1초 만에 탕 쏘는 것'이라며 활 쏘기 전에 글을 보는 것만으로도 도움이 많이 된다고 말했다.

이처럼 나에게 도움 되는 루틴을 잘 사용하면 불안감이 줄어들고 자존감이 높아지기에 번아웃으로부터 자신을 지킬 수 있다. 그렇다면 어떤 상황에서도 긍정에너지를 만들 수 있는 대표적인 루틴인 미소와 자세에 대해 알아보자.

미소는 마음의 보약

'아침에 일어나서 잠들기 전까지 나는 얼마나 미소를 지을까?'

미소를 짓거나 웃고 있는 내 모습을 떠올리면 최근 재미있는 일과 기분 좋은 일이 있었는지 생각을 하게 된다. 하지만 즐거울 때만 입꼬리를 올리는 것이 아니라 싫어하는 사람이 생각나거나 화나는 일이 떠오르는 등 기분이 좋지 않을 때, 잠자리에서 일어났을 때, 청소할 때도 수시로 은은하게 미소를 지으면 좋다.

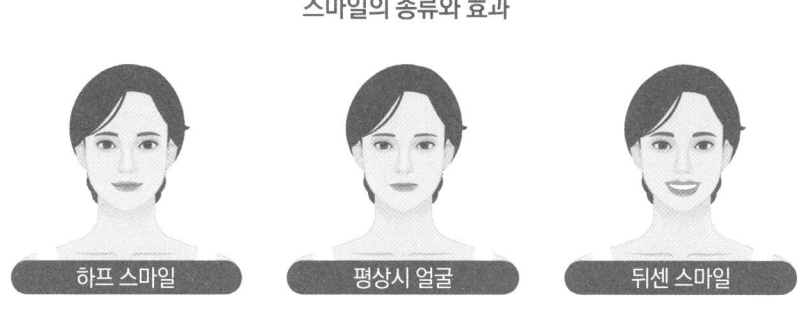

스마일의 종류와 효과

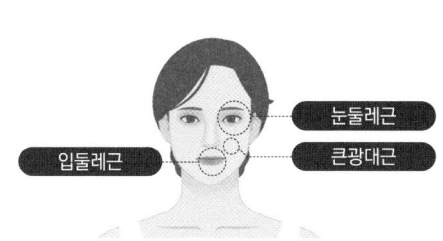

웃음과 안면근육

미국 워싱턴주립대 심리학과 마스샤리네한 교수는 스트레스와 불안 분노를 다스리는 방법인 하프 스마일 기법을 제안했다. 하프 스마일 기법은 현실을 있는 그대로 받아들여 내부 통합을 이루자는 의미이다. 측은지심과 같은 심정으로 살며시 미소 지으면 심리적 안정이 온다는 원리다. 이 같은 연한 웃음을 지으면, 혈압과 맥박은 떨어지고, 스트레스 호르몬을 자극하는 교감신경이 누그러뜨려져 온화한 마음이 생긴다. 그리고 미국 버클리대 연구에선 여대 졸업생 100여 명의 생활을 추적하면서 뒤센 웃음이 많은 여학생의 삶이 훨씬 행복하다는 점을 발견했다[7]. 뒤센 웃음은 눈 가장자리 근육인 눈둘레근을 사용하는 것으로 진심으로 기쁠 때 나오는 웃음이다. 이렇게 하프 스마일과 뒤센 웃음을 제대로 연습하고 루틴을 만든다면 언제 어디서든 자연스럽게 웃음이 나와 스트레스 반응을 낮춰 주고 분노와 우울감을 줄이는 데 도움이 된다. 여러 번 반복하다 보면 우리 뇌는 습관 회로가 만들어진다. 어른들이 "억지로라도 웃어라"라고 말하는 것에는 다 이유가 있다. '안면 피드백 가설(Facial Feedback Hypothesis)'은 자극에 의해 표정이 반사적으로 나타나고, 그 표정이 감정을 유도한다는 이론이다. 즉, 억지로라도 웃으면 실제 즐거워진다는 것이다[8].

또한, 혈압과 심박수의 변화는 우리가 찡그린 얼굴을 할 때 변화를 가져올 수 있다. 안면근육이 자율신경계 활동에 영향을 미치기 때문에 불쾌한 자극은 부정적으로 받아들일 가능성이 크다. 그래서 나를 소진하는 상황에서 심장박동수를 떨어트리고 마음이 진정될 수 있도록 눈과 입으로 웃는 루틴이 필요하다.

바른 자세는 긍정의 묘약

어깨를 움츠리거나 팔짱 낀 채 구부정하게 앉는 자세는 마음이 닫히면서 부정적인 생각을 가지게 된다. 건강 심리학 저널에 실린 한 연구에 따르면, 똑바로 앉아 있는 사람들보다 바르지 못한 자세로 앉아 있는 사람들이 자존감이 낮으며 두려움이 많다고 한다. 반대로 똑바로 앉는 자세는 자존감을 유지할 수 있고, 부정적인 기분을 줄일 수 있으며, 부진한 자세에 비해 긍정적인 기분을 높일 수 있다고 한다[9]. 따라서 자세가 바르지 못하면 이미지뿐만 아니라 신체적·정신적으로 우리에게 안 좋은 영향을 끼친다. 똑바로 앉은 자세를 유지한다면 긍정적인 마음과 자존감이 유지되거나 상승한다.

에이미 커디·다나 카니 미국 하버드 경영대학원 교수는 '파워 자세와 호르몬의 변화'에 관한 실험 결과를 발표했다. 연구진은 단 2분만 '파워 포즈'를 취하더라도 자신감은 상승하고 스트레스는 감소한다는 결론을 얻었다. 피실험자들을 두 그룹으로 나눠 한쪽은 다리를 쫙 벌리고 두 팔을 쭉 뻗는 등 자신감 넘치는 자세(High-Power Pose)를 취하도록 했다. 다른 그룹은 다리를 오므리고 팔을 모으는 등 소극적인 자세(Low-Power Pose)를 갖도록 했다.

자신감이 넘치는 자세를 취한 그룹의 테스토스테론 수치는 20% 증가했고 코르티솔은 25% 감소했다. 반면 소극적인 자세를 취한 두 번째 그룹의 테스토스테론은 실험 전보다 10% 감소했고 코르티솔은 15% 증가했다. 테스토스테론은 근육 및 성기능 강화에 관여하는 호르몬으로, 우월감을 느낄 때 주로 분비된다. 코르티솔은 콩팥 부신 피질에서 분비되는 스트레스 호르몬으로 수치가 높으면 불안하고 초조한 상태가 계속 이어질 수 있다.[10]

나를 위해 대표적인 '파워 포즈'를 취해 보자.
① 어깨를 펴고 허리를 똑바로 세운다.
② 다리는 어깨 넓이만큼 벌리고 허리에 손을 얹는다.
③ 무대의 주인공이라고 생각하거나 '내가 제일 잘나가'라는 느낌으로 미소를 지어 보자.

마음 자세가 바뀌면 행동도 바뀐다. 거기에 자존감이 상승하는 효과도 가져온다. 나만의 '파워 포즈'를 정해 루틴을 만들어 보는 것도 좋다. 루틴은 최소한 한두 가지는 습관적으로 계속해야 생활이 무너지지 않고, 반대로 무시하면 전체적인 생활이 흐트러지고 회복하는 데 오랜 시간이 걸린다. 루틴을 만들려고 하다가 나도 모르게 징크스가 생길 수 있으니 주의할 필요가 있다. 루틴은 긍정적인 의미를, 징크스는 부정적인 의미를 내포하고 있어 차이점을 제대로 알고 진행해야 한다. 또한, 최소한의 루틴을 지키고 새로운 변화도 주면서 양방향으로 노력한다면 균형 잡힌 삶 안에서 좋아지는 자신의 모습을 보며 자존감은 높아진다.

에너지를 올리는 긍정 액션

응원 액션

좋아하는 프로그램 시간이 되면 채널을 돌리는 것, 레몬을 떠올리면 시다는 느낌이 드는 것, 신호등의 빨간불을 보면 멈추는 것처럼 특정 자극을 적용하여 특정 반응을 불러일으키는 행동을 우리는 일상생활에서 쉽게 볼 수 있다. 그리고 힘들 때 누군가 옆에서 지켜봐 주며 위로를 해 준다면 심리적으로 안정되면서 마음을 다스리는 데 도움이 된다. 그 사람을 볼 때마다 따뜻한 사람, 고마운 사람이라고 생각이 들면서 머릿속에 좋은 사람이라고 저장되기도 한다. 마치 선박이 정박하여 움직이지 못하는 것처럼 우리의 사고 또한 하나의 이미지가 깊게 박혀, 어떤 근거로 그 이미지가 깨지지 않는 이상 다른 생각을 하지 못한다. 이런 행동을 앵커링이라고 하며 긍정적인 정서 반응이나 행동을 유발하기 위해 사용하는 경우가 많다.

평소에 자주 하는 행동이나 기분 좋아질 것 같은 행동에 나에게 응원하는 메시지나 행복, 즐거움, 자신감 같은 긍정을 깊게 맞춰 놓는다면 부정적 생각과 멀어질 수 있다.

이 방법을 활용하여 혼자 있을 때도 자신을 응원하는 액션을 만든다면 힘든 상황이 발생했을 때도 긍정으로 잘 끌어올릴 수 있다. 나만의 긍정 액션을 빈칸에 채워 보자.

행동	방법
엄지~ 척!	최고의 뜻을 가진 엄지를 들 때마다 빛나던 순간 또는 목표를 떠올린다.
토닥토닥	어깨, 팔 등을 토닥이며 힘이 나는 응원의 메시지를 남긴다.
쓰담쓰담	칭찬할 일을 떠올리며 머리, 어깨, 손등 등을 쓰다듬는다.

기분이 좋지 않거나 자존감이 낮아졌을 때 위와 같이 긍정 액션을 한다면 긍정에너지가 극대화되어 기분이 좋아지고 자존감이 높아져 긍정적인 생각으로 연결이 된다.

나를 깨우는 움직임

살다 보면 힘든 일이 많아 우울할 때가 있기 마련이다. 만약 일상생활에 지장을 줄 정도라면 번아웃으로 이어지기에 우울 상태에서 벗어나기 위한 노력이 필요하다.

극단적인 감정으로 치닫지 않게 조절하는 기능이 있는 세로토닌은 행복 호르몬이라고 불린다. 안정감과 행복감을 주는 세로토닌 분비를 촉진하는 방법에는 '맨발 걷기'가 있다. 세로토닌 분비를 촉진하는 운동 중의 하나로 발에 흙이 닿으면서 기분이 좋아진다. 나의 몸을 깨우는 시간으로 다음과 같은 순서에 맞춰 함께 해 보자.

① 근육을 가벼운 스트레칭으로 풀어 준다.

② 천천히 발의 느낌에 집중하고 자연을 느끼며 걸어 본다.
(날카로운 물체에 닿지 않도록 주의하고, 발의 통증에 집중해서 걷기보다는 흙의 느낌 등 자연을 느끼며 걷는다.)

③ 밝은 표정을 유지하면서 가슴을 활짝 펴고 걷는다.

④ 걷는 것을 멈추고, 몸의 감각에 집중해 본다.

다칠 수 있는 위험한 물체만 조심한다면 자연이 지압 도구가 되어 기분 좋은 자극으로 정신건강에 좋다. 가까운 공원, 산책로, 놀이터 등에서 맨발로 걸으며 움츠렸던 나를 깨워 보자.

긍정 일상 만드는 긍정 기록과 확언

'이 상황이 왜 만족스럽지 못할까?'

이런 생각이 든다면 그동안 현재의 삶을 만족하지 못하고 부정적으로 생각하며 지내 왔기 때문이다. 바꿔 말하면 긍정적인 확언을 하면 현실에 만족하게 된다는 말이다.

긍정적인 사람과 부정적인 사람은 뇌의 움직임에 있어서도 분명한 차이가 있다. 연세대 강남세브란스 병원 정신건강의학과 김재진 교수는 부정적인 자극을 받을 때 뇌 안에서 어떤 변화가 생기는지 기능적 자기공명영상(fMRI)을 촬영해 알아보았다. 그 결과 긍정적인 사람은 외부의 나쁜 자극을 받았을 때 이성을 관장하는 안쪽 전전두피질이 활성화되고 정서 조절을 담당하는 편도체 및 뇌섬엽과의 연계활동이 활발히 이뤄지면서 부정적인 감정을 쉽게 극복하는 반면, 부정적인 사람은 그렇지 못한 것으로 나타났다.[11]

따라서 '나는 행복하다', '나는 할 수 있다' 등 내가 이루고 싶은 목표를 표현하는 긍정적인 확언은 나를 성장시키는 작용을 한다. 그리고 확신을 가지고 긍정적으로 미래를 떠올리며 '난 유능해', '난 인정받아'처럼 확언을 잘 이용하면 좋은 성과를 만들 수 있다. 그리고 하루를 마감하는 데 이런 긍정적 확언으로 기록을 남긴다면 회복 탄력성을 키우는 데 도움이 된다.

다음과 같이 긍정 기록을 남겨 보자. 먼저 자신에게 질문을 하고 대답은 글씨, 그림, 생각으로 자유롭게 기록한다. 그리고 질문과 대답을 통해서 이루고 싶은 목표를 긍정 확언으로 만들어 보자.

하루 마감 질문	긍정 확언
건강을 위해서 좋은 일을 했나?	건강할수록 더 많이 행복해진다.
오늘 즐거운 일이 있었나?	작은 경험도 배움의 즐거움이다.

누군가에게 도움이 되었는가?	에너지가 좋은 나는 주변 모든 사람에게 도움이 된다.

 긍정적인 확언은 긍정적인 측면으로 생각할 수 있도록 돕기 때문에 부정적인 상황이 오더라도 좀 더 효과적으로 벗어날 수 있다. 또한 건강한 삶의 기본이 될 수 있도록 몸과 마음을 편안하게 만들어 준다. 그러므로 꾸준히 기록하면 좋은 에너지가 충전되고 번아웃으로부터 멀어질 수 있다.

04
채찍질이 아닌 안정감으로

채찍질만 하면 긴장과 불안감이 반복되므로
나에게 안정감을 주는 것이 필요하다. 그 방법의 열쇠는…

강박 열정! 조화 열정으로 리디자인

　외동아들인 유책임 씨는 부모님께서 경제활동을 못 하시니 가장으로서 늘 책임감이 따랐다. 경제적으로 만족할 수 있을 때까지 열심히 일해야 한다고 매일 생각하면서 모든 일에 최선을 다했다. 능력을 인정받아야 원하는 만큼 성장할 수 있다는 욕심에 다양한 분야에 도전하여 배워 나갔으나 시간이 지날수록 감당하기 힘들 정도의 스트레스가 쌓였다. 이런 힘든 모습을 부모님과 지인들에게도 보여 주기 싫어 표현은 못 하고 혼자 끙끙 앓는 날이 많았다. 결국, 우울증까지 오고 예민해지니 말투와 행동들이 부정적으로 바뀌면서 주위 사람들의 시선도 좋지 않아 관계가 멀어지게 되었다.

책임감을 느끼게 되면 어깨가 무거워지고 부담을 갖게 된다. 잘해야 한다는 강박적인 열정으로 달리다 보면 일의 성과는 좋게 나올 수 있지만, 그 과정에서 조바심이 생기고 여유와 멀어진다. 주위에 부담 주기 싫거나 일의 과정을 알리기 싫어 혼자서 모든 것을 책임지려 한다면 번아웃으로 이어질 수 있다. 그러나 자신에게 여유로움과 좋은 에너지를 줄 수 있는 환경을 만들어 일과 삶의 조화가 잘 이뤄지면 번아웃을 예방할 수 있다. 강박 열정보다는 조화 열정이 나에게 도움이 되는 것이다.

한 연구에서는 조화 열정과 강박 열정을 선행변수로 채택하여 긍정적 결과와 부정적 결과에 도달하는 매개 과정을 살펴보았다. 연구가설을 검증하기 위하여 국내 기업에 근무하는 544명 사무직 종업원을 대상으로 설문을 진행하고, 461개의 유효 설문 결과를 기초로 연구를 진행하였다.

번아웃에 대하여 조화 열정은 직무 스트레스를 낮추고 번아웃을 줄이는 역할을 하지만 강박 열정은 직무 스트레스를 높여 번아웃을 높이는 결과를 가져오는 것으로 나타났다. 결과적으로 조화 열정은 모든 변수와의 관계에서 긍정적 결과를 가져오지만, 강박 열정은 직무성과는 높이지만 동시에 번아웃으로 이어지는 스트레스 증가를 초래하는 부정적인 효과도 갖고 있음이 드러났다. 또한, 강박적 열정은 부정적 정서와 강직된 끈기에 기초하기 때문에 궁극적으로 한 개인의 정체성에서 불균형을 가져와 다른 사람들의 삶의 영역과 충돌을 일으킨다고 한다.(Vallerand et al., 2003, p.757) [12].

이처럼 조화 열정은 긍정에너지를 높이고 강박 열정은 부정 에너지를 올린다. 그러므로 목표만 바라보고 달리는 것이 아니라 안정감 있게 목표에 도달할 수 있는 요소들과 함께하는 것이 중요하다. 대표적인 예로 세 가지를 들 수 있다.

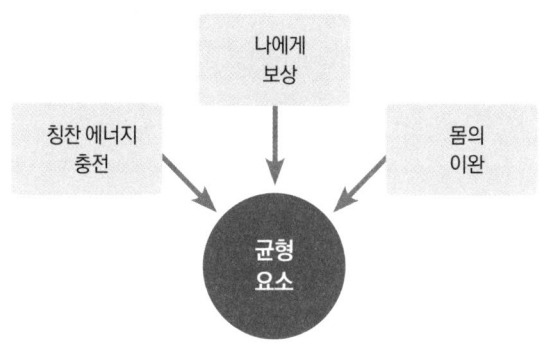

 스스로 칭찬하는 것도 좋지만 가족과 지인들에게 자신이 잘하는 모습이 있다면 한번씩 칭찬해 달라고 부탁을 해 보는 것도 좋다. 내가 잘하고 있는지 확신이 들지 않아 자존감이 낮아질 때 주위에서 힘이 되어 주면 뭔가 명확해지는 느낌이 들면서 안정감을 찾는다. 그리고 상황에 따라 즐거움을 느낄 방법으로 스스로 보상해 주면 동기부여가 된다. 또한 몸의 이완은 마음도 이완시키므로 가벼운 스트레칭을 꾸준히 해 주면 좋다. 이렇게 에너지를 충전하면 스트레스 강도를 낮춰 주는 등의 효과를 가지게 되어 마음을 다시 잡고 활력을 찾는 데 도움이 된다.

알면 이해되고, 실천하면 안정된다

　균형 잡힌 삶을 살아가는 데 있어 나에게 도움이 되는 방법들은 직접 찾아보거나 정보를 통해 알게 된다. 관심을 가지면 어떤 효과가 있는지 알 수 있어 의욕이 생기고 실천으로 이어지게 된다. 이렇게 방법을 바로 접목하면 좋지만 계속 미루기만 한다면 '갑자기 스트레스 증상이 심해지면 어떻게 하지?', '진짜 도움이 되겠어?' 등의 부정적인 생각을 가지게 되면서 자신을 방치하게 된다. 이렇게 멈춰 버린 상태에서 고민만 한다면 걱정과 불안감이 나를 지배하게 되고 안정과는 거리가 멀어진다.

　예고 없이 오는 스트레스와 불안감을 겪을 때 처음에는 왜 이런 증상이 나타나는지 몰라 두려워 아무것도 할 수 없을 수 있다. 그러나 나에게 문제가 생긴 원인을 제대로 알려고 노력하면 자신을 이해하게 되고 관리할 수 있는 방법을 찾을 수 있다. 다만, 인지하였으나 증상이 일시적이라고 생각만 하고 움직이지 않으면 그 증상은 계속 나와 함께 간다고 생각해야 한다. 그렇게 되지 않기 위해서는 나를 위한 방법을 아는 순간 빠르게 실천해야 건강한 에너지가 생겨 안정감을 주면서 마음이 이완된다.

　언제 어디서 어떤 스트레스 증상이 나타날지 모른 채 걱정만 하는 불안 속에서 잘 살아갈 수 있을까? 현대인들은 마음의 병이 심해지면서 공황장애로 이어지는 일도 많아졌다. 예고 없이 오는 증상으로 항상 긴장 속에서 생활하다 보니 삶의 질이 떨어지게 된다. 그래서 전문가의 도움을 받아 약 처방을 받는 사람들도 많아졌는데 실제 약을 먹지 않아도 가지고 있는 것만으로도 안정감을 느낀다고 한다. 하지만 약을 놓고 나온 날에는 온종일 긴장 속에서 제대로 생활하기 힘들다고 말한다. 가지고 다녀야 안정되는 약처럼 나에게 도움 되는 솔루션들을 습관적으로 실천한다면 몸과 마음이 건강해지면서 삶의 만족도를 높일 수 있을 것이다. 나를 위한 방법들을 알면 알수록 자신을 지킬 수 있는 지혜가 생기고, 실천할수록 힘듦을 극복할 수 있는 여유와 안정감이 생긴다. 자신에게 맞는 솔루션을 잘 정리하여 미리미리 충전해 주자.

충분하다고 느끼는 것도 나의 행복

남들에게 인정받으면 자존감이 높아지고 여유가 생겨 충분하다고 느끼는 순간도 많다. 그러나 지나치게 남의 시선을 의식해 타인의 인정만 신경 쓴다면 오히려 자신을 낮게 평가하게 된다. 평생을 부족하다고 느끼면서 살아가면 진정한 행복과 가까워질 수 없게 된다. 행복을 외부에서만 찾으려고 하지 말고 내 안에서 찾는 것도 중요하다. 게으른 생활이 습관화되어 있다면 좀 더 욕심을 가지고 생활하는 것이 좋지만 주어진 일을 차근차근히 해 나가고 있다면 충분히 잘하고 있다고 칭찬해 주어야 한다. 경쟁, 욕심, 책임감으로 지쳐 있을 때 이렇게 생각이 바뀌면 내 삶도 달라질 수 있다.

'수고했어 오늘도
아무도 너의 슬픔에 관심 없대도
난 늘 응원해, 수고했어 오늘도'
— 옥상달빛의 노래 가사 중 —

나 자신에게 응원과 격려는 항상 필요하다. 실패도 성공으로 가는 과정이다. 부족하다며 자신을 구박하고 상처 주기보다는 열심히 일한 '나'만을 생각하면서 시간을 보내 보는 것은 어떨까? 그리고 수고한 자신에게 지금도 충분하고 잘하고 있음에 고맙다고 얘기해 보자. 외부에서만 원하는 것을 찾는 것이 아니라 내 안에서 마음의 열쇠를 찾는다면 말랑한 우리 뇌는 감동할 것이다.

나의 마음은 다른 사람이 아닌 스스로 인정했을 때 더 큰 평화가 오고 편안한 마음으로 미소를 짓는다. 힘들 때는 나에게 속삭여 보자.
"수고했어, 오늘도."

7장

관계 속에서
자신을 지키는 방법

최근 인간관계를 둘러싼 번아웃 증후군을 겪는 사람이 늘고 있다. 관계 속에서 번아웃 되지 않으려면 어떻게 하면 될까? 만약 나를 번아웃 되게 불씨를 만드는 심리방화범을 알 수 있다면? 관계 속에서 불씨가 더 커지지 않도록 자신을 지키고 미리 예방하는 방법은? 다양한 방법을 통해 스스로 번아웃을 극복할 수 있는 솔루션을 알아보자.

01

번아웃을 불러오는 대인관계

나를 번아웃에 빠지게 하는
작은 불씨를 쥐고 있는 심리방화범

나를 소진시키는 관계 속의 피로감

　우리는 매일 다양한 사람과 관계를 맺고 그 안에서 살아간다. 직장인 대상 번아웃 증후군 관련 설문조사에 따르면 번아웃 증후군을 겪은 이유 1위와 2위는 '업무과다', '소모적인 반복 업무'라는 업무 관련 번아웃이었다. 그리고 3위가 '인간관계에 지쳐서'라는 답변이었다. 직장인의 번 아웃은 업무, 그리고 업무와 관련된 인간관계의 피로감 때문이라고 볼 수 있다[1].

　우리는 매일 새로운 누군가를 만나고, 관계가 틀어지지 않게 노력하며 다양한 갈등을 해결하기 위해 많은 에너지를 쏟는다. 상황이 이렇다 보니 인간관계에서 피로감을 많이 느끼는 것은 어쩌면 당연한 결과다. 관계에서 오는 피로감이 오랫동안 지속된다면, 타인에 대한 거부감, 부담감, 혐

오감 등이 높아진다. 그리고 불안, 두려움, 초조함, 자책 등 부정적인 감정이 많아지고, 자기비하를 하는 생각이 높아진다. 그로 인해 에너지가 떨어지고, 무기력해지는 모습으로 번아웃이 오는 모습을 볼 수 있다. 관계 속에서 번아웃 되지 않으려면 어떻게 하면 될까?

나를 힘들게 하는 '심리방화범' 8가지 유형

우리 주변에는 내가 아무리 잘해도 나를 힘들게 하는 사람, 지친 마음을 더 쥐고 흔드는 사람들이 있다. 언제든 나를 번아웃에 빠지게 하는 작은 불씨를 쥐고 있는 사람들. 이 책에서는 그런 사람들을 '심리방화범'이라고 하겠다. 가족, 친구, 회사 사람, SNS 등 우리 곁에는 다양한 심리방화범이 있다. 아래는 심리방화범의 8가지 유형이다.

첫 번째, 오지라퍼 형

"왜 그래? 무슨 일 있어?"

걱정을 빙자한 말로 나에게 상처를 주는 오지라퍼들이 많다. 명절에 친척들이 모였을 때를 상상해 보자.

"너 결혼은 언제 할 거니?" "취업은 했니?" "진짜 어쩌려고 그러니?" 등 내가 알아서 잘하고 있는데도 불구하고 오지라퍼 형들은 가만히 두지 않는다. 결국 "다 너 생각해서 그러는 거다."라는 말로 내 마음에 불씨를 지핀다.

두 번째, 무시하는 형

"네 주제에?"

나를 무시하는 말로 자존감에 상처를 주는 유형이다.

프로젝트를 누가 맡을 것인가에 대한 전체 팀 회의를 하고 있다. 김소심 팀장이 하겠다고 하자 부장이 대뜸 말했다. "김소심 팀장이~? 이 프로젝트 이해는 한 거야? 괜히 나서지 말고 그냥 있어요." 김소심 팀장의 자존감은 순간 나락으로 떨어졌다.

나를 무시하는 행동과 말은 마음을 상하게 하고 자존감을 떨어뜨려 마음에 불씨를 붙인다.

세 번째, 비교하는 형

"너는 왜 그러니?"

누구나 비교를 당하면 상처를 받는다. 쉽게 찾아볼 수 있는 게 가족 간의 비교이다.

"유느림! 언니는 스스로 일어나는데 넌 도대체 왜 이러니? 언니를 좀 봐 알아서 공부하고 본인 할 일도 척척 하잖아. 언니 하는 거 반만이라도 좀 해." "어쩜 동생은 이렇게 영어도 잘하는데 넌 누구를 닮아서 영어도 이렇게 못 하니?" 등 엄마의 잔소리를 빙자한 비교가 시작된다. 내가 원하지 않았는데도 불구하고 비교하고 차별하는 태도에 우리는 좌절한다.

네 번째, 무례한 형

"야! 이거 했어?"

예의 없는 태도와 말은 자존감의 벽을 무너뜨린다.

나알바는 편의점에서 아르바이트를 하고 있다. 사장은 나알바를 부를 때 이름을 부르는 일이 없다. 손가락만 까딱까딱하거나 '야'라는 호칭이

전부다. "야! 이거 했어?" "야! 너 왜 이렇게 이해력이 떨어지냐?" 등 한심한 표정으로 이야기를 한다.

내가 손가락만으로 움직인다는 사실에 자괴감을 느끼지만, 상처만 빈을 뿐 할 수 있는 일은 없다.

다섯 번째, 잇속만 챙기는 형

"이거 내가 가져도 되지?"

나를 이해하고, 잘해주는 척하지만, 본인의 잇속만 챙기는 유형 또한 나를 힘들게 한다.

장영리 대리는 회사에서 같은 팀 동료인 박뻔뻔 주임이 업무를 도와달라고 해서 같이 야근하며 열심히 자료를 찾아 줬다. 다음 날 오후에 갑자기 급한 업무가 생겨 혼자 할 수 없는 일이라 박뻔뻔 주임에게 같이 자료를 찾아 달라고 부탁을 했다. 그런데 약속이 있어서 도와주기 어렵다고 하면서 미안하다며 가 버리는 박뻔뻔 주임의 모습에서 배신감이 들었다. 매번 나에게 도와달라고 본인 부탁은 하고 도와주고 나면 본인이 다 한 것처럼 팀장에게 알리는 모습에 '왜 도와줬을까?'라는 자책이 들며 내가 한심하게 느껴졌다.

여섯 번째, 불평과 험담만 하는 형

"너무 싫지 않니?"

주변에 혹시 매일 부정적으로 이야기하거나 불평과 험담을 하는 사람이 있는가? 나에게 불만이 있어 이야기하는 건 아니지만 그걸 듣는 것만으로도 우리는 많은 에너지를 소모하게 된다.

회사 동기인 송불만은 메신저로 회사에 대한 불만, 직장동료들의 험담을 온종일 한다. 퇴근 후 술자리에서도 하루 동안 안 좋았던 이야기를 다시 반복해서 한다.

듣는 것만으로 나도 모르게 에너지가 빠져나가는 느낌이다.

일곱 번째, 본인 말만 맞다고 하는 형

"에이~ 그거 아니야! 내 말이 맞아."

본인이 생각하고 하는 말이 맞다고 하는 유형의 경우를 보면, 틀린 말도 맞는다고 우기는 경우가 많다.

고등학교 때부터 친구였던 나잘난은 항상 본인 말이 다 맞다고 한다. 음식을 먹다가도 "이 음식 짜다."라고 말하면 "무슨 소리야 이 정도는 짠 것도 아니지, 너 정말 음식 맛 모른다."라고 하고 여행을 가서도 "여기는 꼭 가야 한대."라고 말하면 "넌 정말 모르는구나 거기는 볼 것 하나도 없어, 거기 말고 다른 곳으로 가자."라고 한다.

처음에는 좋게 설득시키려 노력하겠지만, 시간이 지날수록 엄청난 에너지가 소모된다는 것을 알게 될 것이다.

여덟 번째, 강압적이고 권위적인 형

"그냥 시키는 대로 해."

내 입장과 감정은 생각하지 않고 강압적이고 권위적으로 나를 대하는 형이다. 김 부장의 업무지시에 조금 더 쉽게 할 수 있는 방법이 있어 송 주임은 그 방법을 이야기했다. 그러자 김 부장은 "송 주임, 시키면 토 달지 말고 그대로 해요. 우리는 계속 그렇게 업무했으니까 내가 시키는 대로 해요." "요즘 사람들 왜 저렇게 말대꾸가 많은지…."

비합리적인 태도에 상처를 받고 자존감이 떨어지게 만든다.

이런 심리방화범이 주변에 많을수록 우리는 번아웃으로 갈 확률이 높아진다. 어쩔 수 없는 일이라고 방치하지 말고 어떻게 관리를 해야 할지 생각해 보자.

내 안의 심리방화범

관계 속에서 번아웃에 불씨를 지피는 심리방화범이 외부에만 있는 건 아니다. 바로 자신 스스로 그 불씨를 만들어 내기도 한다.

타인을 지나치게 배려하는 것 때문에 힘들 때도 있다. 자기 생각이나 감정은 접어 두고 '나만 참으면 되지, 좋은 게 좋은 거야.' 같은 생각으로 자신을 희생시킨다. 처음에는 마음이 편할 수 있지만, 결국엔 왜 이렇게 나만 손해 보고 억울해야 하나 하는 불편한 마음이 번아웃에 불씨를 붙인다.

타인에게 부탁받으면 거절하지 못하고 그 사람이 원하는 기대만큼 하기 위해 노력을 한다. 그 사람과의 관계가 중요하기 때문에 도움을 주고 있으나 이게 지속해서 일어난다면 호의로 베풀었던 일이 어느 순간 상대방에게 당연하게 여겨지며 내 마음에 불씨를 붙이게 된다.

다양한 사람과의 만남이 온라인에서 활발하게 이루어지고 있다. 인간관계를 넓히고 싶은 마음은 모임과 SNS 활동에 많은 시간을 할애하게 한다. 과한 관계 맺기는 자신의 삶에 필요 이상으로 침투한다. 쉬지도 못하고 연락하고 만남을 유지한다. 그러는 동안 서서히 관계 속에서 지쳐 버리게 된다. 과한 관계의 경우 외톨이가 되고 싶지 않은 마음에서 시작된다. 혼자 살 수 없는 세상에서 관계 속에서 소진되지 않도록 나를 지키려는 노력이 필요하다.

이 장에서는 관계 속에서 오는 번아웃의 불씨를 꺼 주는 소화기로 방법을 안내한다. 첫 번째 소(蘇)·화(話)·기(記)는 심리방화범으로부터 불씨가 더 커지지 않도록 스스로 보호하고 자신을 지키는 방법이다. 두 번째 소·화·기는 관계 속에서 오는 마음의 불씨를 미리 찾아내 더 크게 번지지 않도록 꺼 주는 마음의 소화기이다.

02

관계 속에서 나를 지키기 위한
소(蘇)·화(話)·기(記)

심리방화범으로부터 불씨가 더 커지지 않도록
나를 지킬 수 있는 나만의 소·화·기가 필요하다.

'심리방화범' 속 나를 지키는 소(蘇)·화(話)·기(記)

삶의 에너지를 소모시키는 심리방화범은 항상 아주 가까운 곳에 있다. 가족, 친구, 회사 사람, 지인, SNS 친구 중 누군가는 나의 마음에 번아웃의 불씨를 지피고 있다. 지난 하루를 쭉 돌이켜보면 우리는 일상에서, 많은 사람을 만나고 있다는 것을 알 수 있다. 우리는 원치 않아도 살아가다 보면 어쩔 수 없이 새롭게 관계를 맺고 유지해야 한다. 타인과의 관계를 맺으며 건강하고 행복하게 사는 것은 누구나 바라는 것이다.

좋은 관계를 유지하기 위해 힘들어도 마음과 다른 반응을 보이기도 한다. 예를 들어 부정적인 감정이 올라와도 참는다든지, 자신의 의사 표현을 정확히 못 한다든지 타인을 과하게 배려하는 것이다. 하지만 상대방을 위해서 참고 견디기만 한다면 결국 번아웃에 이르게 된다. 그렇다면 우리는 계속 좋은 관계를 유지한다는 이유로 나를 힘들게 해야 할까?

인간관계 속에서 상처받으며 번아웃이 되도록 자신을 방치하는 것이 아니라, 내 삶의 주인으로서 심리방화범이 지피는 작은 불씨가 커지지 않도록 노력해야 한다.

큰 산불이 나거나, 공장이 불에 타는 등의 화재 사고를 보면 처음부터 큰불로 시작되는 것이 아니다. 누군가 피우던 작은 담뱃불의 불씨가 방치되어 산 전체를 태우고, 누군가 끄지 않은 난로 하나가 공장 전체를 태우게 된다. 만약 화재의 초기 상황에 소화기로 불을 잡았다면 피해는 덜했을 것이다. 마음의 불씨도 마찬가지이다. 심리방화범이 보내는 작은 불씨가 더 커지기 전에 그냥 보고 있지 말고 나만의 소화기로 먼저 그 불을 꺼야 한다. 심리방화범 속 나를 지킬 수 있는 소(蘇)·화(話)·기(記)를 만들어 보자.

첫 번째, 소(蘇): 내 마음을 살리는 관계 거리두기

누구나 한 번쯤은 이 사람과 관계를 지속해야 하는지에 대해 고민을 해본 경험이 있을 것이다. 좋은 관계를 유지하기 위해 노력했지만, 마음에 불씨만 계속 지피는 심리방화범과 함께한다는 것은 정말 힘든 일이다. 일본의 심리카운슬러 오쓰카노리코는 인간관계에서 스트레스를 덜 받는 방법의 하나로 '적당한 거리감'을 두는 것을 추천했다[2] 오스카노리코의 말처럼 나를 힘들게 하는 심리방화범을 계속 옆에 두는 것보다는 그들과의 접촉을 최소화하는 방법이 필요하다. 사람은 몸이 멀어지면 마음도 멀어진다고 했다. 누군가는 관계 거리두기를 차갑게 볼 수도 있다. 하지만 내 마음을 살리기 위해서는 자신부터 생각해야 한다. 상처받지 않도록 스스로 지켜야 한다. 심리방화범들과는 관계 거리두기가 필요하다. 이제 관계 거리두기를 위한 방법을 알아보자.

1. 내 주변 심리방화범 찾기

가장 먼저 시작해야 할 부분은 지금 내 주변에 나를 불편하게 만들고 힘들게 하는 심리방화범을 찾는 것이다. 관계 속의 번아웃 원인은 다른 사람이 찾아 줄 수 없다. 바로 나 자신만 알 수 있다. 머리로만 생각하지 말고 직접 적어 보고 나열해 보자.

이름을 적고 어떤 관계인지 적어 보자. 가족, 회사, 친구, 지인, SNS 친구 등 현재 우리 둘의 관계가 어떻게 연결되어 있는지 적어 보자. 그리고 그 사람이 내 마음에 불씨를 지피는 유형이 어떻게 되는지 앞서 이야기한 심리방화범 8가지 유형을 참고해서 적어 보자.

심리방화범으로 선택한 이유에는 어떤 상황에 어떤 행동과 말로 나에게 불씨를 지폈는지 이유를 구체적으로 적어 보자. 자세하게 적을수록 관계 거리두기를 적용할 때 판단하기 쉽다.

마지막으로 그 사람과의 관계가 내 삶에 미치는 중요도를 적어 보자. 현재와 미래를 생각해 보고 자신에게 필요한 사람인지 그렇지 않은 사람인지를 판단해서 '높다', '낮다'로 표기해 보자.

이름	관계	심리방화범 유형	이유	관계 중요도
송불만	직장동기	불평과 험담만 하는 형	매일 회사에 대한 불만, 직장 동료 험담을 지속적으로 한다.	낮다

2. 거리두기 행동 기준 만들기

나를 힘들게 하는 사람들이니까 무작정 관계를 끊고 거리두기를 해야 하는 것은 아니다. 관계 거리두기를 하기 전에 판단하기 위한 행동 기준이 필요하다. 코로나바이러스 감염이 증가하지 않도록 단계별로 거리두기 기준을 두고 지역별로 다르게 적용하는 것처럼 관계 거리두기에서도 자신을 보호할 수 있는 명확한 행동 기준이 필요하다.

축구 경기에서 경고는 옐로카드와 레드카드가 있다. 무조건 카드를 주는 게 아니라 상대 선수에게 위험한 반칙을 했을 때 파울로 옐로카드를 주고, 스포츠맨십에 어긋난 더 격한 반칙을 했을 때 레드카드를 주게 된다. 옐로카드는 2장, 레드카드는 1장만 받아도 퇴장이다. 관계에도 이렇게 기준을 만들어 보자.

예를 들면, 나에게 무례하거나 상처를 준 사람에게 마음의 옐로카드 1장을 주는 것이다. 기회를 줬으나 상대가 변화 없이 또 상처를 준다면 옐로카드 1장을 추가한다. 그래서 최종 2장의 옐로카드를 줬다면 관계 거리두기를 하는 것이다. 또는 강력하게 내 마음에 불씨를 지폈다면 바로 레드카드를 주는 식이다.

여기서 핵심은 카드를 무분별하게 주는 것이 아니라 나를 힘들게 하는 트리거 포인트에서 꺼내야 한다는 것이다. 트리거 포인트란 통증을 이야기할 때 쓰는 표현으로 통증을 유발하는 점이라 한다. 관계 거리두기를 위한 트리거 포인트는 기분을 상하게 하는 어떠한 행동, 한 방에 감정을 상하게 하는 말들로 나를 힘들게 하는 점을 말한다. 개인마다 느껴지는 감정치는 다르겠지만, 어떤 계기나 말로 인해 이성의 끈을 놓아 아무것도 보이지 않는 상태를 말할 수 있다. 각자만의 트리거 포인트는 다르므로 스스로 관심을 두고 찾아보자.

트리거 포인트	나만의 거리두기 행동 기준

3. 세 가지 관계 거리두기 방법 적용하기

이제 나를 힘들게 하는 심리방화벽과 나만의 거리두기 행동 기준이 마련되었다면 어떻게 관계 거리두기를 할 것인지 방법을 적용해야 한다. 관계 거리두기 방법엔 세 가지가 있다.

첫째, 사적인 관계 줄이기이다.
매일 업무상 만나야 하는 것처럼 내가 생활하는 데 있어 관계의 끈을 붙잡고 있어야 한다면 공적인 관계는 유지하고 사적인 만남은 줄이려는 노력이 필요하다. 만약 사적인 관계가 겹친다면 서로가 기대하는 것이 클 것이고 그 안에서 받는 상처 또한 클 것이다.

그렇다면 사적 관계의 끈이 옅어질 수 있도록 거리를 두는 상황을 만들어야 한다. 사적인 연락은 하지 않고, 개인적 이야기는 상대방에게 하지 않는 것이다. 그러면 자연스럽게 사적인 관계를 줄여 나갈 수 있다.

둘째, 마음에서 관계 거리두기이다.
관계 거리두기는 생각처럼 쉽지 않다. 가족, 친구, 직장동료와의 끈을 완전히 놓을 수는 없기 때문이다. 그렇더라도 나를 힘들게 하는 심리방화범이라면 거리두기는 필수다. 겉으로 드러나는 모습으로는 관계가 가깝다고 느낄 수 있도록 하고, 심리적인 거리인 마음속에서 관계 거리두기를 하는 것이다.

셋째, 관계의 선 긋기이다.
부정적이거나 공격적이고 비판적으로 대하는 사람이라면 관계의 선을 긋는 일을 해야 한다. 심리방화범에 상처를 받지 않도록 선을 그어 자신을 보호할 수 있어야 한다.

　선을 긋는 방법으로는 전화번호를 받지 않고 연락을 하지 않는 것이다. 휴대전화 주소록에서 삭제하거나, 이름 옆에 '거리두기'라고 적어 두고 연락을 받지 않는 것이다. 상대방과의 관계에서 서서히 선을 긋고 싶다면, 무작정 연락 두절을 하는 것이 아니라 시간이 흐르고 난 뒤 매우 바빴다는 메시지를 보낸다면 천천히 자연스럽게 거리가 멀어질 것이다.

　그리고 만약 SNS를 통해 알고 있는 사람이라면 관련된 SNS를 한동안 사용하지 않으면서 선을 긋기를 추천한다. 굳이 상대방에게 나쁜 말로 상처를 줄 필요는 없다. 상대가 나쁜 것도 아니고 내가 나쁜 것도 아니다. 다만 우리는 서로 표현방식이 다르거나 성향이 맞지 않을 뿐이다. 다르다는 이유로 상처를 주거나 받지 않도록 하기 위해서는 자연스럽게 선을 긋고 거리두기를 할 수 있는 환경적인 부분을 만들어야 한다. 지금은 심리방화범일 수 있지만, 시간이 흘러 언젠가 관계를 회복해야 할 상황이 올 수도 있기 때문이다.

　만약 관계 거리두기 하는 것이 불편한 마음이 든다면 생각을 조금 바꿔보자. 심리방화범과 관계를 완전히 끝내는 것이 아니라 관계의 방법을 바꾸는 것이라고 말이다. 시간이 흐르면 거리를 두는 것만으로 나의 마음이 안정되는 것을 느낄 수 있을 것이다.

두 번째, 화(話): 정확하게 말하기

불씨를 지핀 심리방화범에게 아무 표현도 하지 않고 나를 알아주기를 바라는가? 내가 말하지 않으면 상대방은 절대 알 수 없다. 심리방화범에 속수무책으로 당하지 말고 본인이 무슨 실수를 했는지 나의 마음에 어떤 상처로 불씨를 지폈는지 알 수 있도록 정확하게 상대방에게 표현해야 한다. 그렇다면 어떻게 심리방화범과의 관계에서 정확하게 말할 수 있을까? 그 방법을 알아보자.

1. 내 감정 정확하게 표현하기

우리는 관계를 중요하게 생각하는 문화를 가지고 있어 상대방의 기분을 나쁘게 할까 봐 감정을 숨기기도 한다. 그래서인지 우리는 자신의 감정을 표현하는 것에 익숙하지 않다.

하지만, 내 감정을 타인이 알아차리기는 어렵다. 심리방화범에게 내가 느낀 감정을 정확하게 표현하고 감정을 이해할 기회를 줘야 한다.

안타깝게도 우리는 심리방화범을 만났을 때 안 좋은 감정이 있지만 그게 어디서부터 시작했고 무엇 때문에 부정적인 감정이 생겼는지는 알지 못하는 경우가 많다. 심리방화범과 만났을 때 어떤 부분 때문에 어떤 감정이 들었는지 생각해 보자.

앞서 관계 거리두기에서 작성한 내 주변 심리방화범 찾기 부분에서 이유 부분을 보자. 심리방화범이 했던 행동과 표현을 먼저 보고 그 당시의 감정이 어땠는지 적는다. 그리고 그 표현이 나에게 얼마나 큰 상처가 되었는지 등을 체크해 보자. 감정은 표를 참고해서 작성하면 된다. 그리고 심리방화범에게 정확하게 내 감정을 표현해서 내가 느꼈을 감정을 상대가 이해할 수 있도록 해야 한다.

노여움	슬픔	두려움	미움	외로움
고통스러운	가슴 아픈	무서운	괴로운	고독한
기분이 상하는	미어지는	불안한	경멸스러운	외로운
끓어 오르는	슬픈	주눅들다	증오스러운	처량한
불쾌한	앞이 깜깜한	섬뜩한	얄미운	공허한
모욕적	서러운	겁나는	시기하는	적적한
배반감	안쓰러운	걱정되는	원망스러운	그리운
약오르는	애절한	위축되는	끔찍한	허전한
짜증나는	언짢은	놀란	혐오스러운	서운한
소름 끼치는	절망적인	난감한	미운	쓸쓸한
섬찟한	좌절한	심란한	신경질 나다	답답한

2. 심리방화범 표현에 정확하게 받아치기

심리방화범이 무시하는 말로 선을 넘는 말을 했다면 그 자리에서 바로 정확하게 표현해야 한다. 예를 들면 "ㅇㅇ 씨의 말에 나는 상처를 받았다. 이렇게 이야기하면 기분이 상한다." 등으로 이야기하면 된다. 이때 중요한 부분은 나의 불쾌한 감정을 배제하고 진지한 표정과 차분한 목소리로 하는 것이다.

상대방이 만약 불쾌한 행동이나 표현을 한다면 그 표현과 행동을 다시 그대로 되돌려 주면 된다. 상대방이 한 표현을 그대로 다시 말하는 것이다. "~~했다는 말씀이시죠?" 등으로 되돌려 주는 것이다. 자신이 했던 표현과 행동을 다시 생각할 수 있을 것이다.

반복되는 행동으로 힘들게 하는 심리방화범이라면 어떠한 말도 필요 없다. 그냥 아무 반응도 보이지 않거나 성의 없는 단답형의 짧은 대답으로 이 상황의 대화나 행동을 그만 끝냈으면 좋겠다는 분위기를 만들면 된다.

심리방화범 행동 및 표현	감정	정확하게 표현하기

3. 거절의 표현 연습하기

주변 사람의 부탁을 거절하기란 어려운 일이다. 내가 거절해서 상대가 마음을 다칠까 두려워서 또는 너무 자신만 생각하는 사람으로 보일까 봐 쉽게 거절하지 못하고 힘들어한다. 하지만 이런 상황이 반복된다면 관계로 인한 번아웃은 빠르게 온다.

그렇다면 나를 보호할 수 있는 거절 방법은 없을까?

우선 부탁에 성급하게 답을 하지 말고 먼저 생각을 해야 한다. 지금 내가 해 줄 수 있는 일인지 생각하고 가능한 범위를 생각해 본다. 불가능한 일이라면 자신을 먼저 생각하고 거절을 해야 한다. 상대방의 반응에 휘둘리거나 그를 실망하게 하는 것을 두려워하지 말아야 한다. 만약 좋은 관계를 유지하고 싶다면 거절을 하더라도 도움이 될 대안이 있는지도 생각해 본다. 거절하는 것도 연습이 필요하다.

만약 거절해야 하는 같은 상황이 반복된다면 미리 그것을 상상하고 상대방이 불편해하지 않도록 거절하는 표현을 작성해서 연습하자.

심리방화범에게 내 감정을 정확하게 표현하고 상대방 부탁에 거절하기란 쉽지만은 않다. 하지만 자신을 표현하다 보면 오히려 마음이 한결 편안해질 것이다. 힘들지만 나를 위해 노력해 보자.

세 번째, 기(記): 객관화해서 기록해 보기

심리방화범을 내가 오해하고 있지는 않은지 파악해 보아야 한다. 내가 하는 생각과 감정, 느낌 때문에 오해하고 잘못된 행동을 할 수도 있기 때문이다.

사람은 생각하는 대로 감정을 느끼고 그것이 진짜인 것처럼 받아들인다. 그 사람과의 관계에서 자신이 어떻게 생각하고 해석하느냐에 따라 감정이 생기고 판단을 하는 것이다. 우리의 뇌는 효율성을 추구하고 있어 각

별한 주의를 기울이지 않으면 자주 지각의 오류를 일으킨다. 자신이 가지고 있는 고정관념에 비합리적 사고가 있다면 더 그럴 것이다.

상대방은 반드시 '내 말을 따라야 해', '절대로 이렇게 해서는 안 돼'라는 당위적 사고와 '내 편 아니면 적', 'yes 아니면 no' 같은 이분법적 사고, '하나를 보면 열을 알지'라는 생각, '이렇게 하는 사람은 나쁜 사람이야'라는 과잉 일반화 사고로 인해 우리는 잘못된 판단을 할 수도 있다. 그렇다면 합리적으로 판단하기 위해서 어떤 방법이 있을까? 그 방법은 자신에게 질문하고, 상황을 객관화하는 것이다.

1. 나에게 질문하기

합리적인 생각을 하는 것인지 나에게 3가지의 질문을 해 보고 그것에 맞게 기록해 보자.

예를 들면 '직원들은 나랑 의견이 무조건 맞아야 조직이 잘 굴러가'라는 생각이라면 다음과 같이 질문하면서 합리적인 생각인지 판단해 보자.

그렇게 생각할 만한 근거는 충분한 것인가?
그 생각이 나와 그의 관계에 도움이 되는 생각인가?
현실적으로 그 생각이 가능한 생각인가?

이 질문에 답변하고 기록해 보면 합리적인 사고를 할 수 있도록 도와줄 것이다.

2. 사실인가요?

내가 생각한 게 사실인지 기록해 본다. 혹시 나의 판단은 아닌지 다시 돌아보기 위함이다.

먼저 상황을 구체적으로 작성하고 그때 들었던 내 생각을 하나씩 나열해 본다. 그리고 그것이 사실인지 아니면 내가 생각으로 만들었는지 O · X로 체크해 본다. 그리고 내가 생각했던 부분이 사실이 아니라면 사실을 적어 보자. 그리고 내가 심리방화범이라고 생각했던 사람이 진짜 나를 힘들게 하는 불씨를 붙이는 사람인지 다시 한번 생각해 보자.

상황	생각	사실 체크(O · X)	사실 적기

수많은 관계 속에서 심리방화범을 만나겠지만 그 상황에서 나를 지킬 수 있는 소(蘇) · 화(話) · 기(記)를 알차게 준비해 둔다면 번아웃 되지 않고 더 단단한 사람이 될 수 있을 것이다. 어렵다고 생각하지 말고 나만의 소화기를 항상 가지고 다니자. 그 소화기는 결국 나를 지켜줄 것이고, 나의 건강한 마음으로 좋은 관계 형성에도 도움을 줄 것이다.

03
관계 번아웃을 예방하는
나만의 소·화·기 만들기

관계 속에서 번아웃 되지 않도록
예방이 필요하다.

관계 속 주인은 바로 나

송바쁨 씨는 폭넓은 인맥을 위해 많은 사람을 만나고 좋은 관계를 유지하기 위해 노력해 왔다. 다양한 동호회 활동과 모임에 참여했고, SNS 활동도 적극적이었다. 직장에서는 일주일에 2~3번은 팀 동료들과 회식도 하고, 내 일이 아니어도 적극적으로 도왔다. 사람들은 송바쁨 씨와 함께하는 것을 좋아했다. 때때로 그런 만남과 관계 유지가 힘들기는 했지만, 핸드폰에 저장된 전화번호가 1,000명이 넘어가는 것이 좋았고 좋은 관계를 유지하고 있어 외롭지 않았다. 하지만 최근 들어 사람들을 만나고 있는데도 즐겁거나 행복하지 않았고 집에 돌아가서 쉬고 싶은 마음만 들었다. 이런 만남에 회의감이 들기 시작했고 공허함이 찾아왔으며 사람들에게 냉소적으로 대하기도 했다. 순간 사람들을 만나는 게 두렵고 무서웠다.

송비쁨 씨처럼 인간관계에서 관태기를 경험해 본 적이 있을 것이다. 관태기란 연인 사이에서 권태기가 왔다는 것처럼, 관계+권태기의 합성어로 인간관계를 유지하고 새로운 사람과 관계를 맺는 것에 싫증을 느끼는 권태기 현상을 말하는 신조어이다. 한 설문조사에 따르면 '관태기를 겪은 경험이 있나'라는 질문에 83.5%가 그렇다고 했다. 이유는 '단체 활동에서 스트레스를 받아서', '인간관계에 회의를 느껴서' 등이었다[3]. 새로운 관계를 만들고 관계 유지를 위해 몰두하다 보니 극도의 피로감으로 인해 탈진, 냉담, 무능감 같은 번아웃 증상이 오는 것이다.

소진증후 중 비인간화는 관계로부터 분리되어 정서적으로 무감각해지면서 타인을 대하는 태도가 냉소적이고 둔하게 되는 모습을 말한다[4]. 비인간화 상태가 지속되면 어떨까? 혼자만의 세상처럼 사람과의 만남을 다 정리하고 혼자 살 수는 없다. 타인과 함께 살아가야 하는 세상 속에서 번아웃 되지 않도록 노력이 필요하다.

주변을 둘러보면 혹시 모를 상황에 대비해 곳곳에 비치해 둔 소화기가 있다. 불이 나기 전 미리 소화기를 준비하고 대비하듯이 관계 속에서도 번아웃 되지 않도록 예방이 필요하다. 불씨가 붙여지기 전에 내 마음 곳곳에 나만의 소·화·기를 만들어 보자.

소: 소소한 선택적 좋은 만남 만들기

불씨가 붙여지기 전에 미리 예방할 수 있는 첫 번째 소·화·기는 소소하게 선택적으로 좋은 에너지를 주는 사람과 관계를 만들어 가는 것이다. 심리방화범 때문에 힘들었던 마음이 나를 좋아하고 지지해 주는 사람들을 생각하고 만나면서 나도 모르게 힘이 났던 경우가 있다. 마음은 타인의 신뢰와 응원과 지지만으로도 단단해지며 좋은 에너지로 채워진다. 나를 지지해 주는 사람과 함께 있을 때 불안하지 않고 안정감을 받게 된다. 이처럼 우리는 관계 때문에 힘들어하기도 하지만 관계 속에서 힘을 받기도 한다. 인간관계에서 번아웃 되지 않도록 내적 자원이 커지고 힘이 생길 수 있도록 좋은 관계를 만들어 가야 한다.

관계의 주인은 타인이 아닌 바로 나 자신이다. 번아웃 되지 않도록 미리 일상에서 좋은 만남을 적극적으로 만들어야 한다. 소소한 좋은 만남을 위한 방법을 알아보자.

1. 좋은 에너지를 주는 사람 찾기

사실 모든 관계를 계속 유지하기는 어렵다. 불필요한 관계는 줄이고 소중한 사람과 깊이 있는 관계를 만들어야 한다. 가장 먼저 나에게 함께하면 좋은 에너지를 주는 사람을 찾아보자.

오랜 기간 관계를 지속했다고 해서 나에게 좋은 에너지를 주는 것은 아니다. 관계를 지속하고는 있지만, 에너지를 소진하게 만드는 사람도 있다. 예를 들어, 필요한 용건이 있을 때만 연락하는 친구, 내가 먼저 연락하지 않으면 하지 않는 사람, 오래 만났지만 불편한 사람 등이 있을 것이다. 그렇다면 어떤 사람이 나에게 좋은 에너지를 주는 사람일까?

나를 웃게 해 주는 사람, 나의 말에 언제나 응원해 주는 사람, 나의 이야기를 끝까지 들어 주는 사람, 함께 있으면 긍정의 기운이 나는 사람, 생각만 해도 입꼬리가 올라가는 사람 등을 생각해 보자. 어떤 부분이 나에게 좋은 에너지를 주는지 나열해 보고 세부적으로 작성해 보면 좋다.

2. 소소하게 좋은 만남 계획 세우기

미국 스탠퍼드 대학에서 인간관계와 수명은 어떤 관계가 있는지 연구했다. 유방암, 백혈병, 심장마비를 앓는 환자들을 그룹을 나누어 한 그룹은 의학적인 치료를 받았고, 다른 그룹은 의학적 치료와 함께 일주일에 한 번씩 다른 환자와 만남의 시간을 갖게 했다. 만남에서는 서로의 이야기들을 나누며 힘이 되어 주었다. 연구 결과 다른 환자와 만났던 그룹의 환자들이 일반 의학 치료만 받은 환자들보다 통증을 느끼는 횟수도 줄었고 수명도 평균 두 배 이상 길었던 것으로 확인됐다[5]. 좋은 만남을 갖는 것만으로도 우리 몸에 긍정적인 효과를 준다는 연구 결과도 있다. 반면에 인간관계가 없는 경우 외로움의 면역력이 떨어지고, 심장병, 고혈압, 뇌졸중 등에 안 좋은 영향을 미친다는 연구 결과도 있다. 마음이 회복될 수 있는 만남의 시간을 충분히 만들어 소진되지 않도록 해야 한다.

만남의 시간을 계획하는 것을 어려워하지 말자. 미처 생각하지 못한 소소한 관계가 이미 일상 속에서 이루어지고 있다. 아침에 잘 잤는지 챙겨 주는 연인의 연락, 출근길에 만나는 마을버스 기사님의 밝게 웃어 주는 미소, 직장동료와 잠깐이지만 함께 커피를 마시는 시간, 점심에 맛있게 먹으라고 말해 주는 식당 사장님 등 하루에도 많은 사람과의 만남에서 소소한 행복을 느끼고 있다.

적극적으로 만남을 계획해서 일상생활에서의 행복을 만들어 보자. 가장 처음으로 해야 할 것은, 먼저 본인의 일상을 기록하는 것이다. 아침에 일어나서 잠들기 전까지 어떤 생활 패턴으로 살고 있는지 작성해 본다. 평일, 주말 나눠서 작성해 보자. 생활 패턴이 분석되었다면, 일상 속에서 나에게 행복감을 줄 수 있는 만남의 시간을 찾아보자. 그리고 어떤 좋은 만남을 할 것인지 계획을 세워 보자. 하루에 많은 사람을 만나라는 것은 아니다. 일상 속에 소소하게 좋은 에너지를 줄 수 있는 사람과 함께 힘이 될 수 있는 시간을 1~2번만 만들어 보자. 마지막으로 좋은 만남 계획을 세우는 시간을 지정해 두자. 출근하는 지하철 안도 좋고, 매일 저녁 잠들기 전, 매주 일요일 저녁 등 내가 작성하기 좋은 시간을 지정해 두면 된다. 멋지고 화려한 만남이 아니라 소소하지만, 힘이 될 수 있는 만남의 시간을 계획하면 된다.

화: 화끈한 베풂을 통한 회복력 키우기

두 번째 소·화·기는 다른 사람에게 화끈한 베풂을 통해 나를 소진 시키는 상황이 왔을 때 빨리 회복할 수 있는 능력을 키우는 것이다.

황이쁨 대리는 3개월째 다른 사람보다 30분 일찍 출근해서 사무실을 정리하고 커피를 내려놓는다. 정리를 담당해 주시는 분이 있지만 매일 청소가 어렵다는 걸 알고 난 후부터 시작하였다. 힘께 일하는 팀원들이 출근하면서 깨끗해진 사무실을 보고 좋아하는 것을 보면 기분이 좋았다. 매주 토요일에는 동호회 사람들과 함께 유기견 보호소에서 봉사활동을 한다. 피곤하기는 하지만 봉사활동이 끝나고 난 후에는 뿌듯한 기분이 들어서 좋았다.

우리는 황이쁨 대리처럼 타인을 도우며 행복을 느낀다. 마더테레사 효과란 말을 들어 본 적 있을 것이다. 남을 위한 봉사활동을 하거나 선한 일을 하는 것을 보기만 해도 인체의 면역 기능이 좋아진다는 것이다. 헬퍼스 하이(Helpers High)란 정신의학 용어도 있다. 다른 사람을 돕는 이타적 행위가 삶의 만족감을 높여 정신과 몸 건강에 이로움을 준다는 것이다. 남을 도우면 심리적 만족감이 며칠 동안 지속되며, 삶의 만족도는 올라가고, 혈압과 콜레스테롤은 낮아지고, 면역력은 향상이 된다. 엔도르핀도 정상치의 3배 이상 높아진다는 연구 결과가 있다[6]. 남을 돕고 베푼다는 게 상대방만 행복하게 하는 게 아니라 나에게도 긍정적인 에너지를 준다.

누군가를 도와 본 경험은 다들 있을 것이다. 그때를 상상해 보자. 타인의 짐을 잠깐 옮겨 줬을 뿐인데도 나도 모르게 마음속에서 뿌듯함이 올라온 적이 있을 것이다. 사람들은 타인을 도울 때 자신이 필요한 존재라는 느낌이 들고 자아존중감도 올라간다. 이렇게 도움이 되는 베풂을 내 삶의 일부분으로 만들어 보자.

그렇다면, 타인을 도와주고 베푸는 방법은 무엇이 있을까? 봉사활동을 하거나, 기부를 통해 도움을 주는 방법도 있다. 그것 외에도 상대방이 힘들어할 때 함께 일을 도와주는 방법, 이야기를 듣고 상대를 이해하고 공감을 해 주며 감정을 나눠 주는 것도 좋다. 사용하지 않는 물건을 나누거나 전혀 모르는 사람을 무작정 도울 수도 있다. 나눔과 베풂의 방법은 이처럼 다양하다.

방법을 생각해 봤다면, 베풂을 통한 나만의 소화기를 만들기 위해 실천 계획이 필요하다.

가장 먼저 포스트잇을 꺼내 주변에 있는 사람들에게 어떤 도움을 줄 수 있는지 나열해 보자. 그리고 지금 가능한 것을 분류하고 가장 빠르게 할 수 있는 것을 바로 실행해 본다.

계획 설계는 최대한 자세하게 작성한다. 언제, 어디서, 무엇을, 어떻게 도움을 줄 것인지 정확하게 적는다. 그리고 그 날짜에 실행에 옮기면 된다. 다른 사람에게 도움을 줬다면 베풂을 통해 느꼈던 감정과 생각을 일기처럼 작성해 보자. 그리고 그때 느꼈던 감정을 다시 한번 마음에 새겨 보자. 따뜻해진 마음은 더 단단해져 관계 속에서 번아웃 되는 것을 예방할 수 있다.

기: 기특한 나를 위한 혼자만의 시간 만들기

관계에 지친 사람들은 무기력하고 타인에게 부정적으로 반응한다. 예진과 비교해 일하는 능력도 떨어지고 성취감도 부족하게 느끼게 된다. 이런 상황이 장기간 유지된다면 우리는 완전히 소진되고 말 것이다. 관계 번아웃이 되지 않기 위해서는 미리 예방하려는 노력이 필요하다. 인간관계 속에서 상처받으며 열심히 살아온 기특한 나를 위해 혼자만의 시간을 만드는 것이다. 자신이 더는 소진되지 않도록 미리 에너지를 충전할 수 있는 나만의 시간이 필요하다.

요즘 시대에는 스스로 아웃사이더가 되기도 한다. 삶 속에서 인간관계를 맺지 않고 불필요한 것에 시간과 감정을 낭비하지 않겠다는 것이다. 이미 관계 속에서 힘든 상태라면 이처럼 자발적으로 아웃사이더가 되는 것도 괜찮다. 인간관계에서 오는 피로감에서 잠시라도 해방될 수 있도록 말이다.

혼자서도 즐겁게 에너지 충전하는 시간을 보낼 수 있는 방법을 알아보자.

1. 자연과 함께하는 시간

자연은 우리에게 어떤 영향을 줄까? 그곳에는 나무와 풀, 자라는 새싹과 꽃줄기에서 볼 수 있는 초록색의 힘이 있다. 초록색은 신경 계통을 자극해 심신을 안정시킨다는 보고가 있다. 희망, 에너지, 자연을 상징하고 모든 색 중에서 가장 휴식을 주는 색으로 마음에 평안을 준다[7]. 농촌진흥

청은 소방관 30명을 대상으로 식물을 보고 만지고 느낄 수 있는 채소와 허브 재배 텃밭 조성하기, 접시정원과 향기 주머니 만들기, 꽃 편지쓰기 등 치유농업 프로그램을 진행했다. 참여 소방관의 뇌파를 분석한 결과 안정과 이완 관련 지표는 51% 높아지고 긴장과 스트레스 지표는 10% 감소했다. 또한, 체내 스트레스 호르몬은 이전보다 23% 줄어든 것을 확인할 수 있었다[8]. 자연을 느낄 수 있는 식물을 가까이만 해도 우리는 편안한 느낌과 정서적 안정감을 받는다.

일상 속에서 혼자만의 시간에 자연을 느끼며 생기를 넣어 줄 수 있는 시간을 만들어 보자. 집과 사무실, 나만의 공간에 반려 식물과 함께 지내 보는 건 어떨까? 반려 식물을 키우며 자라나는 새싹을 보고 잘 성장하는 모습을 보며 책임감과 보람을 느낄 수 있다. 나무나 꽃이 아니어도 좋다. 상추, 콩나물, 대파, 버섯 같은 실내에서 채소를 키우며 재미와 성취감을 느끼고 나만의 시간을 즐길 수 있다.

인간은 태초에 자연에서 자라 왔기 때문에 숲에서 가장 편안함을 느낀다고 한다. 식물의 대표적인 치유 인자인 피톤치드는 인간에게 긍정적인 영향을 준다. 피톤치드는 식물이 해충과 상처로부터 자신을 지키기 위해 만들어 내는 물질이다. 숲속 공기 중에 떠 있는 피톤치드는 인체의 호흡기를 통해 흡수되어 면역을 증진하고 생리기능을 활성화한다. 호흡기를 통해 인체로 들어온 음이온은 부교감신경을 작동시켜 심장 박동과 혈압을 안정시키고 긴장으로 멈췄던 장도 정상 활동시킨다[9]. 90%가 장에서 분비된다는 행복 호르몬 세로토닌은 안정감과 상쾌함을 준다. 자연과 함께하는 시간은 관계로 지쳐 있는 나에게 편안함을 줄 수 있다.

방송인 송은이 씨는 한 방송에서 일하다가 번아웃이 왔고, 일과 사람을 마주하기 싫었다고 한다. 번아웃을 극복하기 위해 송은이 씨는 먼 곳에서 혼자만의 시간을 가지며 마음을 치유하기 위해 캠핑을 선택했다. "일부러라도 캠핑을 많이 다니려고 했다. 생각할 시간을 많이 갖고 짊어지고 있던 것들을 털어놓으려 노력했다."라고 밝혔다[10]. 송은이 씨처럼 캠핑을 통해 자연 속에서 생각을 정리하고 마음을 치유할 수도 있다.

2. 에너지를 충전시키는 시간

일상생활에 지치거나, 복잡한 생각이 들고 고민이 많으면 그 상황에서 벗어나 멀리 떠나 삶의 활력을 찾고 치유하고 싶은 마음이 클 것이다. 하지만 멀리 떠나기란 말처럼 쉽지 않다. 그렇다면 멀리 떠나지 않고 가까운 곳에서 편하게 쉬고 에너지를 충전시켜 주는 방법을 알아보자.

첫째, 가까운 미술관으로 공간을 이동해 오롯이 색채, 그림의 상황과 배경, 작가가 의도하는 것에 집중한다. 그 안에 나를 투영해 보는 것도 좋은 방법이다.

둘째, 도서관으로 공간을 이동해 다양한 종류의 글을 보고 지적 유희를 느껴 보자. 종이책이 주는 냄새와 촉감, 여유롭게 책을 읽는 사람들 사이에서의 고요한 분위기 등을 느껴 보는 것도 좋다.

셋째, 멀리 여행을 가고 싶지만 가지 못할 땐 랜선 투어를 추천한다. 랜선 여행은 현지 가이드가 관광지를 돌아다니며 영상으로 현지 모습을 담아 실시간으로 중계하고, 여행자들은 집에서 컴퓨터나 노트북, 휴대전화를 이용해 감상하는 가상여행을 뜻한다[11]. 여행사를 통해서도 가능하지만, 유튜브를 통해서도 랜선 여행을 할 수 있다. 만약 여행을 당장 가고 싶지만 못 간다면 다음에 갈 여행계획을 계획하는 것부터 시작해 보자. 계획을 세우는 것만으로 좋은 에너지가 생길 것이다.

마지막으로 혼자 할 수 있는 홈트레이닝, 요가, 명상 등을 통해 내 마음에 불씨가 더 커지기 전에 번아웃 되지 않도록 몸과 뇌에 휴식과 활력, 행복한 에너지를 주자.

04
관계 번아웃
차근차근 관리가 필요해

번아웃이 오는 관계가 되지 않도록
노력이 필요하다.

관계 속에서 힘들었을 나에게

관계 번아웃은 하루아침에 일어나는 일은 아니다. 사람들과 함께 잘 지내 보려고 수많은 노력을 했을 것이다. 물론 내가 노력한 만큼 돌아오지 않았을 수 있다. 그만큼 타인과 함께하기는 쉽지 않다. 그 안에서 많은 상처를 받기도 하고 힘들었을 것이다.

번아웃 되는 자신을 '시간이 지나면 괜찮아질 거야'라는 단순한 생각으로 방치해선 안 된다. 소중한 나를 위해 작은 것 하나에도 관심을 두고 번아웃 되지 않도록 노력해야 한다. 내 삶의 주체는 타인이 아닌 바로 나 자신이기 때문이다. 힘들었을 나에게 '왜 이렇게 무기력해!' '내가 더 참았어야지!' '원래 삶은 힘든 거야!'라는 말을 멈추자. '그동안 잘했어! 얼마나 힘들었니?'라는 마음의 위로를 전해 보자. 관계 속에서 힘들었던 자신에게 관심을 두어야 한다.

상황이나 환경이 같더라도 사람마다 받아들이는 감정과 생각은 다르다. 그 영향은 내가 삶을 대하는 태도에서 나온다. 내 삶의 행복을 위해서 내가 어떤 삶의 태도를 보였는지 생각해 보고 근본적으로 행복하기 위해 삶의 태도가 변화되도록 노력하자. 관계의 번아웃을 막는 최고의 방법은 긍정적인 태도와 함께 자신을 돌보며 마음의 여유를 갖는 것이다.

서로 연결된 세상

최근 이톨이 대리는 혼자 점심을 먹는다. 회식에 참여하지 않는 것은 물론 동료들과 대화도 많지 않다. 그래서인지 상사와 동료에 관한 관심도 줄었다. 처음부터 그랬던 것은 아니다. 관계를 잘 유지하고 싶어 노력했지만, 마음처럼 쉽지 않았다. 상처받지 않기 위해 스스로 회사에서 아웃사이더가 되기로 한 것이다.

관계 속에서 번아웃을 겪는 사람들이 많아지면서 이톨이 대리처럼 스스로 아웃사이더가 되는 것을 선택하는 사람도 많아지고 있다. 직장인 223명을 대상으로 한 설문결과에선 절반이 넘는 55.6%가 '나는 직장 내에서 자발적 아웃사이더'라고 답했다. 그중 40%는 인간관계에 지쳐서 아웃사이더를 선택했다고 했다.[12] 번아웃 된 상태에서는 아무도 만나고 싶지 않고 관계 자체를 부정적으로 생각하게 된다. 자신의 삶에서 불필요한 인간관계로 시간과 감정을 낭비하지 않겠다는 것이다.

선택적 아웃사이더가 되는 것이 과연 관계로 인한 번아웃 문제를 해결하는 것일까? 그렇지 않다. 개인이 할 수 있는 극단적 방법의 하나다. 세상은 사람과 사람으로 연결되어 있어 사람을 만나야 하는 상황은 매일 발생한다. 관계를 완전히 단절하고 살기란 어렵다. 그렇기 때문에 관계 자체를 부정적으로 볼 필요는 없다. 다만 번아웃이 오는 관계가 되지 않도록 노력하는 것이 중요하다.

인간 행복의 가장 주된 원천은 인간관계에서 온다고 하는 것처럼 타인과 함께하며 행복감을 느끼는 것도 크다. 모든 인간관계가 나를 소진시키는 건 아니다. 힘든 이야기를 솔직하게 할 수 있는 친구, 나를 위로해 주는 동료가 있는 것만으로도 힘이 되기도 한다. 이처럼 현재 나의 상황에 맞는 소·화·기가 필요하다. 의미 없이 나를 힘들게 하는 심리방화범엔 나를 지키는 소(蘇)·화(話)·기(記)를 사용하고, 관계에서 번아웃이 오지 않게 하려면 예방을 위한 소·화·기를 적절하게 미리 비치해야 한다.

8장

번아웃 사회, 회복의 불씨를 살려라!

번아웃은 개인에게 찾아온다. 하지만 개인의 문제로만 여기며 근본적인 대책을 마련하지 않는다면 사회 전체에 영향을 미치게 된다. 우리 사회의 전반적인 인식 변화와 조직 차원의 해결방법을 고민하고 번아웃 없는 사회를 만들어야 할 때다.

'번아웃' 권하는 사회

번아웃은 개인을 넘어
사회적 문제가 됐다.

번아웃은 개인의 문제일까?

시계가 6시를 가리키자 컴퓨터의 전원이 일제히 꺼졌다. 하지만 나야근 씨의 얼굴은 밝지 않다. 주 52시간 근무제가 도입될 때만 하더라도 이제 저녁이 있는 삶이 시작되는 것이라며 좋아했다. 헬스장을 등록하고 아내와 주말엔 힐링을 위한 여행도 다닐 수 있다는 생각에 부풀어 있었다. 하지만 정작 현실은 그렇지 못했다. 컴퓨터의 전원이 꺼지면 부서직원들은 일사불란하게 노트북을 챙겨 들고 회사 앞 카페에 모여 다시 업무를 시작한다. 물론 추가업무 수당은 먼 나라 얘기다.

지금까지 번아웃을 예방하고 극복할 수 있는 다양한 방법에 관해 얘기했다. 좋아하는 일에 몰입하는 법, 자기 돌봄을 통한 번아웃 예방 방법을 알아봤다. 아울러 습관을 리디자인하고 관계 속에서 나를 지켜 내는 법을 제시했다. 하지만 이러한 개인의 노력만으로는 부족하다는 것 역시 부인할 수 없다. 누군가에게 '저녁이 있는 삶'을 선물한다는 주 52시간 근무제의 도입은 또 다른 이에겐 '저녁을 굶는 삶'이 될 수도 있다는 우려도 존재한다. 여전히 고쳐지지 않는 갑질 문화에 힘들어하는 직장인도 넘쳐 난다.

대부분 직장인은 상당한 시간을 회사에서 지내고 있고 개인보다는 조직을 우선시하는 사회 분위기는 소위 '일 중독자'를 만든다. 그리고 이런 현상은 번아웃의 불씨를 키운다. 개인이 알아서 처리해야 하는 문제로 번아웃을 바라보던 기업들도 늘어가는 이직률과 그에 따른 생산성 저하와 비용 발생으로 인한 손해를 인정해야 했다. 직무소진은 개인의 정신적·육체적 건강의 악화뿐 아니라 조직에 다양한 손실을 준다.

2019년 KSBI 중소기업 동향에 따르면 핵심인력 이직으로 인해 기술혁신형 중소기업 1곳당 평균 손해 금액은 6.6억 원이고, 대체 인력을 키우는 데 1인당 5천 3백만 원이 들어가는 것으로 나타났다[1]. 비단 우리나라만의 문제가 아니다. 복지국가이자 살기 좋은 나라로 손꼽히는 스위스는 2020년 정부 발표에서 직장 스트레스와 번아웃으로 인한 연간 비용이 100억 스위스프랑(약 12조 2천억 원)에 달한다고 했다[2].

번아웃 되기 전 우리 몸과 마음엔 빨간 경고등이 켜진다. 이럴 땐 자연스럽게 에너지를 충전하고 다시 일상으로 돌아가기 위한 다양한 시도를 한다. 하지만 번아웃에 대한 근본적인 문제를 해결하지 않는다면 더 큰 산과 마주하게 될 것이다. 개인의 노력과는 별개로 방전은 계속되고 결국 번아웃 되는 조직을 허탈하게 지켜보게 될 수도 있다.

번아웃은 개인의 책임, 개인의 나약함 때문이 아니다. 조직과 사회가 변화하지 않고 모든 책임을 개인에게 넘겨서는 안 된다. 번아웃에 대한 경고의 목소리가 점점 커지고 있는 지금이 사회적 대응이 절실히 요구되는 시기임은 분명하다.

갑질은 현재 진행 중

무역회사에 근무하는 늘근심 씨. 아침마다 출근하기가 겁이 난다. 부서이동으로 새로 온 팀장이 업무에 대해 질문을 한답시고 매번 불러서 불필요한 신체접촉을 하길래 성희롱이라고 한마디 했다가 오히려 부서에서 왕따를 당하고 있다.

잊을 만하면 한 번씩 터져 나오는 뉴스 중의 하나가 '갑질'에 관한 것이다. 2014년 이르바 땅콩 회항 사건을 시작으로 재벌의 갑질이 온 천하에 드러났고 분노한 '을'들은 거리로 나왔었다. 정치인이 공항에서 직원에게 캐리어를 노 룩 패스(no look pass)한 사건은 갑질의 끝판왕을 보여 줬다. '태움' 문화를 알게 했던 한 간호사의 안타까운 사망 소식의 충격도 잠시, 지금도 곳곳에서 벌어지는 갑질은 차고 넘친다. 최근 서울대에선 청소노동자가 직장 갑질로 인해 극단적인 선택을 한 안타까운 사건도 일어났다.

상명하복(上命下服)식 조직, 까라면 까야 하는 이른바 '군대 문화'가 사회 곳곳에 남아 있는 것이 우리의 현실이다. 2019년 7월부터 직장 내 괴롭힘 금지법이 시행되었지만 갈 길이 멀어 보인다. 여전히 직장인 열 명 중 세 명은 괴롭힘을 당하고 있는 것으로 조사됐다. 대부분 적극적인 대응을 하지 않고 참거나 모른 척하고 상당수는 회사를 그만두었다. 고용노동부, 국가인권위 등 관련 부서에 신고한 경우는 고작 3%에 불과했다[3]. 법까지 제정되었음에도 이런 결과가 나온 이유는 무엇일까?

아마 신고해도 달라질 것 없을 거라는 회의감이 저변에 깔려 있을 것이다. 행여 신고한 것이 발각되어 불이익을 받을까 두려울 수도 있다. 그냥 참아 넘기거나 최악의 경우 극단적인 선택을 하도록 내몰고 있는 갑질 문화의 단면이다. 들여다보면 가해자 개인의 특성보다는 그 회사의 경영방식이나 인식이 조직문화에 그대로 반영되었다는 것을 알 수 있다. 오히려 피해자가 불이익을 받거나 심한 경우 해고를 당하는 2차 피해를 보는 사례까지 생긴다. 또한, 주관적 견해가 개입되기 때문에 같은 사건을 사람에 따라 다른 해석을 하는 것 역시 해결할 문제다.

그나마 규모가 있는 사업장은 나은 편이다. 4인 이하의 소규모 사업장이나 특수 고용직, 경비원 등에 관련해서는 법적인 보호조차 마련되지 않았다. 실효성 있는 법을 만드는 일만큼이나 중요한 것이 있다. 바로 인식의 개선이다. 자신이 가진 권력을 폭력으로 행사하면서도 당당한 갑의 인식개선이 우선되어야 한다. "사람 위에 사람 없고, 사람 밑에 사람 없다."라는 속담은 초등학생도 다 아는 사실이다. 이제 그 상식을 모두가 함께

곱씹어야 할 때다.

가스라이팅, 직장에도 있다

　요즘 가스라이팅이란 단어가 유행처럼 퍼지고 있다. 가스라이팅은 심리적 조작을 통해 타인의 마음에 스스로에 대한 의심을 불러일으키고 현실감과 판단력을 잃게 만들어 그 사람에게 지배력을 행사하는 것을 의미하는 심리학 용어다. 주로 연인 사이에서 많이 나타나지만, 직장에서도 어렵지 않게 만날 수 있다. 어찌 보면 직장은 가스라이팅을 하기에 최적의 장소다. 조직의 특성상 업무를 지시하고 평가하는 위치에 있는 상사는 막강한 권력을 갖게 된다. 상사가 업무에 대해 지적하는 것을 부하 직원은 묵묵히 받아들여야 하는 위치이기 때문이다.

　문제는 객관적 평가가 아닌 공격하기 위한 목적으로 지적을 일삼는다는 것이다. 급기야 스스로 부족한 존재로 인식하게 만들어 감정을 조정하려 한다. 지속적인 가스라이팅을 당하는 경우 자존감이 낮아지고 무기력해지며 때론 번아웃의 원인이 될 수도 있다.

"○○씨는 왜 매번 일을 그렇게 해?"
"○○씨 다른 사람들이 별로 안 좋게 생각하고 있는 거 알아?"
"○○씨는 꼭 같은 실수를 반복하더라."

상사가 위와 같은 말로 당신을 평가하고 있다면 한 번쯤 객관적인 의견을 구해 볼 필요가 있다.

인간관계에 문제가 없고, 특별한 이유 없이 유독 자신에게만 지적하는 상사가 있다면 가스라이팅을 의심해 봐야 한다. 물론 인지하기 쉽지 않다. 많은 사람이 이런 상황에선 자신에게 잘못이 있는 것으로 착각하거나 노력하면 극복할 수 있다고 생각한다. 직장생활을 하다 보면 크고 작은 갈등이 생기기 마련이다. 하지만 가스라이팅은 갈등과는 다른 개념이다. 권력을 이용해 누군가를 비난하고 약점을 노리며 감정을 조종하는 것이다. 이것은 정신건강에 치명적인 위험이 될 수 있음을 기억해야 한다.

가스라이팅이 의심된다면 6장에서 제시했던 자존감을 지켜내기 위한 습관 형성과 7장 관계의 거리 두기 방법을 참고하면 도움이 될 것이다.

사회변화가 불러온 번아웃

'4차 산업혁명'이라는 시대의 변화는 긍정적인 측면과 함께 부정적인 시각이 공존한다. 노동의 몫이 감소할 수 있다는 우려는 근로자의 정신적 질환과 번아웃을 촉진하는 원인의 하나로 꼽히고 있다. 행여 로봇에게 일자리를 뺏기는 건 아닌지 두려워하는 이도 적지 않다. 산업 현장에서 직접적인 영향을 받는 근로자들은 새로운 기술을 따라가지 못해 '테크노 스트레스(Techno-stress)'라는 정신적 장애까지 겪게 되었다.

코로나 19로 천문학적인 인명 피해만큼이나 지금까지 경험하지 못한 일상생활의 새로운 변화들이 빠르게 펼쳐지고 있다. 사회적 거리두기로 비대면 생활이 일상화되고 원격 수업, 온라인 쇼핑은 폭발적으로 증가했다. 이제 재택근무는 생소한 근무 형태가 아니다. 하지만 빠르게 변화되는 사회는 여러 가지 부작용을 초래한다. 단순히 개인이 풀어내야 할 숙제가 아니다. 직무 교육이 뒷받침되어야 하는 것은 물론이거니와 정부 차원의 지원도 필요하다. 또한, 노동자의 번아웃 예방을 위한 다양한 대책과 정비가 그 어느 때보다 시급한 상황이다.

지난 몇 년간 직무소진을 일으키는 원인이 우후죽순 생겨났다. 급속한 사회 변화와 전 세계적으로 유행한 전염병의 영향이 크게 한몫했다. 특히 한국은 다른 나라와 비교해 번아웃에 더 많이 노출되어 있다는 사실은 2장의 데이터를 통해 확인했다. 한국의 직장인은 열에 여덟이 번아웃 증후군 경험이 있고 직종과 회사, 지위 고하를 막론하고 발병한다. 이는 근본적으로 우리 사회에 만연한 사회·조직 문화에 문제점이 있음을 보여 주는 것이다.

다행인 점은 번아웃을 그동안 남의 일처럼 대했던 사람도 혹시 자신의 얘기가 아닐지 관심을 두기 시작했다는 점이다. 더불어 조직과 사회적 차원의 지원 움직임도 감지되고 있다. 우리가 인지하지 못하고 경험하게 될 때 위험은 커지고 수습은 더 어려워진다. 번아웃의 문제는 개인의 노력과 조직, 사회의 변화가 함께해야 시너지를 얻을 수 있다. 기회는 있다. 문제점을 제대로 파악하고 해결점을 찾는 노력을 함께한다면 위기는 곧 기회가 된다.

02
번아웃 예방을 위한 Change 1. 조직이 가야 할 길

밝고 건강한 조직이
구성원들의 번아웃을 예방할 수 있다.

리더들이여, 충전하고 공감하고 자극하라!

한국인은 둘째가라면 서러울 정도로 무섭게 앞을 향해 돌진한다. 하지만 잘못된 방향으로 열심히만 가다 보면 매너리즘에 빠지거나 자칫 번아웃을 경험하게 될 수 있다. 어디를 향해 가야 하는지 방향성을 제시하는 역할과 책임은 리더가 더 막중한 게 사실이다. 과거 리더의 역할은 익숙한 과거의 경험과 노하우를 기반으로 조직 구성원을 이끌어 가기만 하면 되는 것이었지만, 변화하는 사회에 맞춰 리더의 역할도 달라져야 한다.

제 4차 산업혁명과 코로나 팬데믹으로 인해 사회는 급변하고 기업은 다양한 업무수행 방식의 변화를 꾀하고 있다. 재택근무나 비대면 환경이 도래되면서 MZ 세대는 빠르게 적응하고 있으나 리더들은 익숙하지 않은 환경에 곤혹스러울 수밖에 없다. 조직을 이끌어 가는 것에 더해 리더 자신에 대한 관리가 절실한 때다. 특히나 환경의 급변으로 인한 번아웃에 대해 누구보다 리더가 앞장서 관심을 두어야 한다.

번아웃으로 인한 생산성 저하, 이직률과 결근율의 증가가 결국 조직에 막대한 손해를 입힐 것은 당연하다. 위험에 빠진 조직과 구성원들을 지켜내기 위한 리더의 역할이 어느 때보다 중요한 시기이다. 당신이 팀의 리더라면 번아웃으로부터 자신과 조직을 지키는 방법을 눈여겨보자.

리더는 수많은 의사결정을 내리고 성과에 대한 압박과 조직에서의 책임감이 일반 직원들보다 가중된다. 때론 조직에서 누구와도 편하게 소통하지 못하는 외로운 자리일 수도 있다. 성과에만 매달려 지나치게 에너지를 쏟아내면 결국 리더 역시 번아웃을 비켜 가기 어렵다.

아이와 함께 비행기를 탔는데 갑자기 비행기가 비상착륙을 하려고 한다. 기내는 아수라장이 되고 모두 공포에 떨고 있을 때 산소마스크가 내려온다. 자, 누가 먼저 산소마스크를 써야 할까? 기내 방송을 들어 봤다면 바로 알 것이다. 위급한 상황에서 산소마스크는 아이가 아니라 부모가 먼저 써야 한다. 부모가 안전한 상태여야 아이를 돌볼 수 있기 때문이다.

리더도 마찬가지다. 리더 스스로 번아웃 되지 않도록 관리해야 함이 당연하다. 지금 지치고 힘든 상태라면 먼저 충전부터 해야 한다. 번아웃은 쉽게 주변으로 전이된다. 리더의 번아웃은 곧 조직 구성원에게 그리고 조직 전체로 번져 갈 수 있다. 앞서 우리는 개인이 번아웃을 예방할 수 있는 다양한 방법을 제시했다. 어떤 것이든 좋다. 자신의 루틴에 맞는 솔루션을 선택해 꾸준히 자기 관리를 해야 한다.

아울러 조직 구성원들의 번아웃 관리에도 지원을 아끼지 않아야 한다. 부하 직원에 대한 지원은 스트레스와 번아웃 감소에 도움이 된다. 이직률을 낮추고 직무 만족도를 높이는 데도 이바지할 것이다. 리더 스스로 워라밸(Work-Life Balance)의 모범을 보이고 스스로 방전되지 않도록 관리하는 것은 조직의 번아웃을 막는 첫걸음이다.

단기 성과를 강조하고 금전적 보상으로 조직을 끌어가던 시대는 지났다. 군림하고 지시하는 리더십은 더는 긍정적 효과를 보기 어렵다. 혼자 조직을 이끌면서 모든 문제를 해결하기보다는 구성원들의 참여와 협업을 통해 조직을 이끌어 가는 리더가 필요하다. 번아웃에 노출되기 쉬운 조직은 잘못된 조직문화에 더해 리더가 제 역할을 하지 못하는 경우가 대부분이다.

훌륭한 팀은 활발히 의견을 주고받고 서로를 적절히 자극한다. 팀원들 사이의 신뢰도가 높고 팀 분위기 역시 긍정적이다. 리더는 조직의 성과 향상과 조직원의 번아웃을 막는 두 마리 토끼를 동시에 잡아야 하는 상황이다. 긍정적으로 자극하고 조직 구성원들과 특별한 울림을 공유해야 한다. 조직원의 참여도를 끌어내고 긍정적 활력을 불어넣기 위해 다양한 방법을 시도해 보자.

첫째, 플레잉 코치형 리더가 되자.[4] '플레잉 코치'는 경기에 정식선수로 나서면서 소속 팀 선수를 지도하는 일을 병행하는 사람이다. 즉 리더가 기획하고 실행하고 통제하는 역할에서 직접 현장에서 발로 뛰면서 성과도 내고 솔선수범하는 모습을 보이는 것이다. 구성원들과 함께하면서 언제든 의지할 수 있다는 믿음을 심어 줘야 한다.

실패에 대해 두려워하지 않고 조직의 문제를 솔직하게 나눌 수 있는 분위기를 만들어 보자. 말로 아무리 "나를 따르라!" 외쳐대도 함께 움직이지 않는 리더에게선 '동료애'를 느낄 수 없다. 명령하고 감독하고 평가하는 리더가 아니라 함께 성장해 가는 동료이자 멘토의 역할을 해야 한다.

둘째, 지원형 리더가 되자. 인간은 소속감에서 가치를 찾고 안정을 얻으며 그 안에서 인정받길 원한다. 리더가 직원의 번아웃을 막기 위해 노력해야 할 부분 중 하나가 바로 '소속감'을 갖도록 지원하는 일이다. 우리는 많은 시간을 직장에서 보낸다. 때론 가정보다 더 큰 비중을 차지할 때도 있다. 공유하는 부분이 많아야 사적인 관계든 공적인 관계든 돈독해지기 마련이다. 리더의 공감 능력이 뛰어날수록 조직원의 소속감은 높아진다. 소속감은 강력한 동기부여가 되고 유쾌한 직장문화를 만들며 성과도 높일 수 있다.[5]

왜 일을 하느냐고 질문했을 때 많은 사람이 돈을 벌기 위해서라는 답을 할 것이다. 하지만 실상 금전적 보상보다 더 중요한 것이 바로 내적 보상이다. 조직에서의 역할과 사회적 지지가 부족한 경우 쉽게 지치고 좌절하게 된다. 쓸모없는 일을 하는 것이 아닌지 자신의 가치를 평가절하하거나 불평등에 대해 분노하기도 한다. 리더는 상황에 맞는 적절한 외적 보상과 함께 내적 보상에도 신경을 써야 한다. 지원 가자의 중요성에 대해 끊임없이 격려하고 자극해 보자.

셋째, 스마트한 리더가 되자. 4차 산업혁명 시대는 협력하는 괴짜들의 시대라고 한다. 위에서 시킨다고 묵묵히 일만 하지 않는다. 지나친 통제와 자율성 부족이 번아웃의 직접적인 원인이라는 점에서 이제 리더가 모든 것을 움켜쥐고 통제하려 해서는 해답을 얻을 수 없다. 일하는 방식이 변화되고 있다. 스마트폰 하나면 언제 어디서든 일할 수 있고 직원과 소통할 수 있는 시대다. 리더의 역할도 스마트해져야 한다. 기존의 패러다임을 정비할 필요가 있다.

언제 어디서든 의사소통이 가능해졌다는 것은 직원의 업무 현황도 그만큼 실시간으로 파악할 수 있다는 뜻이다. 굳이 대면으로 보고받고 지시하는 업무 스타일을 고수할 필요가 없다. 기존 관행 중 문제가 되었던 회의 시간을 대폭 축소해야 한다(이 부분은 '비대면 시대, 소통에 답이 있다' 부분에서 좀 더 구체적으로 제시하겠다). 직원 스스로 자발적으로 일할 수 있는 분위기를 조성하는 것도 중요하다. 그러기 위해서는 과감하게 권한을 위임하고 업무 범위를 명확히 해 주어야 한다. 정보를 공유하고 자신의 구체적인 업무와 역할을 이해하면 회사에 어떻게 기여하고 있는지를 본인 스스로 알 수 있다. 이는 직원들이 일에 대한 중요성을 인식하고 몰입할 수 있도록 할 것이다(4장에서 제시한 '몰입'은 번아웃을 예방하는 좋은 방법의 하나다).

일하는 즐거움을 되찾는 조직 리셋

열악한 근무 조건이 번아웃의 원인이 된다는 것은 앞서 제시한 통계자료를 통해 알 수 있다. 하지만 근무환경은 개인의 역량으로 해결할 수 있는 문제가 아니다. 조직이 적극적으로 나서서 일하는 즐거움을 되찾아 주어야 한다. 단순히 먹고사는 문제 때문에 억지로 회사에 출근하는 직원이 즐거울 리 없고 당연히 생산성도 높을 수 없다. 신바람 나게 일하도록 만들어 줘야 한다. 근무환경으로 인해 직원이 번아웃 되고 급기야 회사를 떠나게 되는 상황을 사전에 방지해야 한다. 이제 변화되는 시대에 발맞춰 조직도 새로운 버튼을 눌러야 할 때다.

리셋 버튼 1. 유연한 근무환경을 조성하라.

매일 같은 공간, 같은 자리에 앉아 똑같은 시간에 출근하는 모습은 이제 보기 어려워질 수도 있을 것 같다. 근로자들은 코로나 19로 인해 어쩔 수 없이 시작했던 재택근무를 팬데믹이 끝난 후에도 일정 수준으로 지속하길 원하는 것으로 조사 결과 나타났다. 지금도 장거리 근무자를 위한 거점 오피스를 운영하거나 다양한 형태로 유연 근무 제도를 활용하고 있는 기업이 늘었다. 누군가가 정해 준 조건에서 수동적으로 일하는 것보다 자기 주도적으로 일하는 방식으로 변화하고 있다는 것을 알 수 있다.

심리학자들은 인간은 자기 결정에 대한 기본 욕구가 있으며 자기 결정성을 가질 때 내적으로 동기화된다고 주장한다. 지금의 조건에 자기 결정성을 갖게 되면 즐거움을 느끼고 몰입하며 창의성도 늘어나 높은 성취를 이룰 수 있다고 한다.[6] 하지만 산업군에 따라 적용이 힘들거나 오히려 효율이 떨어지는 사례도 있다. 또한, 평가 시스템이나 보상체계의 변화 없이 시행된 유연 근로제는 다양한 부분에서 문제점이 발생하게 된다.

중요한 것은 시간이나 공간이 아니라 직원들이 얼마만큼 적극적이고 자율적으로 참여하는 방식이냐의 문제이다. 그 때문에 제도 도입에 앞서 정당한 보상체계 방식을 수립하는 것이 중요하다. 근무환경의 변화는 시대의 흐름이다. 부작용을 최소화하면서 기업의 성과를 높이고 직원들의 정신건강까지 챙길 방법을 선택해야 한다. 기업은 '통제'의 굴레에서 벗어나 직원들의 자율성을 인정하고 좀 더 효율적인 업무수행 방식을 고민해야 할 것이다.

리셋 버튼 2. 직원의 자기 효능감을 높여라.

조직에서 번아웃 되는 원인으로 꼽히는 것 중 하나는 자기 일의 통제권이 없다고 느끼는 것이다. 자기 효능감을 떨어뜨리고 소속감을 상실시키면서 냉소적으로 변하게 만드는 원인이기 때문이다. 자기 효능감은 '가치 있는 목표를 해낼 수 있다고 자신을 믿는 것'으로 정의한다. 직원의 조직 몰입에 긍정적인 영향을 미치며, 성장할 수 있는 중요한 기반이 된다. 조직원의 정신건강 관리를 위해서는 자기 효능감을 높일 기회를 제공해야 한다.

조직에서 결정을 내릴 때 자신의 의견이 반영된다고 생각되면 소속감의 문제는 의외로 쉽게 해결될 수 있다. 자율성을 충분히 보장받고 공정성이 빈번하게 무너진다는 생각이 들지 않는 조직이어야 한다. 지금의 일이 가치 있다고 느끼게 하는 것이 조직의 역할이다. 접근하기 쉬운 방법부터 실행해 보면 좋다.

조직의 번아웃을 예방하고 직원의 자기 효능감을 높일 수 있는 4가지 방법을 제안한다.

1. 직원의 기여도를 인정하라.

조직의 성공에 공헌한 사람을 인정하고 격려 메시지와 칭찬을 아끼지 말자. 개인적으로는 물론 공개적으로 칭찬하는 것은 직원의 참여도와 신뢰도를 상승시킨다. 내·외부적으로 감사와 인정을 표현하도록 장려하면 개인의 사기충천(士氣衝天)은 물론 번아웃의 위험 요인도 줄게 된다.

2. 일하는 방식에 재량권을 줘라.

각자의 방식대로 관리하고 프로젝트를 진행하도록 재량권을 주는 것은 내적 동기부여가 된다. 자율성은 혁신에 도움이 되고 소위 기업이 원하는 애사심과 주인의식을 갖는 데 가장 강력한 역할을 하게 될 것이다.

3. 정보를 광범위하게 공유하라.

업무에서 소외됐다는 느낌이 들지 않도록 서로 정보를 공유하자. 회사가 나아갈 방향성에 대한 불확실성은 직원들의 만성 스트레스로 이어진다. 조직의 청사진을 함께 공유해야 직원의 참여도를 높일 수 있다. 여기에 지속적인 소통은 필수다.

4. 지원을 아끼지 마라.

조직 구성원은 자신이 지원받고 있다고 생각될 때 안정감과 소속감을 느끼게 된다. 업무의 재분배 또는 우선순위를 계획하고 상황에 맞게 직원 개인이 성장할 수 있도록 도와야 한다. 다양한 지원 프로그램을 도입해 업무환경을 개선해 보자. 직원들 의견을 경청하는 것도 잊지 말아야 한다.

번아웃 탈출을 위한 조직문화 리셋

조직과 리더가 앞장서 직원의 정신건강을 챙겨야 하는 것이 시대의 흐름이다. 리더의 역할과 제도적인 부분의 변화와 혁신은 분명 중요하다. 하지만 그에 앞서 건강한 조직문화의 정착이 선행되어야 한다. 여전히 우리 조직엔 직원의 번아웃을 부추기는 잘못된 문화가 산재해 있다. 번아웃은 누구도 내성이 생길 수 없는 공통된 현상이다. 모든 직원이 행복하고, 동기부여 되는 조직문화를 만드는 것은 결코 놓쳐서는 안 되는 일이다. 그렇다면 우리가 만들어야 할 올바른 조직문화는 무엇일까?

첫째, 신뢰하는 조직문화다.

재택근무와 유연근무가 확산하면서 직원들을 모니터링하는 '보스웨어'가 등장했다. 예전에도 대기업에선 회사 PC에 깔린 그룹웨어를 활용해 출퇴근과 외출 여부를 판단하곤 했다. 하지만 지금 등장한 보스웨어는 직원들을 실시간 모니터링할 뿐 아니라 키보드에 무엇을 타이핑하는지까지 알 수 있다. 심지어 웹캠과 녹음기능까지 작동해 일하는 모습을 녹화까지 하는 사태에 이르렀다. 감시하고 있다는 표현이 더 맞는 것 같다는 생각에 씁쓸해진다. 당연히 직원들은 반발하고 보스웨어를 막는 안티 보스웨어

프로그램까지 등장했다. 서로 믿지 못하는 조직문화가 가져온 웃지 못할 헤프닝이 아닐 수 없다. 퇴사하지 않을 만큼만 주고 쫓겨나지 않을 만큼만 일한다는 사람들이 모여 서로 불신하는 기업이 과연 성공할 수 있을까?

클레어몬트 대학원 신경경제학연구센터 폴 J. 자크(Paul j. Zak) 교수의 연구는 신뢰가 얼마나 중요한지 보여 준다. 서로 간의 신뢰가 높은 기업의 직원들은 신뢰가 낮은 기업 직원들보다 스트레스는 74% 적었고 생산성은 50% 높았다. 번아웃 발생 확률은 40% 가량 낮았다[7]. 조직의 중요한 원칙을 지켜 가면서 모든 정보를 투명하게 공개하고 자신 일에 재량권을 주는 것으로도 신뢰도는 상승한다. 여기에 공감하고 격려를 아끼지 않는 인간관계는 필수다. 일만 하러 회사에 가는 것이 아니다. 조직 안에서 신뢰를 조성하면 직원의 생산성과 에너지 레벨이 올라간다. 협업이 개선되며 더 행복하고 충성도 높은 인력을 육성할 수 있다.

둘째, 수평적 조직문화다.
나한탄 씨는 김꼰대 부장의 회의 발언에 오늘도 불만이 많다. 수평적 조직문화를 만들겠다며 복장을 자율화하고 직급 호칭도 없앴지만, 자신이 지시하고 정작 직원들의 의견을 듣지 않는 건 여전하다. 그야말로 청바지 입은 꼰대나 다름없다.

호칭이 변한다고 책임과 권한이 바뀌는 것은 아니다. 출근 복장으로 청바지를 입는다고 자율성이 보장되는 것이 아니듯 상사의 강압적인 업무 처리 방식이 바뀌지 않는 한 조직문화는 바뀌지 않는다. 많은 사람이 조직

구조와 조직문화를 혼동한다. 수평적 조직문화를 직급을 평준화하고 성과에 따라서만 대우하는 수평적 조직구조로 착각하는 것이다.

수평적 조직문화는 직급이나 영향력에 상관없이 조직원 모두가 동등한 존중을 받는 것을 말한다. 어떠한 위험이나 부담 없이 의견을 제시할 수 있는 분위기는 조직에 심리적인 안전감을 줄 수 있다. 또한, 자신의 의견이나 하는 일이 중요하게 생각된다. 그것을 발판으로 능동적이고 창의적으로 일할 수 있게 된다.

구성원들도 수평적 조직문화라 할지라도 수직적 책임은 존재한다는 것을 명확히 인지해야 한다. 조직의 구체적인 방향을 제시하는 리더의 역할과 책임을 존중해야 한다. 각자의 역할에 충실하면서 협력하고 존중받는 문화가 바로 수평적 조직문화이다. 말로만 일하기 좋은 회사, 즐거운 분위기의 회사라고 하면서 강압과 감시를 일삼는다면 '청바지 입은 꼰대 문화'를 벗어날 수 없다. 수평적 조직문화를 만든다는 것은 서로를 '○○님'으로 호칭한다고 해결되는 문제가 아니다. 시소의 원리처럼 어느 한쪽으로 기울어지지 않는 존중의 문화와 더불어 조직마다 특성에 맞는 고유한 기업문화를 만들어 가야 한다.

셋째, 상호존중 하는 조직문화다.
직장인 대상 설문조사에 따르면 '회사에서 인정받고 존중받는 순간(36.8%)'에 가장 행복감을 느낀다고 한다(2015년 복지서비스 전문 기업 설문 조사). 조직에서 존중받을 때 받는 행복감은 자발적인 헌신으로 이어지고 자연스럽게 업무 성과도 높아진다. 하지만 부당한 업무지시, 인격모독, 인사상 부당한 대우, 사적인 심부름 등으로 실제로 존중받고 있다고 생각하는 직장인은 44%에 불과했다. 어리면 '하대(下待)' 늙으면 '꼰대'라는 말은 아직도 배려와 존중 없는 기업문화를 대변하고 있는 듯하다.

서로 존중하는 문화는 어떻게 하면 만들어질까?

가장 먼저 우리가 기억해야 할 것은 다름을 인정하는 것이다. 세대도 다르고 성별과 각자 좋아하는 것, 생각하는 것도 다르다. 나만 옳고 저 사람은 틀렸다는 생각은 서로에 대한 불신을 조장하고, 건강한 조직문화를 만드는 데 걸림돌이 된다. 다양성을 인정하고 배려하는 것이 밑바탕이 되었을 때 존중할 수 있다.

지금 기업은 다양한 세대가 함께 공존하고 있다. 기존 세대에 저항했던 586세대가 리더의 위치에 자리 잡고 있고, 신세대라 불리던 XY 세대가 중간 관리자 역할을 맡고 있다. 그리고 디지털 네이티브 MZ 세대가 조직으로 속속 참여하고 있는 형상이다. 살아온 시대와 각자의 위치는 다르지만 모든 세대가 갖는 공통점이 있다. 모두가 신입사원 시절이 있었다는 것과 미래에 대한 걱정과 두려움을 안고 산다는 점이다. 번아웃이 풍요로운 시대에 태어난 MZ 세대를 비켜 가는 것도 아니고 높은 지위의 기성세대가 늘 편안하기만 한 것도 아니다.

조직의 모든 구성원이 하나로 뭉쳐 위기를 이겨 내야 한다. 혁신을 통해 새로운 조직문화를 만들기 위해서는 서로의 다름을 존중해야 가능할 것이다. 나쁜 관습은 과감히 버려야 조직이 발전할 수 있다. 지금 많이 좋아졌다고는 하지만 직장에서의 남녀차별 문제도 근절되어야 할 악습 중 하나다. 나이가 많고 직책이 높다고 해서 함부로 반말하는 습관 역시 버려야 한다. 아랫사람을 자연스럽게 하대하는 것이 하나의 문화가 되어서는 안 된다. 같은 이유로 사적인 심부름을 시키는 것도 금기 사항이다. 업무와 관계없는 부당한 지시를 하지 않는 것을 말한다.

최근 지자체와 정부 부처에서는 '상호존중의 날'을 정해 다양한 교육과 행사를 진행하는 경우가 많다. 자유로운 소통과 배려하는 조직문화 정착을 위한 노력이라는 점은 충분히 이해된다. 하지만 서로의 인권을 존중하는 당연한 그 일을 날짜까지 정해 운영한다는 사실에 한편으론 착잡한 마음을 감출 수 없다. 그렇더라도 기업과 사회의 다양한 노력은 분명 변화된 문화를 가져올 것이다. 조직문화의 변화로 번아웃 예방에도 좋은 효과가 있을 것으로 기대해 본다.

비대면 시대, 소통에 답이 있다

코로나 사태가 벌어지기 이전부터 전 직원이 재택근무를 해 온 기업이 있다. 2017년 창업 당시 연 매출 3억 원이던 회사는 이듬해 50억 원 그다음 해에 150억 원의 매출을 올렸다. 아기띠 전문 업체인 '코니바이에린'이다. 회사는 직원과 상의하여 개별적 목표를 정하고 스마트 툴을 활용하여 커뮤니케이션하는 방식을 쓰고 있다. 언제 일하고 얼마나 일하는지는 중요하지 않다고 임이랑 대표는 말한다. 서로 대면하지 않아도 회의가 있는 날이면 소소한 수다를 통해 근황을 전하기도 한다. 직원들은 육아에 대한 스트레스나 과중한 업무로 인한 번아웃 없이 자기 일을 즐기고 있다.

언택트 시대가 도래하면서 대면 관계로 지쳐 있던 사람들은 오히려 혼자만의 시간을 반기는 것도 사실이다. 하지만 상당수는 오랜 재택근무로 고립감을 호소하고 때에 따라 지나친 모니터링으로 인해 서로에 대한 신뢰감에 문제가 생기기도 한다. 조직은 이러한 문제점을 극복하면서 직원들의 소속감과 함께 신뢰감을 줄 수 있는 소통 방법을 고민해야 한다.

무작정 전화를 하거나 시도 때도 없이 SNS를 보내던 관행을 버릴 때가 왔다. 근무 시간 외에 이메일을 보내는 것은 오히려 업무에 집중하지 못하게 하고 방해만 될 뿐이다. 소통은 원할 때 원하는 방식으로 진행되어야 효과적이며 그 주체는 점차 관리자에서 직원으로 바뀌어야 한다.

회의 방식의 변화도 중요하다. 카스 경영대학원의 안드레 스파이서 교수는 직원들이 서로 우호적인 관계를 유지하기 위해서는 마치 원숭이가 서로 털 고르기를 해 주듯 사회적 그루밍이 필요하다고 했다. 그런 의미에서 회의는 꼭 필요하며 직원들 간 친분을 쌓기 위한 필수 조건이라고도 했다. 문제는 회의 자체가 아니라 비생산적인 방법이다. 특히나 상명하복식 문화가 팽배한 우리나라 조직문화에서의 회의는 말 그대로 '회의를 위한 회의'가 되는 경우가 많다. 긴 준비 시간, 보여 주기식 보고서 작성, 프로젝트와 관련 없는 직원까지 참여하게 하는 점이 문제다. 결국은 성과 없이 끝나거나 비효율적인 회의가 대부분이었다.

비대면 시대에는 실시간 수평적 회의가 효율적이다. 문제가 발생했을 때 바로바로 해결할 수 있으며 보다 창의적인 생각을 주고받을 수 있다. 구글의 '구글 랩스(Google Labs)'나 삼성의 '모자이크(MOSAIC)'처럼 다양한 사내 채널을 열어 두는 방법도 좋다. 누구나 언제든 창의적인 아이디어를 올릴 수 있는 사내 게시판을 운영하는 회사도 느는 추세다.

03

번아웃 예방을 위한 Change 2.
우리 사회가 나아갈 길

일과 삶의 공존을 통해
워라코(Work-Life Coexistence)를 실현하자.

꿈의 직장의 배신

　북유럽의 감성을 가득 품은 나라 스웨덴. 스웨덴 하면 간결하면서도 견고한 북유럽풍 인테리어가 떠오르고 복지의 끝판왕이자 국민의 행복감이 높은 나라로 기억된다. 북유럽풍 인테리어를 대표하는 유명한 가구회사 중 하나가 스웨덴의 '이케아'다. '이케아'에는 '피카 타임(Fika-time)'이 있다. 노동자가 커피를 마시며 쉴 수 있는 스웨덴식 문화라고 한다. 물론 휴식 시간과는 별개의 시간이다. 복지국가답다는 생각이 들게 하는 제도다.

　하지만 '이케아코리아'가 제공한 일정표엔 '피카 타임'이 존재하지 않는다. 휴식 시간이나 점심시간과는 별개로 제공되는 '피카 타임'이 유독

'이케아코리아'에만 존재하지 않는 이유는 무엇일까? 이에 대해 이케아코리아는 "피카 타임은 휴식 시간과는 다른 취지의 스웨덴 문화"라며 "이케아코리아는 피카 타임을 고정시간으로 지정해 운영하지 않는다."라고 말했다. 문제는 이런 불평등이 피카 타임뿐이 아니라는 사실이다.

"이케아는 누구나 동등한 기회를 통해 평등한 대우를 받을 권리가 있다는 믿음 아래 코워커(Co-worker, 직원)들에게 개인으로서나, 업무적으로서 성장할 가능성을 제공하기 위해 노력하고 있다."라고 말했었다[8]. 하지만 '이케아코리아'는 '이케아'의 복지는 쏙 빼고 '코리아'의 잘못된 관행만 보여 주었다. 어느새 '호갱 코리아'란 말이 생길 정도로 외국계 기업의 이러한 행태는 아직도 만연한 우리 사회의 '갑질 문화'를 그대로 모방하고 있다는 생각마저 든다. 부끄럽지만 우리가 바꾸어야 할 문화임이 분명하다.

중국의 '996 문화'라는 신조어는 젊은 층에서 많이 사용되는 유행어다. 아침 9시부터 저녁 9시까지 주 6일 일하는 근무환경을 일컫는 말이다. 알리바바의 마윈 회장은 '996 문화'에 대해 "젊은 세대들의 축복이다.", "그런 열정과 패기로 일을 해야 한다."라는 발언을 한 바 있다. 이 말은 엄청난 파급을 몰고 왔다. 그를 존경했고, 힘든 노동과 삶 속에서 성공의 롤모델로 생각했던 젊은 세대는 피도 눈물도 없는 자본주의자라고 마윈 회장을 비판했다[9].

국내 최대 검색 포털 사이트인 모 기업에서는 과도한 업무와 직장 상사의 괴롭힘으로 직원이 극단적인 선택을 했다는 안타까운 소식이 전해졌다. 수평적 조직문화를 내세우며 꿈의 기업으로 불렸던 또 다른 기업 K의 현실도 별반 다르지 않았다. 근로기준법을 다수 위반한 것은 물론 '함께 일하기 싫은 직원을 꼽아라'라는 인사평가 항목이 논란이 되기도 했다. 건강한 조직문화를 외치며 시작했던 스타트업(Start-up) 기업들이 성공 가도를 달리면서 이러한 현상이 나타나고 있다. 무조건 열심히 일하고 경영진의 지시를 시키는 대로 따라야 성공할 수 있다는 마인드는 과거 대기업의 모습과 다를 바 없었다. 기존 경직된 대기업문화를 그대로 답습한 결과다. 직원들을 지치게 하고 번아웃으로 내몰면서 무늬만 워라밸을 외치는 기업은 더는 꿈의 직장이 될 수 없다.

번아웃은 세계적인 관심사가 되었다. 기업은 앞다투어 자사의 직원을 지키기 위한 다양한 방법을 시도하고 국가도 전방위적으로 나서는 실정이다. 프랑스는 '직장 내 괴롭힘'에 대해 법적으로 강력하게 대처하고 있다. 괴롭힘의 문제를 개인의 인성이 아닌 가해자와 피해자를 낳은 기업 내부의 구조적 문제로 보는 것이다. 구조적 문제가 개선되지 않으면 같은 문제가 지속해서 발생한다는 사실을 간과하지 않았다.

네덜란드는 번아웃을 산업재해로 인정하고 있는 나라다. 스웨덴은 번아웃 증후군으로 의료 진단서가 발급되고 핀란드 역시 질병으로 인정되며 그로 인한 결근이나 장해연금도 지급된다. 실제 2011년 스웨덴에선 총 451건의 번아웃 증후군 관련 질병이 산업재해로 승인 신청됐고, 이 중 70건이 인정되었다[10].

올바른 근로문화 형성을 위한 정책엔 소홀하고, 직무 스트레스나 번아웃 증후군과 같은 문제점을 개인에게 책임 전가하면 결국은 심각한 사회 문제가 될 수 있다. 국가직 자원의 적극적 개입과 발 빠른 대처가 그 어느 때보다 절실한 때다. 우리 정부는 2021년 각 부처에서 스스로 조직문화 수준을 진단해 개선할 수 있도록 '공직사회 조직문화 진단 가이드 라인'을 마련해 45개 중앙행정기관에 전달했다.[11] 조직문화의 문제점을 점검하고 불합리한 관행과 불편을 개선하는 데 정부가 나선 것이다. 기업 역시 갑질과 괴롭힘의 문제를 적극적으로 조치하고 인식개선을 위한 노력을 해야 한다.

워라밸 초이스 시대가 온다

'라라밸(Life-Life Balance)', '스라밸(Study and Life Balance)', '머라밸(Money Life Balance)', '워라하(Work-Life-Harmony)'라는 신조어는 두 가지 연관성이 있다. 바로 워라밸과 번아웃이다. 우리의 삶에 여유가 보장되지 않으면 번아웃 상태가 될 수 있다. 그것이 공부건 일이건 육아건 돈이건 중요한 것은 한쪽에 모든 것을 쏟아부으면 진정한 삶의 의미를 찾기 어렵다는 뜻이다.

'워라밸(Work-Life Balance)'이란 말은 이제 운명을 다한 듯하다. 1970년대 영국에서 처음 사용됐던 '워라밸'은 삶의 질과 행복에 관한 관심이 높아지면서 유행처럼 번졌었다. 주 52시간 근무제, 저녁이 있는 삶, After six Life. 이 모든 것이 향하는 곳엔 워라밸이 자리하고 있다. 하지만 말 그대로 일과 삶의 균형이라는 것이 가능한 것일까에 관한 의문이 점점 커지는 것도 사실이다. 진정한 워라밸의 의미는 무엇일까?

아마존의 CEO 제프 베이조스는 대놓고 '워라밸'을 지지하지 않는다고 말한 적이 있다. 심지어 신입사원들에게 "일과 사생활의 균형을 찾으려 하지 마라."라고 이야기했다고 한다. 둘은 보다 생산적으로, 단순한 균형이 아니라 순환되어야 한다는 말이다. 일과 사생활 중 어느 한쪽을 추구하게 되면 자연스럽게 다른 쪽은 소홀하게 되는 제로섬 게임과도 같은 것을 보면 충분히 이해되는 말이다.

본격적으로 주 52시간 근로제가 도입되었다. 제도의 도입 취지대로 과연 저녁이 있는 삶이 되었을까? 저녁 시간은 얻었지만 주말 없는 삶이 되었다며 한탄하거나, 컴퓨터 전원은 꺼졌지만 일의 양은 줄지 않아 집으로 일거리를 가져오기 일쑤라고 하는 사람도 있다. 근로자는 소득이 줄어드는 것이 아닌지 걱정하고 기업은 매출 감소와 인력난을 고민한다. 근로시간 단축은 막을 수 없는 세계적인 추세다. 하지만 인식의 변화나 일하는 방식의 대책 없이 근로시간만을 줄인다면 우려했던 문제들이 현실이 될 수도 있다.

이제 막 서막을 올린 주 52시간 근로제는 시행착오를 겪을 수도 있다. 변화는 새로운 도전이며 낡은 것을 끝낸다는 의미다. 낡은 것을 보내고 새로운 것을 포용하는 것은 결코 쉬운 일이 아니다. 워라밸의 궁극적 목적은 번아웃을 방지하고 자신을 돌볼 시간을 최대한 확보하는 것이다. 일과 가정의 갈등을 최소화하면서 사회적 활동을 펼칠 충분한 시간을 얻는 것을 의미한다. 각자 다른 환경에서 생활하는데 똑같은 방식을 일괄적으로 적용해서는 성공하기 어렵다.

일과 삶은 분리되어야 하는 다른 세계가 아니다. 양립되는 것이 아닌 공존의 개념 워라코(Work-Life Coexistence)가 되어야 하는 이유이다. 개인마다 중요도는 다르지만, 자신이 원하는 형태로 조화를 이루는 하나의 삶이어야 한다. 누구는 개인적인 시간이나 가정에서의 역할이 중요하고 또 다른 사람은 일에서의 성취가 더 의미 있을 수 있다. 어느 쪽에 더 비중을 두느냐는 개인의 몫이지만 조화로운 삶을 위해서는 개인의 노력에 더해 사회적 인식과 제도가 무엇보다 중요하다. 다양한 업무 형태가 존재해야 하며 그것을 존중하는 시선을 갖추는 것이다. 이제 일과 삶의 균형뿐 아니라 다양한 부분에서의 균형을 요구하는 시대다. 일과 삶에서 의미를 찾고 행복을 얻기 위해서는 자율성과 유연성, 거기에 맞춤형 워라밸이 실현되어야 한다.

한국의 구글이라 불리며 일찍부터 워라밸을 실현하고 있는 기업이 있다. 파주 헤이리 예술 마을에 있는 국산 소프트웨어 벤처 기업 '제니퍼소프트'가 바로 그 주인공이다. 주 35시간 근무, 자율 출근제, 출산 지원금, 근무 시간 내 수영장 사용 허용, 근속 휴가 등 몇 가지만 봐도 누구나 바라는 꿈의 직장이 맞다. 하지만 더 주목해야 할 것은 '제니퍼소프트'의 기업 문화다.

'삶과 일의 균형, 자율적 환경, 창의성과 열정'이 자신들의 기업문화라 말하는 제니퍼소프트에는 하지 말아야 할 것 33가지가 있다. 몇 가지만 살펴보면 '같이 점심 먹는 것도 때로는 신경 쓰이니 몰려다니며 같은 시간에 점심 먹지 말 것, 전화 통화 시 꼬치꼬치 캐묻지 말 것, 복장은 편하고 자유롭게 개성을 뽐낼 것, 너무 일만 하지 말고 가끔 놀 것, 형식에 얽매이지 말고 본질에 집중할 것, 경쟁하지 말고 서로 협력할 것, 당신 삶이 먼저이니 회사를 위해 희생하지 말 것'이다. 그야말로 직장인의 가려운 곳만 쏙쏙 골라 시원하게 긁어 주는 듯한 느낌이다.

미국에서는 경제 전문지 「포춘」이 미국의 100대 기업을 대상으로 '착한 회사 지수'를 만들어 평가하고 있다. 이 지수가 가치 있는 기업들의 모습을 제대로 반영하는지 엄격히 검증했다. 실제 착한 행동을 보여 주며 높은 점수를 받은 기업들은 성과 향상과 함께 주식시장에서도 좋은 평가를 받고 있다. 국내 기업들도 이러한 '굿컴퍼니'에 동참하는 분위기다[12]. 이익만 추구하는 것이 아니라 직원과 소비자, 환경을 생각하고 좋은 가치로 지역사회에 이바지하는 것이 앞으로 우리 기업이 만들어 가야 하는 문화일 것이다.

선택이 아닌 필수, EAP 다시 보기

EAP(Employee Assistance Program, 근로자 지원 프로그램)는 미국 등 선진국에서 보편화한 제도이다. 직무 성과에 영향을 미칠 수 있는 개인적 문제를 완화하기 위해 조직 내부나 외부 자원을 이용해서 기업이 근로자에게 제공하는 사회·심리적 서비스를 말한다. 근로복지공단은 2009년부터 기업의 근로자지원프로그램 도입을 권하고 있다. 근로자의 마음 건강 관리를 지원하고자 근로복지넷(www.workdream.net)을 통해 EAP 서비스를 무상으로 제공한다.

EAP를 도입하면 근로자 개인의 스트레스를 낮추고 직무 몰입도를 높이는 것은 물론 회사에 대한 충성도도 높아진다. 기업은 생산성이 높아지고 산업재해를 예방하며 우수한 노동력을 유지할 수 있다는 다양한 장점이 있다. 그런데도 그동안 EAP를 꺼렸던 이유는 무엇이었을까?

서양과는 달리 동양의 유교적 풍토는 개인의 문제가 노출되는 것을 부정적으로 보는 경우가 많다. 회사에 EAP가 설치되어 운영되면, "혹시 내 업무능력을 의심하진 않을까?", "왜 저런 쓸데없는 데 돈을 쓰는 거야?", "사생활인데 왜 회사가 간섭하는 거야.", "비밀이 보장될까?" 하는 다양한 불신이 나타날 수 있다. 관리자는 직원이 상담을 받으면 팀 내부의 문제가 드러날까 혹은 무능력한 팀장으로 낙인찍힐까 두려워 팀원들의 상담실 방문을 막기도 한다.[13] 그동안 다양한 홍보와 교육이 부족했음을 보여 주는 대목이다.

EAP를 도입해 성공적으로 운영하기 위해서는 몇 가지 사항을 유의해야 한다.

첫째, 도입 기업의 정서와 문화에 맞는 EAP로 설계해야 한다. 앞서 말한 이유로 상담을 꺼리는 경우 도입과 운영에 어려움이 생길 수 있음을 인지하고 충분한 토의와 연구를 통해 계획해야 한다. 형식적인 도입으로는 성공하기 어렵다.

둘째, EAP 운영과 정착을 위한 교육을 한다. EAP 도입 방식에 따라 교육 운영은 조금씩 달라지겠지만, 공통으로 사전 홍보의 역할까지 해야 한다. EAP의 문턱을 낮추고 잘못된 편견을 줄이기 위한 지속적인 홍보와 교육은 필수 요건이다.

셋째, 비밀보장에 관한 문제를 해결해야 한다. 단순히 "우리는 비밀을 보장합니다."라는 말로 얻어지는 것이 아니다. 개인별 비밀유지 문제나 사원 윤리 문제 등을 충분히 고려해야 한다.

넷째, 서비스 대상의 확대도 필요하다. 단순히 개인의 문제뿐 아니라 가족의 문제로 힘들어하는 경우도 상당수다. 대상을 가족으로 확대하는 것이 좋다. 실제로 구성원만 상담받았을 때보다 가족이 함께 받은 경우에서 만족도와 회사에 대한 충성도 모두 높았다. 또한, 상담의 효과도 좋다. 장기적인 관점으로 볼 때 구성원 개인과 가족에 대한 서비스가 모두 포함되는 상담이 필요하다.

국가 차원의 지원도 폭을 넓혀야 한다. 가정주부, 프리랜서, 자영업, 특수 종사자처럼 도움의 손길조차 기대할 수 없는 이들도 복지 차원의 지원이 필요하다. 그들 역시 스트레스나 번아웃의 안전지대에 있지 않음을 잊지 말아야 한다. 다양한 채널을 통한 홍보는 물론 일회성 지원으로 끝나지 않도록 지속적인 관리가 있어야겠다. 권고적 성격의 법을 의무적으로 개정하는 것 역시 필요하다. 무엇보다 EAP에 대한 인식개선을 통해 기업의 적극적인 참여를 유도해야 한다.

한국인의 특별한 DNA, 번아웃 탈출 솔루션이 될 수 있다

사람들이 노동을 바라보는 관점을 비교 조사한 국제사회조사프로그램(ISSP) 결과를 보면, 미국은 '자아실현형', 일본은 '관계지향형', 프랑스는 '보람중시형', 한국은 대표적인 '생계수단형' 국가로 분류됐다[14]. 과연 우리에게 '일'은 단지 생계유지를 위한 수단에 그치는 것일까? 언제나 꼬리표처럼 붙어 다니던 '자살 공화국'이란 말은 통계만 본다면 이제 '번아웃 공화국'이라는 오명까지 뒤집어쓸 수도 있다. 하지만 우리 민족에겐 특별한 능력이 있다.

냄비근성이라느니 집단주의, 혈연과 지연에 연연한다느니 한국 사람이 공유하고 드러내는 독특한 문화 심리적 특성을 비판하는 말들이 있었다. 하지만 코로나19가 전 세계에 퍼진 사상 초유의 사태는 완전히 다른 방향으로 한국을 보게 되는 기회가 됐다. 우리의 독특한 문화 심리적 특성이 K-방역이라는 말을 만들어 내며 빛을 발했다. 분명 우리나라 국민의 사회문화적 특성은 매우 독특한 부분이 있다.

한국인의 특별한 DNA는 어려움과 역경 속에서도 희망을 잃지 않고 극복하는 것을 마다하지 않는다. '우리'로 대변되는 공동체 문화 때문이다. 개인을 독립된 존재로 보기보다는 집단에 속해 있는 구성원으로 인식하는 성향이 강하다. 집단 속에서의 조화나 화합을 중요시하며 개인의 권리보다는 의무가 강조된다. 그 안에서 공감과 신뢰의 문화를 키우는 '한마음 경영'이 가능하다는 말이다. '네 문제는 네 문제일 뿐'이라는 개인주의가 아닌 연대 의식을 가진 한국인의 공감 능력을 십분 활용해 보자.

모방은 때론 강한 경쟁력이 되어 더 나은 것으로 창조되기도 한다. 지금은 선진국의 EAP나 번아웃 관리법을 급하게 따라 하는 형국이다. 하지만 우리의 기질에서 나오는 순발력과 역동성, 속도문화로 분명 더 나은 제도와 실행 가능한 한국형 번아웃 관리 프로그램을 생산해 낼 수 있으리라 믿는다.

끝으로 신바람 기질을 빼놓을 수 없다. 한국인의 풍류 기질은 타고났다고 한다. 흥이 나면 형식에 구애받지 않는다. 우리는 기쁨과 슬픔, 고통과 분노마저도 풍류로 승화시키는 특별한 문화를 갖고 있다. K-POP이나 한류 문화의 위력에서 보듯 한국인의 기질은 분명 남들과 다른 특별함이 있으며 어느 분야에서건 좋은 조건으로 바꾸는 능력을 지녔다.

우리만의 기질과 고유한 DNA로 강점을 살려 한국형 일하기 좋은 일터, 번아웃 없는 신바람 문화를 만들기 위한 새로운 출발을 시작해야 할 때다. 여기에 더해 더욱 적극적으로 국가와 사회가 나서야 한다. 제도나 법을 바꾸는 일이 쉬운 것은 아니다. 다만 현재 실행되고 있는 제도도 활용하지 못하거나 지레 포기하는 것은 한국인의 근성이 아니다. 무한한 잠재력이 있으며 무엇이든 극복할 수 있다는 의지가 있는 민족이다.

킥아웃-번아웃
(Kickout-Burnout)

번아웃은 누구도 예외가 될 수 없고
또한 충분히 치유도 가능하다.

악마의 조건이 되지 않으려면

2018년 프랑스의 프랑수아 루팡(François Ruffin) 의원은 번아웃 증후군과 관련이 깊은 몇몇 질병을 산업재해로 인정하는 법안을 제안했다. 법안이 통과되면 번아웃과 관련된 질병을 겪는 노동자는 자동으로 산업재해로 인정돼 치료비 전액을 보조받을 수 있다. 반면 회사는 산업재해 및 질병 관련 보조금을 더 지급해야 하는 불이익을 감당해야 하는 상황이었다.

기존의 법률은 노동자가 해당 위원회에서 업무의 과도함과 질병 사이의 인과관계를 증명해야 했다. 즉 자신의 질병이 업무환경 때문에 발생했음을 스스로 증명해 내야 한다는 뜻이다. 여기에 더해 근로자는 자신의 업무능력이 25% 이상 영구적으로 상실되었음을 밝혀내야 했다. 엄청나게 복잡하고 어려운 과정 때문에 '악마의 증명'이라고 불렸다[15].

루팡 의원의 법안 발의는 노동계와 언론의 관심을 받기에 충분했다. 과연 악마의 조건을 넘어설 수 있을까 숨죽여 지켜보던 프랑스 노동자들은 곧 실망하게 된다. 번아웃의 원인이 불분명하고 복잡하다는 이유로 다수의 의원이 반대하면서 법안이 무산됐기 때문이다.

우리의 현실도 별반 다르지 않다. 과로로 사망해도 직장 갑질로 극단적 선택을 해도 산재로 인정받으려면 개인이 인과관계를 밝혀내야 한다. 기업은 책임을 회피하고 국가는 여전히 뒷짐만 지고 있다. 설사 밝혀낸다 해도 모든 문제가 해결되지는 않는다. 지금과 같은 솜방망이 처벌은 이런 악순환을 부추긴다. 아무도 책임지지 않으려 뒤로만 물러서면 어떤 것도 해결할 수 없다.

이미 번아웃은 개인적 상황을 넘어 사회적 문제가 됐다. 노동자의 정신건강 문제는 기업의 책임이 되어야 하고 이를 법적으로 뒷받침해야 실효성이 있다는 것은 많은 통계와 사례를 통해 확인했다. '악마의 조건'을 내세워 문제를 개인 스스로 해결하도록 부추기는 현행법의 개정이 선행되어야 함은 당연하다. 은폐하는 것에 급급하거나 피해자 스스로 증명해 내는 것을 강요하는 것은 고통받는 개인에게 또 다른 아픔을 주는 것이다.

인식개선이 먼저다

지금까지 살펴본 조직과 사회의 제도적 문제는 분명 번아웃을 부추기는 역할을 하는 것이 맞다. 사람들이 번아웃에 내몰리는 것은 어쩌면 당연할지도 모르겠다. 하지만 해결방법은 분명 있다. 일차적인 우리의 과제는 앞서 제시한 개인의 다양한 노력과 함께 현행법과 제도를 안정적으로 운영하는 것이다. 문제가 되거나 부족한 부분이 있다면 보완과 개선을 미루지 말아야 한다.

'직장 내 괴롭힘 금지법'만 해도 현행법엔 여전히 사각지대와 문제점이 많다. 설문에 따르면 법 시행 이후 개선됐다고 느끼는 경우가 22.2%에 그쳤다(2021.05. 사람인 조사 결과). 가장 큰 문제는 괴롭히는 당사자가 자신의 행위를 괴롭힘으로 인식하고 있지 못하는 것이다. 인권 감수성이 부족한 근로 감독관이 2차 피해를 준 일도 있다는 조사 결과는 우리의 인식 변화가 선행되어야 함을 보여 주는 단적인 예라 할 수 있겠다.

EAP의 경우도 마찬가지다. 기업이 소진된 근로자를 해고하고 새로운 인력을 충원하는 것이 더 효율적이라는 인식을 버리지 않는 한 제도는 무용지물이 되고 말 것이다. 시행되는 제도 역시 단기 프로젝트로 그치거나 홍보용 제도로 전락하는 일이 없어야겠다. 법이 그 역할을 다하는 것은 물론이거니와 사회의 전반적인 인식개선이 우선되어야 한다. 이것이 번아웃 예방을 위한 첫걸음이라는 것은 두말할 필요도 없다.

번아웃, 회복의 불씨를 살려라

"온 세상은 고통으로 가득합니다. 또한, 극복으로 가득합니다."
– 헬렌 켈러

그저 열심히 일했을 뿐인데 어느 순간 뭔가 잘못됐다는 느낌을 받을 때가 있다. 예상치 못하게 찾아오는 번아웃에 누구도 예외가 되지 않는다. 분명한 것은 번아웃을 만나기 전에 미리 예방하는 것이 최선이라는 점이다. 몰입을 통한 일의 의미와 재미를 찾고 인간관계를 정비하면서 자기 돌봄을 실천하는 것이다. 여기에 자신만의 습관을 디자인한다면 번아웃의 늪에 빠지는 것을 사전에 막을 수 있다.

지금도 누군가는 알 수 없는 이유로 힘들고 괴로운 시간을 보내고 있을 것이다. 자신이 번아웃 되고 있는지 인식하지 못하거나 인정하지 않을 수도 있다. 자칫 '나약한 사람'으로 낙인찍힐 수 있다는 두려움도 한몫할 것이다. 번아웃은 더는 특이한 질환이 아니다.

이제 '일 중독'인 사람이 환영받고 대접받는 시대는 지났다. 일과 삶의 경계가 아닌 조화가 필요한 때다. 번아웃을 개인만의 영역으로 몰아세우기보다 조직과 국가 차원의 적극적인 개입을 통해 사회 전반적인 인식개선을 해야 한다.

번아웃은 누구나 올 수 있고 또한 충분히 치유도 가능하다. '피로 사회'라는 오명을 벗어던지고 건강하고 행복한 사회로 한 발 나아가 보자. 우리에겐 회복능력이 있고 변화에 적응하는 뛰어난 순발력과 용기가 있다. 힘들고 지친 당신이 이 책을 통해 번아웃을 극복할 수 있는 작은 희망의 불씨를 찾았길 바란다.

에필로그

에필로그

당신은 결코 혼자가 아니라는 사실을 잊지 않길 바랍니다.

다섯 마당 자서전 - 포르티아 넬슨

1.
길을 걷는다.
보도에 깊은 구멍 하나.
구멍에 빠진다.
끝장이다. 희망이라곤 없다.
내 탓이 아니야.
구멍에서 나올 때까지, 시간이 한없이 걸린다.

2.
길을 걷는다.
보도에 깊은 구멍 하나.
구멍을 못 본 체한다.
또 구멍에 빠진다.
하지만 내 탓은 아니다.
다시 나올 때까지 여전히 한참 걸린다.

3.
같은 길을 걷는다.
보도에 깊은 구멍 하나.
구멍을 본다.
여전히 구멍에 빠진다.
습관적으로....
두 눈을 크게 뜨고 본다.
나는 안다. 내가 어디에 있는지.
전적으로 내 잘못이다.
당장 구멍에서 나온다.

4.
같은 길을 걷는다.
보도에 깊은 구멍 하나.
구멍을 피해 돌아간다.

5.
다른 길로 간다.

새로운 길을 걷는 것엔 용기와 끈기가 필요하다. 결코, 쉬운 일이 아니라는 사실을 알기에 시작도 하기 전에 두려움에 빠지기도 한다. 번아웃에 관한 책을 쓴다는 도전 역시 그랬다. 고백하건대 책을 완성하기까지 저자들 역시 번아웃 직전까지 갈 정도로 힘들었다. 때론 지치고 좌절하기도 했지만, 서로를 보듬으며 여기까지 올 수 있었다. 그러면서 한 가지 사실을 깨달았다. 우리는 혼자가 아니며 혼자일 수 없다는 사실이다.

당신이 혼자라고 느끼는 순간이 분명 있을 것이다. 도움의 손길도 찾지 못하고 숨소리조차 내지 못하는 답답한 상황에 놓여 있을 때 당신은 혼자라는 생각에 더 어렵고 외로웠을 것을 안다. 자신에게 문제가 있는지, 무엇이 부족해서 이토록 고통스러운 일을 겪어야 하는지 억울할 수도 있다. 그런 당신에게 손을 내밀고 싶었다. 그리고 이렇게 얘기해 주려 한다.

"당신 잘못이 아닙니다."
"당신은 결코 혼자가 아닙니다."

많은 사람이 힐링과 휴식을 원한다. 하지만 진정한 쉼의 의미를 생각하지 않고 그저 휴일 내내 침대에서 시간을 보내는 것으로 대신한다. 무한 경쟁으로 내몰리고 앞만 보고 내달리는 현실 속에서 건강하고 행복한 삶을 산다는 것은 어쩌면 불가능한 것인지도 모르겠다. 그렇지만 온갖 스트레스와 번아웃에 노출된 사회에서 자신을 지켜 내는 일을 소홀히 해서는 안 된다.

이 책은 힘들고 지쳐 한 발자국도 움직이기 어려운 당신을 위해 준비했다. 번아웃은 단순히 쉬는 것으로 해결할 수 있는 문제가 아니다. 우리가 왜 번아웃에 빠질 수밖에 없는지 근본적인 원인을 알아보고 다양한 솔루션을 제시히고 싶었다.

당신이 인지하면서부터 관리는 시작된다. 알아차림은 문제 해결의 시작이다. 점점 고조되는 위험성을 인지하지 못하고 적절한 대응을 하지 못해 결국 화를 당하는 것을 '삶은 개구리 증후군'이라고 한다. 대부분 자신에게 무슨 일이 생겼다는 것을 인식하지 못해 순식간에 번아웃에 빠졌다고 생각하는 경우가 많다. 하지만 지금도 당신의 몸과 마음에선 수많은 신호를 보내고 있을 것이다. 경고등이 켜졌을 때, 돌아봐야 한다. 잠시 바쁜 걸음을 멈추고 삶의 속도를 줄이면서 당신에게 보내는 신호를 헤아려 보는 충전의 시간이 필요하다.

당신의 몸과 마음은 어떤 신호를 보내고 있는가?
무기력함과 두통으로 힘든 시간을 그저 피곤하기 때문으로 웃어넘기고 있진 않은가? 알 수 없는 불안감에 잠 못 이루는 날도 조금 쉬면 된다며 안일하게 대처하고 있지는 않은가? 당신을 힘들게 하는 사람과 오늘도 억지 웃음으로 하루를 함께하지 않았는가? 당신의 에너지가 고갈되었다고 알리는 간절한 SOS를 무시해서는 안 된다.

누군가의 인정을 바라는 것에 치중하다 보면 자칫 삶의 균형을 잃을 수도 있다. '일'이라는 무대 위에서 보이는 자신의 모습만을 주인공의 삶이라 착각해선 안 된다. 무대 밖의 당신 역시 주인공이다. 타인의 인정을 바라는 자신에게 조금 더 관대해져 보자. '내가 아니면 안 된다.'라는 생각은 당신을 성실한 인간으로 만들지는 모른다. 하지만 정작 자신을 돌보지 않는 성실함은 당신을 지치게 할 수도 있다. 당신의 유능함은 타인의 인정만으로 결정되지 않는다.

혹시 잘못된 습관과 당신을 소진되게 만드는 관계 속에 있지는 않은지 점검해 보자. 자기 돌봄에 소홀했다면 당신을 지켜 줄 솔루션을 적극적으로 활용해 보는 것도 좋다. 책에서 언급했듯 개인의 노력만으로 모든 번아웃을 해결하기 어려울 수 있다. 정신없이 바쁜 것을 자랑으로 여기는 사회 분위기가 당신을 소진되게 한다. 우리 사회를 번아웃 없는 건강한 구조로 만들기 위해서는 개인의 노력과 함께 제도와 인식 변화가 중요하다는 사실을 이야기하고 싶었다.

최근 몇 년간 벌어진 사건은 우리에게 검푸른 우울감을 맛보게 했다. 전염병보다 더 무서운 서로에 대한 불신, 두려움과 공포, 절망감으로 힘들었다. 의료현장의 최전선에서 번아웃을 호소하던 의료진들의 애절한 목소리를 들어야 했다. 번아웃은 결코, 당신의 잘못이 아니다. 그러니 당신은 '나는 괜찮다. 아무렇지 않다.'라는 위험한 낙관을 버려야 한다. 자신을 들여다보고 돌보는 일보다 더 중요한 일은 세상에 없다. 더는 당신이 번아웃의 늪에 빠져 힘들어하지 않길 바란다. 삶엔 여러 갈래 길이 있다. 지금 처한 상황이 끝이 아니며 당신은 언제든 새로운 길로 걸어갈 수 있다는 사실을 잊지 않길 바란다.

손을 내밀어 위로를 전하고 조금 더 행복한 당신이 되길 소망하는 마음을 담아 이 책을 바친다.

참고문헌

1장

1) 김성호(2021.06.15). 떠나는 간호사... 한 해 40% 퇴사 병원도[구멍 뚫린 K의료]. 파이낸셜뉴스.

2) 김지훈(2021.07.23). '방역 번아웃' 보건소 간호사들, 사직 1.5배 늘었다. 한겨레.

2) 임웅재(2019.05.29). WHO "번아웃은 질병 아니다". 서울경제.

3) 전형진(2021.06.29). 이렇게 일하다가는 정말 죽을 것 같아요-일중독. 정신의학신문.

4) 정철환(2021.07.23). 직장인 대부분 "재택근무 1년 만에 번아웃". 조선일보.

5) 황문영(2021). 직무과부하가 번아웃에 미치는 영향: 일-가정 갈등의 매개효과와 잡크래프팅의 조절효과를 중심으로. 기업경영리뷰. 12(2).

6) 게일가젤(2021). 하버드 회복탄력성 수업(손현선 역). 경기도: (주)현대지성.

7) 배원숙(2019.11.15). 직장인 성공에 가장 중요한 요소는 '업무관련전문지식'과 '인간관계'. 데일리경제.

8) 김수완(2020.07.04). "회사생활이요? 사람이 제일 힘들어요" 인간관계 어려워하는 직장인. 아시아경제.

9) 이정언(2018). 번아웃의 경험이 개인성과에 미치는 영향. 한국콘텐츠학회논문지. 18(7).

10) 윤현성(2020.09.17). 학생 10명 중 6명, '스라밸' 없다... '번아웃 증후군' 경험 학생도 66%. 뉴스웍스.

11) 장유경(2021.01.21). '돌아서면 밥하는' 주부들 번아웃... "옛날 엄마들과 비교는 제발 그만". 중앙일보.

12) 허미담(2021.09.12). "아무것도 안 하고 쉬고 싶다"... 구직활동 포기하는 2030. 아시아경제.

13) 박용하(2021.06.28). 재택, 회사근무 영구병행하는 유럽은행... 코로나로 늘어난 '하이브리드'. 경향신문.

14) 정상희(2021.09.14). 재택근무 직장인 10명 중 3명 '재택근무 증후군' 생겼다. 파이낸셜뉴스.

2장

1) 김성환(2020.12.17). 인간이 AI스피커에 가장 많이 한 말은 '이것'. 파이낸셜뉴스.

2) 이서희(2016.11.10). 트럼프의 승리,빅데이터는 알고 있었다. 한국일보.

3) 안정락(2018.06.29). 대한민국 직장인 90% 번아웃 증후군... . 한국경제TV.

4) 박수정 외(2017). 번아웃 증후군의 조작적 정의에 관한 체계적 문헌 고찰. 교육문화연구. 제23권(3호).

5) 이명호, 성기정(2021). 번아웃: 이론, 사례 및 대응. 서울: 행복에너지.

6) 디지털뉴스국(2020.01.21). 직장인 10명 중 4명 첫 직장 1년 내 퇴사... . 매일경제.

7) 강사구 외(2020). 일 직장인의 일주기 유형이 번아웃에 미치는 영향. 생물정신의학, 27권(2호).

8) Merikanto I, Suvisaari J, Lahti T, Partonen T.(2016). Eveningness relates to burnout and seasonal sleep and mood problems among young adults. Nord J Psychiatry;70.

9) Mokros Ł, Koprowicz J, Nowakowska-Domagała K, Rodak J, Pietras T.(2018) Eveningness and its possibility of predicting burnout symptoms among physicians and nurses – preliminary results. Current Problems of Psychiatry;19.

10) 김민욱, 황수연(2019.11.11). 나쁜 콜레스테롤은 '저녁형 인간'. 중앙일보.

11) 신승엽(2019.01.29). 직장인 95% "번아웃 증후군 경험". 매일일보.

12) 장진숙(2021.03.08). [직장인]번아웃을 경험하게 된 계기. 데이터솜.

13) 사라 케이.화이트(2021.06.08). "300만 명 떠났다" IT 업계 여성 '번아웃' 적신호. CIO.

3장

1) 장지민(2020.12.04). 진 번아웃 고백 "마음이 힘든 시기에 '어비스' 만들었다". 한국경제.

2) 켈리 맥고니걸(2020). 스트레스의 힘(신예경 역). 서울: 21세기북스.

3) 제니퍼 모스(2021). 번아웃을 넘어서. 하버드비즈니스 리뷰.

4) 박수정 외 6인(2018). 한국형 번아웃 증후군 형성과정 및 대처방안에 관한 근거이론적 접근. 교육문화연구. 24(1).

5) 양석준(2017). 한국의 기업 경영자들이 겪는 번아웃과 그 철학상담적 함의. 한국상담내학원대학교 식사학위논문.

6) 김계연(2016.06.28). 니체의 초인도 번아웃 겪었을까?. 연합신문.

7) 라파엘 M.보넬리(2016). 완벽의 배신(남기철 역). 와이즈베리.

8) 정문정, 이상민, 최현주(2016). 완벽주의와 학업소진의 관계에서 마음챙김의 매개효과. 청소년상담연구. 24(1).

9) 오타 하지메(2020). 인정받고 싶은 마음(민경욱 역). 경기도: 웅진지식하우스.

10) 장미영, 리상섭(2020). 서비스직 종사자의 진성리더십, 직무열의, 직무소진, 이직의도의 구조적 관계 : 감정노동 강도에 따른 다집단 분석. 한국직업교육학회. 39(6).

11) 김보영, 정기수(2020). 조직구성원의 사회적 지지와 직무소진 및 직무열의의 관계에서 회복탄력성의 매개효과. 평생교육 · HRD연구. 16(2).

12) 박현익(2021.05.04). '코로나 번아웃' 가장 심한 한국…10명 중 6명 "지친다". 조선비즈.

4장

1) 김민주(2016.05.20). '좋아요'에 집착하는 당신, 디지털 번아웃을 조심해!. 일요신문.

2) 문세영(2020.12.19). 2020년 일상을 잠식한 '번아웃'…어떻게 극복할까?. 코메디 닷컴.

3) 몰입의 즐거움(2005). 미하이 칙센트미하이(이희재 역). 서울: 해냄.

4) 몰입 두 번째 이야기(2011). 황농문. 서울: 랜덤하우스.

5) 뇌를 들여다보니 마음이 보이네(2021). 이상현. 서울: 미래의 창.

6) 양종구(2021.10.23.). "극한상황, 정신력보다 체력 더 중요한 이유는…". 동아일보.

7) 놀자 선생의 놀이 인문학(2021). 진용근. 서울: 살림터.

8) 놀이의 반란(2013). EBS [놀이의 반란] 제작팀. 서울: 지식너머.

9) 성인을 위한 놀이치료(2011). 찰스섀퍼(백지연 역). 서울: 북스힐.

10) 열두 발자국(2018). 정재승. 서울: 어크로스.

11) 굿 라이프(2018). 최인철. 경기: 21세기북스.

12) 이보현(2021.04.15). 건강하게 에너지 보충하는 방법 7. 코메디 닷컴.

13) 몰입(2007). 황농문. 서울: 랜덤하우스.

5장

1) 윤정현(2019.01.21). 알렉스 수정 김 방 "놀라운 성취 이루려면 계획적으로 잘 쉬어야죠". 한국경제.

2) 이동규(2020.05.31). 멍 때려야 뇌가 건강해져요. 경기신문.

3) 생로병사의 비밀(2017.03.29). 스트레스 어벤져스. KBS1.

4) 김형준(2021.03.25). '멍 때리기' 뇌도 충전이 필요하다. 전북도민일보.

5) 이현정(2014.10.28). 멍 때리기 대회 우승자 9살 소녀, 너무 자주 하면 안 돼요. 헬스조선.

6) 대한스트레스학회(2013). 스트레스과학. 서울: 도서출판 한국의학.

7) 이진호(2021.08.18). 오래 앉아있는 직장인 '의자병'주의. 스포츠 월드.

8) 손창숙(2019). 걷기명상과 호흡명상 프로그램 개발과 효과. 문학석사 학위논문. 능인대학원대학교.

9) 생로병사의 비밀(2021.06.02). 하루 4km 걷기, 건강 일사천리. KBS1.

10) 이진희(2017). 나는 오늘도 소진되고 있습니다. 서울: 대림북스.

6장

1) 기호일보(2021.03.23). 습관 사이에 감사습관 끼워야. 아침을 여는 신문 KIHOILBO.

2) 뉴시스(2021.06.29). '동상이몽2' 김성은 아들 태하 심리상담 충격… '자기감정 표현 못 해'. 공감언론 뉴시스.

3) 권연수(2019.01.30). 직장인 95% 무기력 ● 짜증 '번아웃 증후군' 경험, 자존감 회복방법 1위는?. 디지틀조선일보.

4) 권영미(2021.08.15). 쉴 때도 잡념으로 가득찬 뇌…행복 찾는 일상 속 명상법[100세 건강] 지금 하는 행동에 집중하는 게 행복의 비결. 서울=뉴스1.

5) 김준수(2021.06.15). 반복적 불안증세 '강박장애' 4년 새 23% 증가…20대 가장 많아 미래에 대한 불안감. 사회생활 어려움 등 원인…약물치료 · 인지행동 치료로 개선 가능. 데일리스포츠한국.

6) 강준만(2019). 왜 공황장애에 걸리는 연예인이 많을까?_감정 습관 외. 인물과 사상.

7) 김철중(2021.07.07). 마스크 속 입꼬리 싱긋… 우울증 극복할 미소법 따로 있다. 조선일보.

8) 조수완(2021.06.11). '보톡스'로 우울증 치료?(연구). 하이닥.

9) 슈웨타 네어 외 4인(2015.06). 슬럼프에 빠지고 직립한 자세가 스트레스 반응에 영향을 미치는가? 무작위 재판. 셀스 사이콜.

10) 송민섭(2016.03.08). 사신감 님지는 포즈기 '인더우먼'을 낳는다. 세계일보.

11) 이민재(2017.01.25). '생로병사의 비밀' 건강과 행복을 일구는 '긍정과 감사의 힘'. 국제신문.

12) 김성철, 김나정(2019). 강박열정과 조화열정이 일터에서의 직무성과와 번아웃에 미치는 상이한 매개과정을 중심으로. 한국인사관리학회.

7장

1) 이재훈(2019.01.29). 직장인 95% '번아웃 증후군' 경험... "업무. 인간관계에 지쳐서...". 이투데이.

2) 강윤화(2020.11.12). 참을 인자 세 번이면 '번아웃'... 인간관계 스트레스 해결책은?. 일요신문.

3) 권연수(2019.10.29). 성인남녀 84% 인맥관리에 회의적인 '관태기', 이를 겪는 가장 큰 이유는?. 디지틀조선일보.

4) 이종은, 조아영(2014.11.30). 우리의 번아웃, 무능감 뒤로 사라지는 열정. 고대신문.

5) 서울대학교 행복연구센터(2011). 행복교과서 청소년들의 행복 수업을 위한 첫걸음. 경기도: 월드김영사.

6) 지식채널e(2011.11.28). 작은 힘 1부 나. EBS.

7) 박정우(2021). 온스트레스. 서울: Book insight.

8) 윤종열(2021.10.05). 농진청, '치유농업' 소방관 스트레스 호르몬 줄인다. 서울경제.

9) 생로병사의 비밀(2020.07.15). 팬데믹 시대, 당신에게 녹색을 처방합니다. KBS1.

10) 정한별(2021.08.05). '번아웃' 경험한 스타들, 어떻게 극복했을까. 한국일보.

11) 이옥진(2021.07.24). 여행경비 1만 2800원! 당신은 지금 랜선 타고 프라하에 와 있습니다. 조선일보.

12) 운신원(2018.03.12). "나는 스스로 '아웃사이더'가 되기로 했다"... 인간관계도 '번아웃'. 아시아경제.

8장

1) 윤동욱(2021.01.29). 이직률이 높다면 번아웃을 의심하라. 매일경제.

2) 박수정(2020.12.09). 복지국가 스위스 번아웃 심각, 연구 결과에 주목. 아시아투데이.

3) 김윤주(2011.07.11). '직장 갑질 금지법' 2년…30%는 아직 '직장 내 괴롭힘' 겪는다. 한겨레.

4) 허무일(2019.11.06). [변화디자이너 허일무의 리더십 체인지] 플레잉코치형 리더십을 개발하라. 데일리경제.

5) 브루스 데이즐리(2020). 조이오브워크(김한슬기 역). 서울: (주)인플루엔셜.

6) 김철영(2018). 직원존중 주식회사. 경기: 미문사.

7) 폴 J. 자크(2017.1-2). 신경 과학으로 본 신뢰 직원 몰입도를 키우는 경영방식. 하버드비즈니스리뷰.

8) 류승연(2020.12.23). 이케아의 자랑 '이것', 한국에선 이렇게 변질됐다. 오마이뉴스.

9) 박승찬(2021.7.28). 누워서 일어나지 않는 중국 젊은 세대. 이투데이.

10) 박수정 외(2020). 한국형 번아웃 증후군 문제해결을 위한 국가 사회 구조적 개입전략의 우선순위 산

정. 일반논문.

11) 권수현(2021.05.16). '우리 부처에 갑질문화 있나'... 공직사회 조직문화 진단 지침 마련. 연합뉴스.

12) 김상윤(2021.08). '제니퍼소프트' 늘어난다. '굿컴퍼니 캠페인' 발동. 이데일리.

13) 최수찬, 우종민, 왕은자, 장승혁(2017). 근로자 지원 프로그램 EAP. 파주: 군자출판사.

14) 조태성(2018.03.01). "워라밸은 틀렸다... 일과 삶은 하나". 한국일보.

15) 황재훈(2018). 프랑스의 번아웃 증후군 예방을 위한 시도. 국제 노동 브리프, 16(9), 70-78.

저자소개

박정우

한국스트레스교육협회 협회장. C&T 컨설팅 대표. 2021 월간 인재경영 명강사 선정. 출강하는 모든 강의 프로그램은 직접 기획하고 검증하여 기업교육 현장에 적용하고 있다. 후성유전학이라는 자연 과학 이론을 배경으로 인문학적 요소와 접목하여 만든 자발적 동기부여와 셀프 리더십을 위한 '뉴로코드 1101' 프로그램, 기존의 스캠퍼 기법을 게이미피케이션으로 재구성하고 문제 해결 프로세스를 더하여 만든 창의적 문제 해결 프로그램 'Z.O.O Project', 사상체질 심리학으로 몸과 마음을 관리하는 자기 경영 프로그램 '사상체질 심리학을 활용한 몸, 마음 사용 설명서', 수년간 사내 강사와 기업교육 강사의 역량 향상을 위한 강사 양성과정 등 다양한 프로그램을 운영하고 있다. 저서로는 「온 스트레스」, 「스트레스 뉴노멀」이 있다.

김민주

위드드림컨설팅 대표로서 기업과 공공기관에서 강의를 기획 및 진행하고 있다. 6년 동안 대학에서 교수 활동을 했으며, 경찰청 외래 교수, 소방학교 외래 교수, 공무원 연수원 외래 교수 등 다양한 강의 활동을 하고 있다. 참여식 소통하는 교육 현장을 만들어 가는 퍼실리테이터로서 시민총회, 100인 원탁토론회, 도시재생 등 온라인/오프라인 퍼실리테이션을 500회 이상 진행하였다. 데이터를 활용한 디자인 씽킹, 창의적 문제해결, 데이터리터러시 등의 주제로 한국타이어, 기아자동차, 한전, LG전자 서울인재개발원, 삼성생명, 롯데아울렛 등에서 다수의 강의를 진행했으며 학습자에게 더 효과적인 교육을 위해 온라인과 오프라인, 다양한 방식의 교육을 제공하고 있다. 저서로는 「데이터 리터러시 번아웃편」이 있다.

우성희

HNOlab 대표. 15년 이상의 기업강의 경력을 바탕으로 코치와 퍼실리테이터로 기업 및 조직의 문화개선을 돕고 있다. 한국퍼실리테이터협회 인증전문퍼실리테이터(CPF)이며, 한국코치협회 인증전문코치(KPC)이다. 고려대학교에서 「대기업 팀 리더의 퍼실리테이션 역량과 구성원의 직무몰입의 관계」에 대한 논문 결과를 바탕으로 현업에서 작동하는 퍼실리테이션의 힘을 믿는다. 또한 퍼실리테이션과 코칭이 결합했을 때의 시너지를 현장에서 체험하고 있다. 주요 강의분야는 퍼실리테이터 양성과정을 중심으로 퍼실리테이티브 리더십, 창의적 문제해결, 코칭리더십, 성향중심 리더십 등이다. 저서로는 「힘듦의 순간, WHY에 집중하라」가 있다.

이도경

수토피아HR컨설팅 이사이자 조직성과연구실 실장, 한국에니어그램교육연구소 전임교수로 기업교육과 코칭 현장에서 활동 중이다. '재미'와 '의미'라는 가치 아래, 개인과 조직의 일과 삶의 균형을 돕는 활동을 하고 있으며, 강의분야는 조직 활성화, 팀빌딩, 스트레스관리, 에니어그램, 치료레크리에이션, 비즈니스/커리어 코칭, 전직지원서비스 등이다. 광운대학교 교육대학원에서 코칭심리를 전공하였고, KPC인증코치, 레크리에이션치료사, 한국형에니어그램전문강사로 활동 중이다. 저서로는 「지친 당신을 위한 충전의 기술, 스위치 ON」이 있다.

김은화

기업교육솔루션 대표. 한국스트레스교육협회 임원이자 기업교육 전문 강사로서 기업체, 공공기관에서 활발한 강의활동을 하고 있다. '행복은 바른 몸과 바른 마음에 있다'는 신념을 가지고 스트레스, 건강, 소통 분야에서 건강한 개인과 조직을 위한 내용으로 연구활동을 하고 있다. 주요 강의 분야는 직무스트레스, 감정관리, 건강관리, 스트레칭과 운동법, 커뮤니케이션 등이다. 저서로는 「온 스트레스」, 「내 몸 살리는 스트레스 응급 처방전」, 「감정 힐링 수업」이 있다.

노희숙

HS스마트교육센터 센터장. 한국스트레스교육협회 임원. 이전에는 LG트윈스 야구단, 삼성화재 블루팡스 배구단 등 프로스포츠 치어리더 팀장으로 활동하면서 현대, 롯데, 풀무원 등 여러 기업에서도 팀워크를 위한 협업과 스트레스를 관리할 수 있는 다양한 프로그램으로 교육을 하였다. 현재는 '건강한 마음으로 삶의 질을 높이자'라는 신념을 가지고 기분 좋은 에너지로 매료시키는 비타민 강사로 활동하고 있다. 스트레스 관리, 힐링, 소통, 팀 빌딩, 조직 활성화, CS, 디자인 씽킹 등 재미있고 집중하며 참여할 수 있는 콘텐츠를 연구하여 특색 있는 강의로 출강하고 있다. 저서로는 「온 스트레스」, 「몸과 마음의 연결고리」, 「긍정 디자인」이 있다.

허유미

유앤미 관계연구소 대표. 한국스트레스교육협회 임원, 한국생산성본부 전임교수, 한국고용노동교육원 전문강사로 활동하고 있다. '세상의 변화는 다양한 관계에서 시작한다'라는 신념 아래 공공기관, 기업 및 청소년들에게 일, 타인, 고객, 나와의 관계를 디자인할 수 있도록 스트레스 관리, 행복한 삶, 일의 가치, 소통, 갈등관리, 리더십, 서비스, 고객만족도 조사 등 다양한 교육과 컨설팅을 통해 개인과 조직이 성장할 수 있도록 돕고 있다. 저서로는 「온 스트레스」, 「마음관리 처방전」, 「내가 디자인하는 인간관계」가 있다.

박현주

H& 교육 컨설팅 대표이자 KPC 한국심리센터 부원장으로 기업과 공공기관에서 강의를 진행하고 있으며 보건복지부 산하 서울교육센터 외래교수로 활동하고 있다. '모두가 행복한 세상'을 꿈꾼다는 저자는 심리툴과 미술심리, 팝아트 등 다양한 프로그램을 활용하여 스트레스, 힐링, 감정관리, 자존감과 자아 찾기, 감성 소통 강의로 청중과 만나고 있다. 15년간 강의 현장에서 만난 다양한 청중의 요구와 지속적인 연구를 통해 지금도 새로운 콘텐츠를 만드는 일을 멈추지 않는다. 저서로는 감정 설명서인 「당신은 이미 충분히 괜찮은 사람이다」, 「무엇이 그들을 지치게 하는가」, 공저 에세이집 「글로 만난 사이」가 있다.

어바웃 번아웃

초판 1쇄 인쇄	2021년 12월 27일
초판 1쇄 발행	2022년 01월 07일

지은이	박정우 · 김민주 · 우성희 · 이도경 김은화 · 노희숙 · 허유미 · 박현주
편집	이다겸
디자인	박나경
마케팅	안용성, 이홍석
기획	민현기(인사이트랩)
펴낸이	하혜승
펴낸곳	㈜열린길
출판등록	제2020-000047호
주소	서울특별시 성북구 보문로 37길 15, 201호
전화	02-929-5221
팩스	02-3443-5233
이메일	gil-design@hanmail.net

ISBN 979-11-977140-0-9 03190

* Book Insight는 ㈜열린길의 출판 브랜드입니다.

* 책값은 뒤표지에 있습니다.

* 이 도서의 국제표준 도서번호(ISBN)는 국립중앙도서관 서지정보유통지원시스템 홈페이지(http://seoji.go.kr)에서 이용하실 수 있습니다.

* 이 책은 저작권법에 따라 보호받는 저작물이므로 무단전재와 무단복제를 금지하며, 이 책 내용의 전부 또는 일부를 이용하려면 반드시 저작권자의 동의를 받아야 합니다.

* 북 인사이트는 교육전문가들의 콘텐츠 개발과 출간을 지원합니다. 좋은 원고가 있으면 언제든 inlab2020@gmail.com으로 보내 주세요.